**'한 사람'
협동조합**

'한 사람' 협동조합
: 한 사람에서 시작해 한 사람에게 향해 가는 협동조합

ⓒ 김기섭 2024

초판 1쇄   2024년 2월 15일

지은이   김기섭

출판책임	박성규	펴낸이	이정원
편집주간	선우미정	펴낸곳	도서출판 들녘
기획이사	이지윤	등록일자	1987년 12월 12일
디자인 진행	유예지	등록번호	10-156
편집	이수연·이동하·김혜민	주소	경기도 파주시 회동길 198
디자인	하민우·고유단	전화	031-955-7374 (대표)
마케팅	전병우		031-955-7381 (편집)
경영지원	김은주·나수정	팩스	031-955-7393
제작관리	구법모	이메일	dulnyouk@dulnyouk.co.kr
물류관리	엄철용		

ISBN   979-11-5925-831-2 (13330)

값은 뒤표지에 있습니다. 파본은 구입하신 곳에서 바꿔드립니다.

'한 사람' 협동조합

한 사람에서 시작해
한 사람에게 향해 가는 협동조합

김기섭 지음

들녘

들어가는 말

의미

한 사람 협동조합? 한 사람에서 시작해 한 사람에게 향해 가는 협동조합? 참으로 해괴하고 모순돼 보이는 이야기다. 협동조합은 최소 다섯 사람이 모여 만든다는데 한 사람에서 시작한다니. 더구나 그 협동조합이 우리가 아닌 한 사람을 향해 간다니.

여기서 '한 사람'은 두 가지 의미다. 복수에 대한 단수로서의 한 사람[일인(一人)]이고, 그 한 사람이 세상 무엇과도 바꿀 수 없는 존엄한 존재[일자(一者)]라는 의미다. 이 둘이 어떻게 연결되는지, 최근에 나는 우연히 어느 책의 서문에 실린 성철 스님의 글에서 다시 한번 깨닫는 행운을 얻었다.

모든 생명은 실로 불가사의하다. 이 생명 속에 시공을 초월하고 시공을 함포한 무진장의 보고가 있어서 일체만법(一切萬法)의 무가진보(無價珍寶)가 원만구족(圓滿具足)하니 이를 진여(眞如) 또는 자성(自性)이라고 한다. (「국역 법보단경 서(國譯 法寶壇經 序)」)

모든 존재가 존엄한 것은 자기 안에 버릴 것도 없고 세울 것도 없는 '참 나'를 가졌기 때문이다. 비슷하면서도 더욱 확정적으로 동학의 최시형은 이렇게 말했다.

나의 한 기운이 천지 우주의 본래 기운과 한 줄기로 서로 통하고, 나의 한 마음이 조화 귀신의 부림과 한 집으로 드러나니, 그러므로 하늘이 곧 나이고 내가 곧 하늘이라. (「해월신사법설(海月神師法說)」)

최시형의 '나'는 '한 사람'의 자칭대명사다. '하늘이 곧 나'[천즉아(天卽我)]이고 '내가 곧 하늘'[아즉천(我卽天)]이다. 손병희가 동학을 천도교로 개칭하면서 그 핵심 교리로 '인내천(人乃天)' 즉 "사람이 곧 하늘이다"를 제시했지만, 이는 사람을 대할 때 하늘로 대한다는 실천윤리를 담은 것일 뿐 그 토대가 되는 것은 역시 "내가 곧 하늘이다"이다.

'한 사람'의 이런 두 가지 의미는 '한 사람 협동조합'에도 그대로 적용된다. '한 사람 협동조합'은 그 주체가 복수로서의 우리에서 단수로서의 나로 전환된다는 의미이고, 동시에 그 방향이 우리의 공통된 필요를 충족하기 위해 서로 돕는 협동조합에서 각자의 나다움을 실현하기 위해 서로 주고받는 협동조합으로 전환되어야 한다는 의미다. 협동조합은 한 사람으로부터 시작되고, 그 한 사람을 향해 이제 협동조합은 나아가야 한다.

　이런 전환은 시대의 변화와도 무관하지 않다. 엄밀한 의미에서 근대의 인간은 개인이 아닌 부류였고, 설령 개인을 언급해도 목적으로서보다는 차라리 수단에 가까웠다. 봉건사회에서 근대사회로 넘어가는 시기에는 시민의 한 사람이었고, 근대사회에서 자본주의사회로 넘어가는 시기에는 노동자 농민의 한 사람이었으며, 자본주의사회에서 대중소비사회로 넘어가는 시기에는 소비자 대중의 한 사람이었다. 민주화운동이 시민의 참여를 부르짖고, 마르크스가 계급의 단결에 기대를 걸며, 협동조합이 소비자 대중의 협동을 강조한 것도 이런 이유에서다.

　하지만 지금은 인간이 시민의 한 사람, 노동자 농민의 한 사람, 소비자 대중의 한 사람에서 시민이기도 하고, 노동자 농민이기도 하고, 소비자 대중이기도 하고, 다른 또 무엇이기도 한 개인으로 바뀌고 있다. 과학기술과 물질문명의 눈부신 발전은 이런 변화를 더욱 가속화 세계화해가고 있고, 그에 따른 기후변화와 경제위기는 이제 더는 특정 부류만이 아닌 모든 개인의 문제가 되었다. 이런 때 우리는 인간이 부류가 아닌 개인이라는 사실에, 나아가 그 개인이 수단이 아닌 목적이라는 사실에 착목해야 한다.

　일찍이 최시형이 "산이 온통 검게 변하고 길에 온통 비단이 깔릴 때, 만국이 서로 교역할 때, 그럴 때 도(道)가 드러날 것"이라고 예견했듯이, 강산이 온통 병들어 죽어가고 길 위에 온통 금은보화가 넘쳐나는 지금이야말로, 더욱이 세계가 하나로 연결되어 살아갈 수밖에 없게 된 지금이야말로, 한 사람의 한 사람에 의한 한 사람을 위한 협동조합이 그 모습을 드러내야 할 때다.

구성

　굳이 나누자면, 이 책은 크게 두 영역으로 구성돼 있다.

　먼저, 제1장부터 제4장까지는 협동조합에 관한 기존의 정식화된 말에 대한 내 나름의 해설이다. 협동조합을 이해한다는 것은 실은 협동조합에 관한 사람들의 말을 이해한다는 것이다. 그리고 이런 말들 가운데 세계 협동조합인들이 합의한 가장 정식화된 말이 바로 '협동조합 정체성에 관한 ICA 성명'이다. 그것이 정해지기까지의 기나긴 과정, 그 안에 담긴 협동조합이 무엇이고(=〈정의〉) 어떤 자세와 역할을 가져야 하며(=〈가치〉) 어떻게 운영되어야 하는지(=〈원칙〉)에 대해, 내용에 관한 설명과 함께 잘못된 해석에 대해서도 지적해놓았다.

협동조합을 잘 몰랐던 분이라면 이런 내 해설이 선입견 없이 협동조합을 이해하는 데 도움이 될 것이다. 반면에 협동조합을 나름 안다고 생각해온 분이라면 적잖이 당황해할지도 모른다. 하지만 이는 어떤 면에서는 내가 소망하는 바다. 우리가 알고 있는 협동조합은 그 대부분이 실은 도덕적이고 국가적이다. 이런 도덕적이고 국가적인 말에 대해 나는 비도덕적이고 탈국가적인 말의 가능성을 열고자 한다. 내가 만약 그 가능성을 조금이라도 열었다면, 이는 아마도 자기 자신을 협동조합에 묵묵히 투사해온 이름 없는 이들의 말을 내 해설 속에 담아낸 결과일 터다.

다음으로, 분량 면에서는 턱없이 적지만, 마지막 제5장에서는 기존의 실천과 성과를 토대로 앞으로의 협동조합이 왜 한 사람으로 향해야 하는지를 강연히 밝혀놓았다. '강연(強然)히'라 함은, 한 사람 한 사람이 스스로 찾아 자기 말로 드러내야 하지만, 이를 위해 일단은 나 같은 사람이 굳이 말로써 그 이해를 돕고자 몇 자 적어보았다는 취지다.

협동조합의 미래를 어떻게 볼 것인가는 단지 협동조합이 어떻게 살아남을지에 대한 경영적 전략 문제, 살아남아야 할 이유를 어디서 찾을지에 대한 사회적 가치 문제에만 머물지 않는다. 특히 정성을 다해 협동조합 하는 분들에게 있어 그것은, 협동조합을 매개로 할 뿐 결국에는 자기 사유의 성장이고, 자기 존재의 새로운 의미 부여다. 제5장이 이런 가능성까지 열게 된다면, 지난 3년여에 걸친 내

들어가는 말

노력은 충분 이상으로 보상받는 셈이다.

감사

이 책이 나오기까지 많은 분의 도움을 받았다. 특히 사회학자이자 번역가인 조한소 님, 한살림의 윤희진 님과 좌수일 님, 행복중심생협의 안인숙 님과 이구승 님, 두레생협의 김미숙 님과 이용진 님은 되지도 않는 내 초고를 정성껏 다듬어주셨다. 여기에 더해 아래 소개하는 두 분은 간략한 소감까지 적어 보내주셨기에 감사의 마음을 담아 독자 여러분과 공유한다.

보내주신 글을 읽으면서 저도 다시 한번 협동조합의 정의·가치·원칙에 대해 폭넓게 이해하는 계기가 되었고, 사회의 변화와 위기 속에서 협동조합의 심화 방향에 대한 선배님의 견해에 대해 깊이 공감되었습니다. 개인적으로 협동조합에 대해 이런 글을 쓸 수 있는 분이 한국에 계신다는 것이 자랑스럽습니다. 도서 출간을 계기로 협동조합의 변화에 새로운 초석이 되길 기대합니다. (한살림사업연합 최효숙 전 상무)

늘 곁에서 보는 쓸쓸하고 불안한 조합원과 이웃 주민, 수많은 미래의 나인 분들입니다. 앞으로 그분들과 함께 협동조합을 어떤 방향으로 일궈가야 할지 고민이 깊었습니다. 협동조합기본법 시대에 우리는 말을 잃어버렸고 생각도 갇혀버렸습니다. 법과 제도, 정책, 시장에 포위당한 상태입니다. 이제 말을 되찾아 생각과 상상력의 길을 열고, 행동을 일깨우며, 과거를 넘어 새로운 방향을 찾는 게 절실합니다. 이를 위해서는 어둠에서도 방향을 안내하는 등대나 별자리가 필요합니다. 이 책이 그런 등대나 별자리가 될 거라 믿어 의심치 않습니다. 내가 태어나고 살아 있다는 사실을 아무도 모르는 세상, 내가 아프고 슬프고 외로운 걸 아무도 모르는 정말 쓸쓸하고 불안한 세상, 이런 세상을 더는 만들지 말자고 다짐해 봅니다. (갈거리사회적협동조합 김선기 사무국장)

소외된 인간은 단지 외부의 어떤 것에 지배받는 인간이 아니다. 자기 말을 잃어버린 인간, 다른 이와의 관계를 단지 기술이나 수단으로 밖에는 처리하지 못하는 인간, 그래서 결국에는 자기가 소외되어 있다는 사실조차 모르는 인간, 그런 인간이야말로 소외된 인간이다. 자기 말을 되찾고 다른 존재와 진실로 관계하려는 분들에게, 이 책이 작으나마 보탬이 되었으면 좋겠다.

2023년도 며칠 안 남은 어느 날 새벽녘에, 고요한 바다를 그리며 그런 분들과 함께 지혜의 주문을 되뇐다. "아제아제 바라아제 바라승아제 모지사바하."

차례

들어가는 말　　5

제1장　ICA 서울대회와 「협동조합 정체성에 관한 ICA 성명」　　15
ICA와 서울대회 ㅣ 세계대회의 역사적 경과 ㅣ 서울대회의 위치 ㅣ '성명' 채택의 배경 ㅣ '성명'의 구조

제2장　〈정의〉: 협동조합이란 무엇인가?　　35
〈정의〉의 구조 ㅣ 내용의 간단한 고찰 ㅣ 협동조합기본법과의 비교 ㅣ 우리나라 기본법과 일본 노협법의 비교 ㅣ 교육 현장에서의 곡해 ㅣ 곡해의 근거들 ㅣ 결사체냐 사업체냐 ㅣ 결사체의 변화 ㅣ 협동조합의 이원 구조 ㅣ 공동체 태동을 향해

제3장　〈가치〉: 협동조합과 조합원의 자기 신념　　75
가치란 무엇이고 왜 가치인가 ㅣ 윤리와 도덕의 차이 ㅣ 〈가치〉가 확정되기까지 ㅣ 〈가치〉의 구조 ㅣ 주어가 다르면 의미도 달라진다 ㅣ 협동조합의 가치 ㅣ 조합원의 가치 ㅣ 둘 사이의 관계 ㅣ 전진한의 자유와 협동 ㅣ 함석헌의 뜻과 헤겔의 정신 ㅣ 지향적 가치: 자유 ㅣ 실천적 가치: 사랑 ㅣ 협동조합의 말을 과학 한다 ㅣ 과학과 주문의 겸비 ㅣ 왜 주문인가 ㅣ 내 안의 소리를 믿고

| 제4장 | **〈원칙〉: 협동조합 운영에 필요한 일곱 가지 지침** | **139** |

최초의 ICA 원칙 | 원칙 개정의 배경과 목적 | 베이크의 권고와 〈원칙〉의 구조 | 제1원칙: 가입 지침 | 제2원칙: 운영 지침 | 제3원칙: 경제 지침 | 제4원칙: 대외 관계 지침 | 제5원칙: 발전 지침 | 제6원칙: 타 협동조합과의 관계 지침 | 제7원칙: 지역사회와의 관계 지침 | 남은 과제①: 일부 보완이 필요한 것들 | 남은 과제②: 다른 협동조합도 공유할 수 있게 | 남은 과제③: 협동조합의 새로운 실천을 담아 | 정리

| 제5장 | **개인화 시대, 협동조합의 길** | **211** |

협동조합은 계속 살아남을 수 있을까? | 시대의 변화①: 말의 재귀 | 시대의 변화②: 사람의 재귀 | 고독하고 불안해하는 사람들 | 시대의 변화③: 마음의 재귀 | 협동조합의 위기 | 소외의 시작 | 신화에서 유추하는 소외의 구조 | 협동조합은 말이고 관계다 | 협동조합에서 소외란 | 침묵(내화)과 자기표현(다시 외화) | 기우뚱 돌아가는 생명으로의 귀환 | 개인주의 협동조합을 향해 | 몇 가지 반론에 대한 답변 | 결론을 대신해

| 주요 참고문헌 | **274** |

제1장

ICA 서울대회와
「협동조합 정체성에 관한
ICA 성명」

ICA와 서울대회

협동조합을 이야기할 때 가장 먼저 언급되는 것이 보통은 그 수치다. 협동조합을 잘 몰랐던 이들도 전 세계에 협동조합이 약 300만 개나 되고 그 조합원이 약 10억 명에 이른다거나,[1] 세계 300대 협동조합의 연간 사업고가 우리나라 국내총생산을 능가한다는[2] 이야기를 들으면 대개는 놀라움을 금치 못한다. 듣는 본인들과는 아무 상

---

1   ICA 홈페이지.
2   ICA의 「World Cooperative Monitor」(2020)에 따르면, 2018년 기준으로 약 2조 1,458억 미국 달러에 달하고, 이는 같은 해 우리나라 국내총생산의 약 1.3배가 넘는다. 참고로, 같은 해 세계 300대 협동조합 가운데 우리나라 농협이 10위, 수협이 54위, 새마을금고가 89위, 신협이 178위에 올라와 있다.

관 없음에도 역시 사람의 관심을 끄는 데는 수치만 한 게 없다.

이런 협동조합들의 국제기구로 ICA(International Co-operative Alliance, 국제협동조합연맹)라고 있다. 1895년에 세워져 지금은 벨기에 브뤼셀에 그 본부를 두고 있다. 물론 국제기구라 해서 세계의 모든 협동조합이 다 가입해 있는 것은 아니다. 회원에게 부과하는 분담금이 적지 않아 주로 규모가 큰 협동조합이나 그 국내적 국제적 연합조직들이 가입해 있다.[3] 운영에서도 여전히 유럽의 입김이 세서 아시아 아프리카 지역 협동조합들의 의사는 아직 충분히 반영되지 못하고 있다.

ICA가 설립된 취지는 세계 여러 나라 협동조합들이 그 가치와 원칙을 준수하면서 발전하도록 지원하고, 협동조합 간 협동을 통해 세계 평화와 안녕에 공헌하는 것이다. 이를 위해 보통 2~3년마다 한 번씩 세계 각지를 돌며 총회(General Assembly)를 개최하고, 특별한 해에 특별한 의제를 논의하기 위해 세계대회(World Cooperative Congress)를 열기도 한다.

지난 2021년 12월에는 제33차 ICA 세계대회가 서울에서 열렸다. 1895년에 ICA가 설립된 지 125주년, 1995년에 「협동조합의 정체성

---

[3] 2021년 기준으로 우리나라에서는 농협중앙회, 임협중앙회, 수협중앙회, 새마을금고중앙회, 신협중앙회, 아이쿱생협연합회가 회원으로 가입해 있다.

에 관한 ICA 성명」(The ICA Statement on Co-operative Identity, 이하 '성명')[4] 이 채택된 지 25주년을 기념해서 애초에는 2020년에 개최될 예정이었지만, 코로나 팬데믹의 영향으로 1년 연기된 2021년에 온·오프라인 하이브리드 방식으로 개최되었다.

이번 대회에서 논의된 의제는 "협동조합 정체성에 깊이를 더하다(Deepening our Cooperative Identity)"였다. 전통적인 협동조합에 더해 '협동조합기본법' 제정으로 다양한 영역에서 다양한 협동조합이 태동하고 있는 한국에서,[5] 더욱이 코로나19로 전 세계가 사회적 경제적 위기를 맞고 있는 상황에서, 협동조합이 어떻게 하면 그 정체성을 더욱 심화시킬까를 논의하는 것이 그 취지였다.

개인적인 평가이지만 이번 서울대회는 안타깝게도 별 성과 없이 끝난 요란한 잔치에 불과했다. 대통령까지 참석해 축사도 하고 경제부총리가 기조 발제도 했지만,[6] 협동조합 정체성에 대해 아무

---

[4] '성명'의 내용은 ICA 홈페이지 참조.
[5] 2012년 12월에 협동조합기본법이 시행된 이후로 2022년 12월까지 총 2만 3,863개의 협동조합이 설립 신고되었다.
[6] 문재인 대통령은 축사에서 "한국 정부는 협동조합을 비롯한 사회적 경제의… 체계적이고 적극적인 지원을 위해… 사회적 경제 3법이 조속히 국회를 통과할 수 있도록 노력하겠다"고 했지만, 결과적으로는 집권 여당이 다수당인 상황에서도 어느 법 하나 제정하지 못했다.
홍남기 부총리도 개회식에서 "앞으로 사회적 경제는 피플(People, 사람 중심 경제), 로컬(Local, 지역 중심의 경제), 유니언(Union, 연대 강화를 통한 협력적 성장), 소셜 이노베이션(Social Innovation,

런 언급 없이 단지 정부 정책을 홍보하는 데만 급급했다. 세계 각국에서 협동조합 실천가와 연구자들이 대거 참석해 발표했지만, 발표 내용의 수준은 차치하고라도 내용 자체에 대한 충분한 토의도 이루어지지 않은 상태에서 대회의 결과물 또한 공식적인 보고서 채택이 아닌 토론자들의 발제문[7]을 요약 정리하는 수준에 머물렀다.

왜 이런 초라한 결과를 낳았을까? 가장 큰 원인은 다름 아닌 우리 자신에게 있다. 조합원 돈을 써가며 대회를 개최하고 참여하면서도, 아무런 준비를 하지 않았다. '성명'에 담긴 협동조합의 정체성이 무엇인지에 대해서도, 이를 심화시키기 위해 무엇이 필요한지에 대해서도, 아무런 공부를 하지 않았다. 서울대회의 결말은 처음부터 이미 예정돼 있었다.

그나마 다행인 것은 ICA가 애초에 어떤 성과를 기대하고 서울대회를 개최하지 않았다는 점이다. ICA는 처음부터 어떤 결과물을 내놓기보다 이제부터 정체성 논의를 시작한다는 데 서울대회의 목적을 두었다. 그렇다면 비록 성과 없이 끝나기는 했어도 이제부터라

사회혁신 선도)이라는 4대 가치를 집중적으로 추구해야 할 것이다"라고 발표했지만, 협동조합 정체성을 논의하는 자리에서 왜 사회적 경제를 이야기하는지 의아할 뿐이다. 굳이 사회적 경제를 이야기하더라도 앞으로의 사회적 경제는 '피플'을 넘어선 '퍼슨(Person)', '로컬'을 넘어선 '커뮤니티(Community)', '유니온'을 넘어선 '솔리더리티(Solidarity)', '소셜 이노베이션'을 넘어선 '소셜 네트워크(Social Network)'를 추구해야 한다는 것이 내 생각이다.

[7] ICA, "Report on the 33rd World Cooperative Congress outcomes of the International Cooperative Alliance", 2022.

도 논의를 시작해야 한다. '성명'에 담긴 협동조합 정체성의 내용이 무엇인지, 이를 심화시키기 위해 지금 우리에게 무엇이 필요한지, 깊이 성찰해야 한다. 그래야만 서울대회가 그나마 시작으로서의 역사적 의미라도 갖는다.

세계대회의 역사적 경과

지금까지 세계대회에서 ICA가 어떤 의제를 논의해왔는지를 되돌아보는 것은 세계 협동조합의 역사를 이해하는 데도 큰 도움이 된다. 의제의 내용에 따라 세계대회의 역사를 나누어보면 크게 다음의 세 시기로 구분할 수 있다.

먼저 제1기는 ICA가 창립된 1895년부터 제2차 세계대전이 발발하기 전까지로, 이 시기 세계대회의 주요 의제는 다양한 협동조합이 공유할 공통의 원칙을 정립하고, 세계 평화에 이바지하자는 것이었다. 1844년에 영국에서 로치데일공정선구자조합이라는 최초의 '근대적'[8] 협동조합이 태동한 이래로, 유럽 각지에서는 소비뿐 아니라

---

[8] 로치데일공정선구자조합은 최초의 '근대적' 협동조합이기는 해도 최초의 협동조합은 아니다. 영국만 해도 로치데일 이전에 '우애조합'이라는 전통이 있었고, 이를 이어받아 전국 각지에 협동조합 매장이 개설되었다. 그렇다면 어떤 점에서 로치데일은 최초의 '근대적' 협동조합이라 할 수 있을까?
첫째, 그 주체로 개인이 처음 등장했다. (person)

⟨표 1⟩ ICA 세계대회의 역사

구분	대회명	년도	개최지	주요 의제
제1기	제1차	1895	런던(영국)	ICA 창립. 참여 자격과 잉여금 배분 문제(가)를 둘러싸고 논쟁
	제2차	1896	파리(프랑스)	협동조합 원칙에 관한 공동 연구 제안. 헌장 제정
	제3차	1897	델프트(네덜란드)	이윤분배. 협동조합 간 거래
	제4차	1900	파리(프랑스)	ICA의 발전이 갖는 의의
	제5차	1902	맨체스터(영국)	노동자 주택과 협동조합
	제6차	1904	부다페스트(헝가리)	국가보조논쟁(나)
	제7차	1907	크레모나(이탈리아)	도매협동조합, 여성의 참여
	제8차	1910	함부르크(독일)	협동조합의 현재와 미래
	제9차	1913	글래스고(영국)	'평화 결의안' 채택, 같은 지역 내 협동조합의 공존
	제10차	1921	바젤(스위스)	로치데일 원칙을 정형화, 소련 소비자협동조합의 가입 문제(다)
	제11차	1924	겐트(벨기에)	협동조합 간의 관계, ICA의 중립성
	제12차	1927	스톡홀름(스웨덴)	소비자협동조합과 농업협동조합의 관계
	제13차	1930	빈(오스트리아)	'협동조합 원칙 특별 위원회' 설치, 로치데일 원칙 재검토
	제14차	1934	런던(영국)	로치데일 원칙의 소비자협동조합에의 현대적 적용. 평화와 군축
	제15차	1937	파리(프랑스)	'협동조합 원칙' 채택, 스페인 내전 문제. 경제체제와 협동조합
제2기	제16차	1946	취리히(스위스)	국제적 상품 교환. 협동조합과 공권력
	제17차	1948	프라하(체코슬로바키아)	경제 분야에서의 국제협동조합의 실천적 발전
	제18차	1951	코펜하겐(덴마크)	국유화에 대한 협동조합의 태도
	제19차	1954	파리(프랑스)	협동조합과 공권력, 협동조합과 독점, '세계 평화에 대한 결의' 채택
	제20차	1957	스톡홀름(스웨덴)	세계 경제의 발전과 평화에서의 협동조합
	제21차	1960	로잔(스위스)	변화하는 세계에서의 협동조합
	제22차	1963	본머스(영국)	소련에 의해 협동조합 원칙 개정 제안
	제23차	1966	빈(오스트리아)	'협동조합 원칙' 개정, 경제통합과 협동조합의 발전
	제24차	1969	함부르크(서독)	협동조합의 민주적 운영
	제25차	1972	바르샤바(폴란드)	다국적 기업과 국제협동조합운동
	제26차	1976	파리(프랑스)	ICA의 장기활동계획. 협동조합 간 협동
제3기	제27차	1980	모스크바(소련)	서기 2000년의 협동조합(레이들로 보고서)(라), 협동조합 간 협동, ICA와 기술원조
	제28차	1984	함부르크(서독)	세계가 당면한 여러 문제와 협동조합, ICA 활동 계획
	제29차	1988	스톡홀름(스웨덴)	협동조합의 기본적 가치(마르코스 보고서), 협동조합과 개발원조
	제30차	1992	도쿄(일본)	변화하는 세계에서의 협동조합의 가치(베이크 보고서), 환경과 지속 가능한 개발
	제31차	1995	맨체스터(영국)	「협동조합의 정체성에 관한 ICA 성명」 채택, 협동조합과 지속 가능한 인간의 발전, 협동조합의 참여 민주주의
	제32차	1999	베이징(중국)	조합원 중심주의 재확인, 돌봄과 복지 분야 협동조합
	제33차	2021	서울(한국)	협동조합 정체성의 심화

※ 시라이(白井厚)와 호리코시(堀越芳昭)를 참고로 필자가 가필.

(가) '잉여금 배분 문제'란 협동조합에서 발생한 잉여금을 어떻게 배분하느냐를 두고 '이용고'에 따른 배당을 우선시하는 ―영국 CWS(Cooperative Wholesale Service) 중심의― 소비자협동조합 측과 '노동량'에 따른 배당을 우선시하는 ―프랑스 LA(Labor Association) 중심의― 노동자협동조합 측 사이의 대립을 말한다. 영국이 주도하는 소비자협동조합 진영이 프랑스의 노동자협동조합 진영을 끌어들여 ICA라는 국제기구를 만들었어도 그 내부에서는 여전히 적지 않은 충돌이 있었던 것이다.

(나) '국가보조논쟁'이란 국가와 협동조합 간의 관계를 어떻게 볼 것이냐에 관한 논쟁을 말한다. 산업화가 상대적으로 늦은 나라에서는 경제발전과 산업화 추진을 위해 국가가 협동조합을 중요한 도구로 활용했고, 덕분에 국가로부터 많은 지원도 받았다. 하지만 이에 대해 상대적으로 산업화가 일찍 진행된 나라―영국이나 프랑스 같은―의 협동조합들이 주도하는 ICA는 "협동조합은 국가 보조를 거부해야 한다"라고 결의했고, 결국 대다수 농업협동조합과 독일과 오스트리아의 신용협동조합이 ICA를 탈퇴하기에 이르렀다.

(다) '소련 소비자협동조합의 가입 문제'란 러시아 혁명 이후 사회주의 국가에 의한 협동조합 지배가 논란이 되면서 소련 소비자협동조합의 ICA 회원자격을 유지시키느냐 마느냐를 두고 벌어진 갈등을 말한다. 수년간의 논쟁 끝에 사회주의 체제하에서 협동조합이 갖는 경제적 사회적 기능과 소비에트 정부로부터 협동조합이 자주성 민주성을 확보하는 문제를 구분하자는 타협안이 성사되었고, 그 결과로 소련의 협동조합 대표단은 계속 ICA 회의에 참석할 수 있게 되었다.

(라) '레이들로 보고서'는 수많은 ICA 보고서 가운데 특히 우리나라에서 유명하다. 하지만 채택 당시만 해도 이는 자본주의의 미래에 대해 너무 비관적이고, 다양한 형태의 협동조합을 충분히 반영하고 있지 못하며, 지나치게 서구 중심적이라는 이유로 비판이 컸다. 제29차 스톡홀름대회 때 '협동조합의 기본적 가치' 보고서를 작성한 마르코스조차 노동자협동조합을 지나치게 강조하고, 협동조합 지역사회와 복지국가의 관계를 밝히지 못하고 있으며, 보고서가 강조하는 소규모 협동조합으로는 다국적 기업에 맞설 수 없다는 이유로 비판적이었다. 전혀 다른 차원에서 사회주의 국가의 협동조합들도 비판적이기는 마찬가지였다. 그들은 이 보고서가 자본주의의 책임을 제대로 추궁하지 못하고, 사회주의 국가의 협동조합에 대한 이해가 부족하다면서, 좀더 낙관적인 협동조합의 미래를 담은 「서기 2000년의 사회주의 국가의 협동조합」이라는 대항 보고서를 제출했고, 결국 모스크바대회에서는 두 보고서가 모두 채택되었다.

생산·신용·농업·서비스 분야에서도 다양한 협동조합들이 속속 출현했다. 하지만 나라가 다르고 하는 일이 다르면, 협동조합을 바라보는 시각도 다른 법이다. 이런 속에서 어떻게 하면 모든 협동조합이 공유할 최소한의 원칙을 마련할 수 있을까, 시시각각으로 고조돼 가는 전쟁의 위협 속에서 어떻게 하면 세계 평화에 이바지할 수 있을까 등이 이 시기 협동조합 진영의 주된 관심사였다.

제2기는 제2차 세계대전이 끝나고 시장경제의 세계화와 다국적 기업의 세계시장 지배가 가속화된 1970년대까지로, 이 시기 세계 대회의 주요 의제는 협동조합의 경쟁력 강화와 협동조합 간 세계적 연대였다고 할 수 있다. 시장경제가 세계화해가는 속에서 어떻게 하면 협동조합이 좀더 경쟁력을 갖출 수 있을까, 다국적 기업이 세계경제를 장악해가는 속에서 어떻게 하면 저개발 혹은 발전도상 국가들의 협동조합 발전에 유럽의 협동조합이 이바지할 수 있을까 등이 이 시기 협동조합 진영의 주된 관심사였다.

마지막 제3기는 1980년대 이후부터 지금까지로, 이 시기의 주

둘째, 이런 개인이 전통이나 관습이 아닌 자발적으로 협동조합에 참여했다. (voluntary)
셋째, 이렇게 참여한 사람들이 협동조합을 민주적으로 운영했다. (democracy)
넷째, 이런 그들의 사례가 로치데일이라는 작은 마을을 넘어 세계 곳곳으로 일반화되었다. (universal)
이런 네 가지 점 때문에 로치데일은 그 이전과는 차원이 다른 최초의 근대적 협동조합이다. 물론 이런 근대성이 근대와는 다른 지금도 유효할지는 별개의 문제다. 어떤 면에서 이런 근대성이 새로운 협동조합의 길을 모색하는 데 있어 족쇄가 될 수도 있음을 깊이 고려해야 한다.

요 의제는 협동조합의 정체성 회복과 사회의 지속 가능한 발전을 위한 협동조합의 역할로 요약될 수 있다. 시장경제의 세계화와 다국적 기업의 세계시장 지배에 대응해 협동조합이 그 규모를 키워왔지만 이런 협동조합의 모습이 정말로 옳을까, 인간과 사회와 환경의 지속 가능한 발전을 위해 협동조합이 자기 고유의 정체성을 어떻게 하면 다시 회복할 수 있을까 등이 지난 40여 년간 이어온 협동조합 진영의 주된 관심사였다.

서울대회의 위치

역사에서 단절이란 없다. 역사를 시대 구분하는 것은 인간의 의식이지 역사 자체가 아니다. 인간의 의식이 어떤 계기에 의해 끊임없이 흘러가는 연속적인 역사를 구분할 뿐이다. 협동조합에서도 마찬가지여서 그 역사는 한순간도 끊어진 적이 없었다. 그럼에도 불구하고 우리가 그 역사를 시대 구분하는 것은 어떤 계기가 있었기 때문이다.

제1기와 제2기를 가르는 계기로 시장경제의 세계화와 다국적 기업의 발흥이 있었다면, 제2기와 제3기를 가르는 계기로는 1980년 ICA 모스크바대회에서 채택된 「서기 2000년의 협동조합」(Co-operatives in the year 2000, 이하 '레이들로 보고서')이 있었다. 물론 같은 계

기여도 이 둘은 그 성격이 크게 다르다. 시장경제의 세계화와 다국적 기업의 발흥이 외부로부터의 충격이었다면, 레이들로 보고서는 내부적 성찰이었다.

1980년 모스크바대회에서 처음으로 협동조합 내부의 '이념적 위기' 문제가 제기된 이래로 협동조합 진영은 자기만의 고유한 가치를 되찾기 위해 부단히 노력해왔다. 그리고 그 과정에서 1988년 스톡홀름대회에서는 「협동조합의 기본적 가치」(Basic Values of Co-operative, 이하 '마르코스 보고서')가, 1992년 도쿄대회에서는 이를 좀더 심화시킨 「변화하는 세계에서의 협동조합의 가치」(Co-operative Values in a Changing World, 이하 '베이크 보고서')가 논의 채택되었다. 두 대회 모두 협동조합의 가치 즉 이념 문제를 주요 의제로 다루었고, 이런 내부적인 성찰의 결과로 1995년 맨체스터대회에서 '성명'이 채택되었다.

이런 역사는 2021년의 서울대회를 이해하는 데 있어 매우 시사하는 바가 크다. 1995년에 채택된 '성명', 그 안에 포함된 〈정의〉〈가치〉〈원칙〉은 외부의 위협에 대응하기 위해서라기보다, 실은 내부적 성찰의 결과다. 시장경제의 세계화와 다국적 기업의 발흥에 대응해서 협동조합이 어떻게 하면 그 경쟁력을 갖출지보다, 실은 협동조합 자신을 어떻게 변화시킬지에 그 초점이 맞춰져 있다. 그리고 이런 흐름의 연장에서 지난 2021년의 서울대회도 있었다. 서울대회에서의 의제 "협동조합 정체성에 깊이를 더하다"는 실은 내부적으로 다시 한번 협동조합을 성찰하자는 데 그 방향이 있다.

　　협동조합이 '성명'을 통해 처음 성찰을 시도한 지 이미 25년이 지났다. 그동안 세계는 과거와는 차원이 다른 큰 변화를 겪었다. IT 기술의 눈부신 발전, 젠더 의식의 대변화, 고용의 불안정과 양극화의 심화, 정치 불신과 포퓰리즘의 등장, 기후 위기와 환경 파괴, 인구의 고령화와 저출산, 코로나 팬데믹에 따른 경제의 혼란 등등, 세계는 한층 혼미한 상황으로 접어들고 있다. 이런 속에서 협동조합은 오히려 일반기업의 논리나 방식을 좇아 이름만 협동조합이지 주식회사나 진배없게 되어가고 있다. 협동조합에 꿈을 싣기는커녕 오히려 협동조합의 미래를 우려해야 하는 실정이다.

　　서울대회는 이런 문제의식 하에서 개최되었다. 협동조합이 이대로 가야 하는지, 혼미한 세계에서 협동조합이 희망의 빛이 될 수 있는지, 이를 위해 우리가 왜 협동조합에 모였고 협동조합을 통해 무엇을 하려고 하는지를 다시 한번 되돌아볼 필요가 있지 않을까. 서울대회를 통해 하고자 했던 바가 바로 이런 또 한 번의 성찰이었다. 이 점을 제대로 이해하지 못하면 깊이를 더하는 방향 또한 전혀 달라질 수 있다는 점에서 먼저 확인하고 넘어가야 할 중요한 대목이다.

'성명' 채택의 배경

ICA 세계대회의 역사에서 1995년 맨체스터대회가 갖는 의미는 매우 크다. 최초의 근대적 협동조합(로치데일공정선구자조합)이 태동한 지 150주년을 기념하는 자리에서, 〈정의〉와 〈가치〉를 최초로 명문화하고 〈원칙〉을 대폭 수정한 '성명'을 채택했기 때문이다. 그렇다면 왜 하필 이때 '성명'을 채택했을까? 어떤 문제의식과 목적으로 〈정의〉와 〈가치〉를 명문화하고 〈원칙〉을 수정했을까? '성명'의 내용에 들어가기에 앞서 먼저 그 배경을 이해할 필요가 있다.

제2차 세계대전 이후 세계(특히 서유럽)의 협동조합은 시장경제의 세계화와 다국적 기업에 대응하기 위해 효율화와 규모화를 적극적으로 추진해갔다. 그리고 그 결과로 사업적으로 성장하고 규모도 키울 수 있었다. 하지만 1970~80년대로 접어들면서 상황이 급변했다. 협동조합에 대한 조합원의 충성심이 약해지고, 일반기업에 인수합병되거나 주식회사로 전환하거나 급기야 도산하는 사태까지 나오기 시작했다.[9] 협동조합 진영은 큰 충격에 빠졌고, 그 원인을 찾기 위해 고심했다.

---

[9] 예컨대 1973년에 네덜란드의 Coop Netherlands가 대형 유통업체(Scholten)에 매각된 것, 1974년에 서독의 소비자협동조합이 자금 조달을 명목으로 주식회사로 전환한 것, 1985~6년 사이에 당시 프랑스에서 2위와 3위를 달리던 소비자협동조합들이 모두 도산한 것, 1989년에 미국 최대의 Berkeley Co-op이 이사회의 분열 등으로 도산한 것, 소비자협동조합의 출발지인 영국에서 London Co-operative Society가 도산 위기에 빠진 것 등.

수많은 연구와 논의 끝에 협동조합이 (일반기업과는 다른) 고유의 정체성을 잃은 '이념적 위기'[10]에 빠졌고, 협동조합 내부에 협동조합과는 다른 (경제적 이익을 우선시하는) '이질적인 가치'[11]가 침범했기 때문이라는 결론에 도달했다. 이런 속에서 조합원이 떠나고, 조합원이 떠난 협동조합에 위기가 찾아오는 것은 너무나 당연했다.

한마디로 ICA가 '성명'을 채택하게 된 배경으로는 먼저 협동조합의 이념적 위기를 들 수 있다. 바꿔 말하면, 일반기업과는 다른 협동조합 고유의 특징을 찾고 되살려야 한다는 절박한 의지가 '성명'의 채택으로까지 이어진 것이다. 특히 '협동조합의 기본적 가치'라든가 '변화하는 세계에서의 협동조합의 가치'와 같은 의제의 논의를 통해 지금까지 없었던 〈가치〉를 최초로 명문화한 것은 바로 이런 이유에서였다.

---

[10] '이념적 위기'는 1980년 모스크바대회에서 채택된 레이들로 보고서에서 처음 등장했다. 보고서에 따르면 협동조합은 지금 제1과 제2 위기를 지나 제3의 위기에 직면해 있다. "이는 소위 이념적 위기라 불리는 것으로, 협동조합의 참된 목적이 과연 무엇인지… 협동조합이 다른 종류의 기업과 마찬가지로 상업적 의미에서 성공…하더라도 그것으로 충분한지,… 더욱이 만약 세계가 이상한 방향으로… 변화할 때 협동조합이 그런 길을 따라가야 하는지. 그렇지 않고 다른 길을 선택하여 다른 종류의 경제적 사회적 질서를 새로 창조해가면 안 되는지"라는 문제의식을 말한다. 여기서 '이념(ideology)'은 우리가 보통 생각하는 강요된 의식이 아니라, 조합원이 믿고 따를 만한 '신념(faith)'을 말한다.

[11] '이질적 가치'는 1988년 스톡홀름대회에서 채택된 마르코스 보고서에서 처음 등장했다. 보고서에 따르면 협동조합에는 "민주주의적 성격과 마찬가지로 그 사업에서도 고유의 정체성"이 있는데 이것이 바로 협동조합의 '기본적 가치'이고, 이는 "로치데일공정선구자조합 이래로 물려받은 우리의 자산 가운데 하나이며, 우리를 하나로 묶는 공통의 연결고리이다." '이질적 가치'란 이런 '기본적 가치'와는 다르게 경제적 이익을 우선시하는 일반기업의 가치를 말한다.

'성명'을 채택하게 된 또 하나의 배경으로는 협동조합 생태계의 변화를 들 수 있다. 역사적으로 볼 때 협동조합은 유럽을 중심으로 크게 다섯 가지 유형에서 발전해왔다. 1844년에 영국의 노동자들이 시작한 소비자협동조합, 1848년에 프랑스의 수공업자들이 시작한 노동자협동조합, 1850~60년대에 독일의 소규모 상공인과 농민들이 시작한 신용협동조합, 1860년대에 독일·덴마크·영국 등지의 소규모 농민들이 시작한 농업협동조합, 19세기 말 유럽 전역에서 자연발생적으로 태동한 주택·의료·보험 분야에서의 각종 서비스협동조합 등이 그동안의 세계 협동조합 진영을 이끌어왔다.

그런데 1970~80년대로 접어들면서 이런 생태계에 큰 변화가 일어났다. 전통적인 다섯 가지와는 다른 유형의 협동조합, 예컨대 조합원의 필요를 넘어 지역 주민의 필요에 대응하는 협동조합들이 세계 각지에서 속속 출현하기 시작했다. 나아가 사업 중심의 서유럽 협동조합들이 쇠퇴하고 국가에 예속된 동유럽 협동조합들이 그 신뢰를 잃어가는 속에서, 오히려 아시아의 신용·농업·소비 분야 협동조합들이 큰 성장을 거두면서 세계 협동조합 진영의 새로운 중심으로 등장하기 시작했다.[12]

이런 속에서 ICA는 전통적인 협동조합과는 다른 유형의 협동

---

12 1992년 베이크 보고서에 따르면, ICA의 회원 수 가운데 유럽 대륙의 협동조합이 차지하는 비율은 1935년 89%에서 1986년 28%로 크게 줄어든 반면에, 아시아 대륙의 협동조합이 차지하는 비율은 같은 기간에 10%에서 56%로 급증했다.

조합, 유럽을 넘어선 아시아 대륙의 협동조합을 포괄하는 새로운 공통의 규범을 마련할 필요가 있었다. '성명'의 초안을 주도적으로 작성한 이안 맥퍼슨의 회고에 따르면 "(각자의) 다양성을 반영하면서도 어디에서 무엇을 하든 모든 협동조합이 공유할 수 있을 규범을 명확히 표현"할 필요가 있었고, 이에 따라 ICA는 "서로 다른 문화, 종교, 정치적 신조를 지닌 사람들을 하나로 묶는 데 도움이 될 만한" 협동조합에 대한 새로운 시각을 '성명' 안에 담아내려 했다.

한마디로 ICA가 '성명'을 채택하게 된 두 번째 배경으로는 다양한 대륙과 다양한 유형의 협동조합을 포괄하는 새로운 공통의 규범을 마련할 필요를 느꼈기 때문이다. 기존에 없던 〈가치〉를 명문화한 것이 협동조합 고유의 정체성을 되찾기 위해서였다면, 〈원칙〉을 대폭 수정한 것은 이런 새로운 공통의 규범을 마련하기 위해서였다.

'성명'의 구조

'성명'은 크게 〈정의〉〈가치〉〈원칙〉이라는 세 구조로 이루어져 있다. 〈정의〉(Definition)가 협동조합이 무엇인가에 관한 '자기규정'이라면, 〈가치〉(Values)는 협동조합과 그 조합원이 지녀야 할 자세와 역할을 담은 '자기 신념'이고, 〈원칙〉(Principles)은 이런 가치들을 협동조합 운영에 적용하는 데 있어 가이드가 되는 '자기 지침'이다. 규정, 신념, 지침 앞에 '자기'가 붙는 이유는 그것이 실제로 협동조합 하는 사람들에 의한 협동조합에 관한 언급이기 때문이다.

협동조합에 관해서는 많은 학자나 정부 관계자들이 자기 나름의 견해를 피력한다. 하지만 협동조합은 자발적이고 자율적인 조직이다. 협동조합에서 정작 중요한 것은 학자나 정부 관계자들이 협동조합을 어떻게 바라보느냐보다 협동조합 하는 사람들이 협동조합을 어떻게 생각하느냐다. 그것이 비록 하는 일에 따라 조금씩 다르고 시대에 따라 조금씩 변할지라도, 자기 자신에 대한 자기규정이고 신념이고 지침이라는 점에서 '성명'이 갖는 의미는 크다.

같은 '성명' 안에 담겨 있어도 〈정의〉〈가치〉〈원칙〉은 그 방향이 다르다. 〈정의〉가 협동조합 바깥을 향한다면, 〈가치〉와 〈원칙〉은 철저히 내부를 향한다. 맥퍼슨에 따르면 〈정의〉는 정부가 협동조합 관련 법률을 제정할 때 참고로 하고, 협동조합을 잘 모르는 사람들에게 교과서 등에서 협동조합을 설명할 때 활용해주기를 바라는 목적에서 명문화한 것이다. 이에 비해 〈가치〉는 내부적으로 협동조합과 그 조합원이 지녀야 할 자세와 역할을 정리한 것이고, 〈원칙〉은 이런 가치들을 실제 협동조합 운영에 적용하는 데 있어 지침이 되게 하려고 정한 것이다.

그렇다면 〈정의〉〈가치〉〈원칙〉 가운데 어느 것이 가장 중요할까? 협동조합을 설명할 때 보통은 협동조합이 무엇인지(=정의), 협동조합을 어떻게 운영해야 하는지(=원칙)를 가장 많이 언급한다. 가치는 시간이 되면 잠깐 소개하는 정도고, 그 소개도 대부분은 수박 겉핥기 수준이다. 하지만 〈정의〉는 협동조합 관련 법률을 제정하거나 협동조합을 소개할 때 활용해주기를 바라는 목적에서 명문화한 것이다. 〈원칙〉은 협동조합 운영의 지침이기는 해도 운영자에게나 필요하지 모두가 다 알 필요는 없다. 법을 알아야 꼭 국민이 되는 건 아니고, 오히려 법 없이도 사는 국민이 참 국민이다. 더욱이 이런 〈원칙〉은 〈가치〉의 구체적 실현을 위해 정한 것이다.

1980년 레이들로 보고서에서 처음으로 '이념적 위기'가 제기된 이래로 협동조합 진영은 10여 년 넘게 가치를 논의했다. 그리고 그 성과를 바탕으로 1995년에 원칙을 개정하기에 이르렀다. 즉, 〈원칙〉의 바탕에 〈가치〉가 있고, 〈가치〉의 실현을 위해 〈원칙〉이 있는 것이다. 더욱이 지금은 30년 주기로 원칙을 개정해온 ICA의 역사를 돌이켜볼 때, 또 한 번의 원칙 개정이 필요한 때다. 이를 위해서라도 우리는 〈가치〉에 주목해야 한다. 협동조합의 정체성을 심화하는 것은 결국 가치의 재발견과 심화에서 시작된다. 〈가치〉를 뺀 〈원칙〉은 가야 할 곳을 잃고 운전대를 잡는 것과 같다. 〈정의〉〈가치〉〈원칙〉 가운데 가장 중요한 것은 〈가치〉다.

제2장 〈정의〉: 협동조합이란 무엇인가?

〈정의〉의 구조

자, 그럼 이제 본격적으로 '성명'의 실제 내용으로 들어가 그 순서에 따라 〈정의〉부터 살펴보기로 하자.

A cooperative is an autonomous association of persons united voluntarily to meet their common economic, social, and cultural needs and aspirations through a jointly-owned and democratically-controlled enterprise.
협동조합은 공동으로 소유하고 민주적으로 운영하는 사업체를 통해 그들 공통의 경제적 사회적 그리고 문화적 필요와 염원을 충족하기

위해 자발적으로 결합한 사람들의 자율적인 결사체이다. (필자 번역)

간단해 보이기만 쉽지 않은 내용이다. 더욱이 영어 원문까지 소개하니 당혹감마저 들 수 있다. 이런 우려를 무릅쓰고 굳이 영문까지 소개한 이유는 가능한 한 원문에 충실하게 번역하려 한 필자의 의도 때문이다.

단어 하나하나의 의미를 파악하기 전에 먼저 문장 전체의 구조를 이해할 필요가 있다. 학창 시절 긴 영어 문장을 대했을 때 자주 쓰던 방식이 있다. 문장을 해체해 그림으로 만들어보는 '문장 도해화(sentence diagramming)' 방식이다. 긴 문장을 몇 개의 단락으로 나누고, 각 단락의 주어·동사·목적어·서술어 등을 각각의 위치에 넣어보면, 문장 전체의 구조가 한눈에 들어온다.

〈그림 1〉에서 보듯 〈정의〉는 크게 네 단락으로 구성돼 있다. 우선 "①협동조합은 자율적인 결사체이다"가 있는데, 이는 협동조합의 '본질'을 말한 것이다. 다음으로 "②자발적으로 결합한 사람들의"라는 단락은 협동조합의 '주체'를 설명한 것이고, "③그들 공통의 경제적 사회적 그리고 문화적 필요와 염원을 충족하기 위해"는 협동조합의 '목적'을 언급한 것이며, "④공동으로 소유하고 민주적으로 운영하는 사업체를 통해"는 협동조합의 '수단'을 언급한 것이다.

중요한 것은 이런 네 단락 사이의 수식-피수식 관계다. 우리말

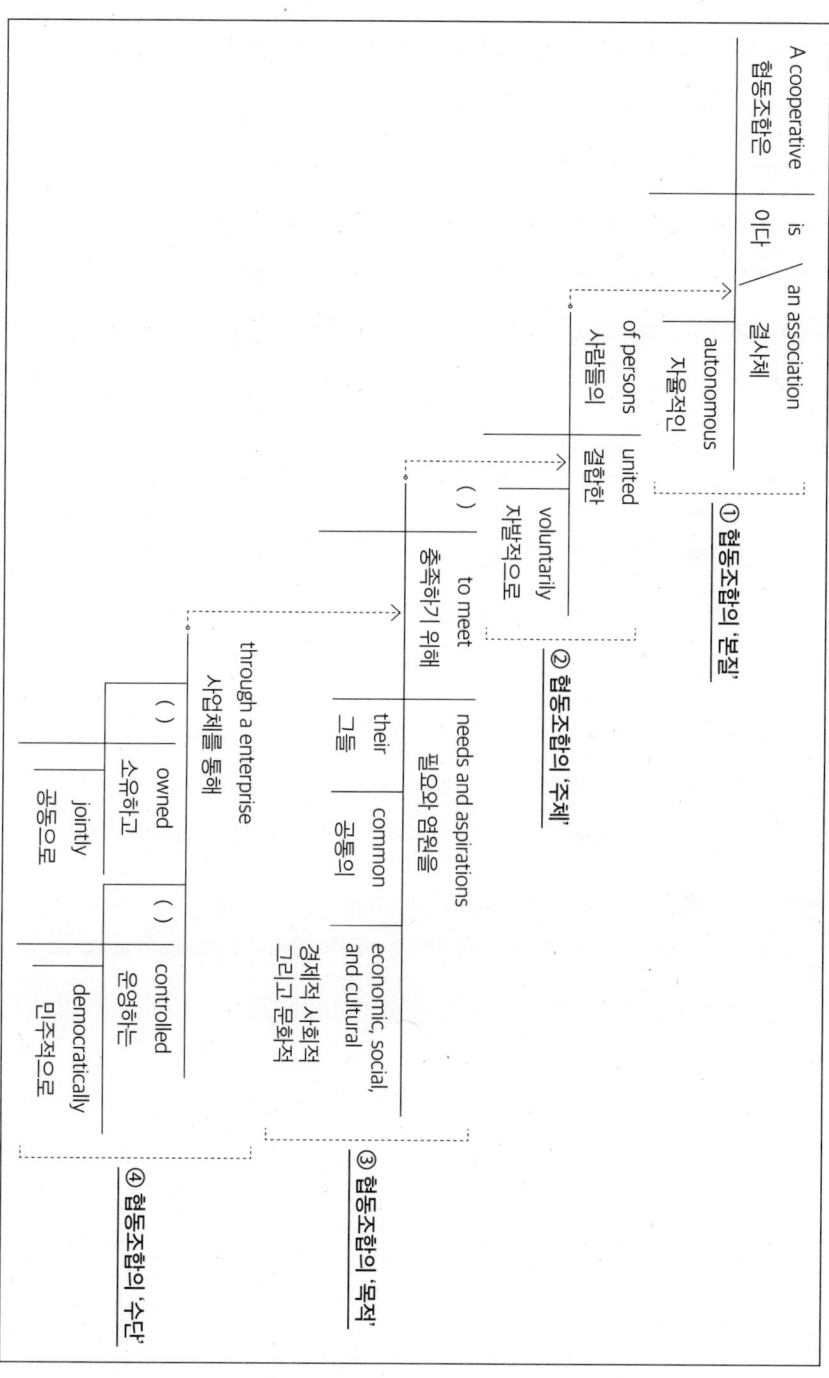

〈그림 1〉〈정의〉 문장 도해화

을 기준으로 봤을 때 직전의 단락은 직후 단락의 어떤 말을 수식하고, 이런 수식-피수식 관계가 계속 이어지면서 〈정의〉라는 하나의 문장을 구성한다. 예컨대 "④공동으로 소유하고 민주적으로 운영하는 사업체를 통해"라는 단락은 이어지는 "③그들 공통의 경제적 사회적 그리고 문화적 필요와 염원을 충족하기 위해"라는 단락 가운데 '충족한다'라는 말을 수식한다. 또 이런 단락③은 "②자발적으로 결합한 사람들의"라는 단락 가운데 '결합한'이라는 말을 수식한다. 그리고 다시 이런 단락②는 "①협동조합은 자율적인 결사체이다"라는 단락 가운데 '결사체'를 수식한다.

바꿔 말하면, "①협동조합은 자율적인 결사체"인데 그 결사체는 "②사람들이 자발적으로 결합한" 것이고, 사람들이 자발적으로 결합한 이유는 "③그들 공통의 경제적 사회적 그리고 문화적 필요와 염원을 충족하기 위해"서이며, 이런 필요와 염원의 충족은 "④공동으로 소유하고 민주적으로 운영하는 사업체를 통해" 달성된다는 이야기다. 우리말에서는 수식하는 단락이 수식받는 말 앞에 위치하기 때문에 ④수단→③목적→②주체→①본질의 순으로 되어 있지만, 영어에서는 그 순서가 뒤바뀌기 때문에 ①본질→②주체→③목적→④수단의 순으로 문장이 구성돼 있다.

내용의 간단한 고찰

구조에 대한 이런 이해를 바탕으로 각 단락의 내용을 간단히 해설하면 다음과 같다.[1]

먼저, 협동조합의 수단을 언급한 "협동조합은 공동으로 소유하고 민주적으로 운영하는 사업체를 통해"에 대해서다. 여기서는 주어가 생략돼 있지만, 당연히 '(자발적으로 결합한) 사람들'이다. 즉 '공동으로 소유'한다는 것은 조합원 모두가 공정하게 출자해 협동조합 사업체를 함께 소유한다는 것이고, '민주적으로 운영'한다는 것은 그 출자 지분의 많고 적음에 관계없이 조합원이 평등한 1인 1표를 통해 민주적으로 그 사업체를 운영한다는 것이다. 그리고 '사업체'라는 것은 협동조합의 법적 성격, 즉 법인으로 만들어졌음을 의미한다.

협동조합의 소유 형태는 포괄적으로는 '공동소유'에 속한다. 이런 공동소유에는 다시 총유(總有)·공유(共有)·합유(合有)라는 세 가지 종류가 있는데,[2] 이 가운데 세분하면 협동조합은 '합유'에 속한다. 조합원이 출자하고, 그 지분이 살아 있어서 탈퇴 시에는 환급받는다

---

[1] 좀더 자세한 설명은 졸저 『깨어나라! 협동조합』(89~104쪽) 참조.
[2] 세 유형의 특징을 비교 정리하면 다음과 같다.

유형	사례	개인의 지분	탈퇴 시 환불	처분권의 귀속	분할 청구권	지분의 양도
총유	종친회	없음	불가능	전체	불가능	불가능
공유	주식회사	있음	제한적 가능	개인	가능	가능
합유	협동조합	있음	제한적 가능	전체	불가능	불가능

는 점에서는 주식회사의 '공유'와 비슷하다. 반면에, 협동조합이 내부에 적립한 재산은 전체에 귀속되기 때문에 조합원이 분할 청구할 수 없고 다른 이에게 양도할 수도 없다는 점에서는 사단법인의 '총유'와 비슷하다. 한마디로 자본의 조직과 인간의 조직 사이쯤에 협동조합적 소유의 특징이 있고, 자본의 조직에서 인간의 조직으로 향해가는 데에, 즉 사적 소유를 유지하면서도 공동소유를 늘려가는 데에 협동조합적 소유의 목적이 있다고 할 수 있다.

'민주적 운영' 역시 보통의 회사가 1주식 1표로 운영하는 것과 비교되는 협동조합 사업체만이 갖는 고유한 운영상의 특징이다. 1주식 1표는 어떤 돈이냐에 관계없이 모든 돈이 평등하다는 것이고, 1인 1표는 어떤 사람이냐에 관계없이 모든 사람이 평등하다는 것이다. 돈이 평등한 것은 일반회사의 운영 주체가 돈이기 때문이고, 사람이 평등한 것은 협동조합의 운영 주체가 사람이기 때문이다.

영어 'democratically-controlled'를 보통은 '민주적으로 통제하는'으로 번역하기도 한다. 'control'을 '통제'로 번역하는 경우가 많으니 당연할지 모르지만, 조직과 인간의 관계를 설명할 때는 이런 번역이 어울리지 않는다. 대한민국이 민주주의 국가이고 그 주인이 국민이라고 해서, 대한민국을 국민이 통제한다고는 하지 않는다. 협동조합의 주인은 당연히 조합원이지만, 그렇다고 조합원이 협동조합을 통제한다고 해서는 안 된다. 일부 조합원 출신 임원들이 이런 식으로 이해하기도 하지만 이때의 통제는 그 실체가 협동조합이 아니라 대체로 직원을 의미하고, 더욱이 직원을 통제한다는 생각 또한 매우 위험한 발상이다.

다음으로, 협동조합의 목적에 해당하는 "그들 공통의 경제적 사회적 그리고 문화적 필요와 염원을 충족하기 위해"에 대해서다. 여기서 '그들'이란 조합원들을 말하고, '공통의'란 일부 조합원만이 아닌 조합원 모두가 공유한다는 것이다. 또 '경제적 사회적 그리고 문화적'이란 경제적 이익만이 아니라 사회적 성장과 문화적 공동체성을 함께 추구한다는 것이고, '필요와 염원'은 지금 당장의 필요를 충족하는 데 그치지 않고 보다 나은 사회와 인간을 향한 염원까지를 달성해간다는 의미다.

참고로, 처음에 제안된 〈정의〉 문구 안에는 '문화적(cultural)'이 빠져 있었는데 일본 대표단의 제안으로 추가 삽입되었다. 경제적 필요와 사회적 지위 향상을 중시하는 서구 협동조합의 시각에서 보면 언뜻 이해하기 쉽지 않았겠지만, 공동체성을 중시하는 아시아권 협동조합에서는 이 또한 협동조합을 통해 달성해야 할 중요한 목적 가운데 하나였던 것 같다.

영어 'needs and aspirations'를 우리나라에서는 보통 '필요와 욕구'로 번역하지만, 이는 오해의 소지가 크다. 아마도 경영학에서 자주 쓰는 '필요(needs)'와 '욕구(desire)'를 따온 듯싶은데, 협동조합에서 말하는 'aspiration'은 (없으면 안 되는 '필요'와 대비되는) 있으면 더 좋은 '욕구'가 아니라 조합원의 꿈이고 '염원'이다. 하나하나의 구체적인 필요를 충족해가면서 보다 큰 미래의 꿈을 달성해가자는 과정적인 것이지, '필요'에 대한 '충분'과 같은 병렬적인 것이 아니다.

세 번째로, 협동조합의 주체에 해당하는 "자발적으로 결합한 사람들의"에 대해서다. 여기서 '자발적으로'란 의식적이든 무의식적이든 그 어떤 강제에 의하지 않고 자유의지에 따라 협동조합에 참여한다는 것이고, '결합한'이란 이렇게 참여한 조합원이 개인으로서의 독립성을 유지하면서도 전체적으로는 하나가 된다는 뜻이며, '사람들'이란 협동조합의 주인이 돈이 아닌 바로 사람 즉 조합원이라는 것이다.

영어 'united'를 우리나라에서는 보통 '결성한'이라고 번역하지만, 이 또한 심각한 오류다. 영어 'united'가 만약 조합원이 협동조합을 결성했다는 뜻이라면 이런 식의 번역이 맞다. 하지만 'united'는 그 대상이 협동조합이 아니라 다른 사람(조합원)이다. 즉 사람과 사람이 자발적으로 결합했다는 것이지, 사람들이 자발적으로 협동조합을 결성했다는 뜻이 아니다. 애매해 보여도 이는 매우 중요한 차이다. 이런 식으로 협동조합을 보기 때문에 조합원과 조합원의 결합, 즉 결사가 눈에 들어오지 않고 오직 그 결과물인 협동조합만 눈에 보이는 것이다.

'사람들'을 'people'이 아닌 'persons'로 표기했다는 점 또한 기억해야 할 대목이다. 협동조합에서 사람(조합원)은 —생산자나 소비자 같은— 무리로서의 인간이 아닌 인격을 지닌 하나의 개체다. 때문에 인격을 지닌 개체로서의 독립성을 유지하면서도 전체적으로는 하나가 되기를 바라는 차원에서 '결합한(united)'이라는 표현을 썼다. 인간에 대한 이런 이해야말로 '성명'을 관통하는 핵심 사상 가운데 하나임을 기억할 필요가 있다.

가령, 미국의 정식 명칭은 'The United States of America' 즉 '각 나라들이 결합한 아메리카'이다. 각각의 나라(state)가 자기 나름으로 자치적으로 운영하면서, 외교나 국방 등의 분야에서 결합하고 있는 것이 '아메리카합중국(合衆國)' 즉 '아메리카의 여러 나라들'이다. 덕분에 아메리카합중국은 각 나라들과는 별도로 존재하거나 각 나라들 위에 군림하는 국가가 아니라 각 나라들의 결합 자체다. 협동조합도 마찬가지여서, 협동조합은 본래 조합원과는 별도로 존재하는 것이 아니라 조합원 한 사람 한 사람의 결합 그 자체다. 이렇게 중요한 의미를 담고 있는 'united'를 국가나 협동조합의 관점에서 설명해서는 곤란하다.

마지막으로, 협동조합의 본질에 해당하는 "자율적인 결사체이다"에 대해서다. 여기서 '자율적인'이란 자유로운 개개인이 자기 삶에 대해 스스로 결정권을 갖는다는 것, 조합원 자신이 자기들을 통제할 자기들 나름의 법과 규범을 갖는다는 것, 따라서 외부로부터 그 어떤 간섭이나 통제를 받지 않는다는 것 등을 의미한다. 또 '결사체'란 '영리를 목적으로 하지 않는(non-for-profit)' 인간(조합원)의 인간(조합원)에 의한 인간(조합원)을 위한 조직이라는 뜻이다.

영어 'autonomous association'을 우리나라나 일본에서는 보통 '자치적인 조직'으로 번역한다. 하지만 'autonomous'[3]는 정치적인 의미의 '자치'에 한정하지 않는 보다 넓은 의미를 지닌 말이다. 그 안에는 스스로 생각하고 결정할 능력을 지닌 것(=자율성), 타자의 간섭을 배제하고 스스로 결정할 수 있는 것(=자주성), 일상에서 자기 자신을 위해 결정할 수 있는 것(=자립성) 등의 의미를 포함한다.

'association' 또한 보통 말하는 '조직'과 비교해 훨씬 구체적이다. 가령, '조직(organization)'에는 공적 조직과 민간 조직이 있다. 민간 조직 안에는 다시 주식회사와 같은 사업 조직과 협회나 정당 등과 같은 인간 조직이 있다. 이 가운데 'association'은 인간 조직을 가리킨다. 협동조합이 사람과 사람이 결합해 만든 인간 조직이라는 점을 강조하기 위해 'association'을 쓴 것인데, 이를 아무 생각 없이 그냥 넓은 의미의 '조직'으로 번역해버리면 그 의도가 전혀 전달되지 않는다.

물론 그렇다고 해서 협동조합이 '비영리(non-profit)' 조직은 아니다. 많은 이들이 협동조합을 비영리 조직이라 생각하지만, 협동조합은 '비영리' 조직이 아니라 '영리를 목적으로 하지 않는' 조직이다. 만약 협동조합이 비영리 조직이라면 이익(잉여)을 어떻게 배분할지

---

[3] 'Wiktionary'(영문판)에 따르면 'autonomous'는 "지적이고 감각적이며 자기 인식적으로 생각하고 느끼고 독립적으로 통치하는 것. 아이가 부모나 보호자의 지배를 받지 않고 행동하는 것처럼, 사람이 스스로 혹은 독립적으로 행동하는 것"이라고 설명한다.

를 두고 그렇게 오랫동안 논쟁할 필요도 없었을 것이다. 협동조합은 이익은 내지만 이익을 내는 데 목적이 있지 않고, 따라서 비영리 조직이 아니라 영리를 목적으로 하지 않는 조직이다. 최근 새롭게 등장하는 사회적 협동조합은 이런 전통적인 협동조합과는 조금 다르게 비영리 조직에 훨씬 가깝지만, 이 문제에 관해서는 나중에 별도로 논의하기로 한다.

이상의 해설을 바탕으로 〈정의〉를 좀더 쉽게 설명하면, 협동조합은 조합원 모두가 공정히 지분 참여해 평등한 1인 1표의 민주적 방식으로 운영하는 사업체를 통해, 조합원 모두의 경제적 이익·사회적 성장·문화적 공동체성을 달성하기 위해, 자유의지에 따라 결합한 인격을 지닌 사람들의, 영리를 목적으로 하지 않는 인간의 인간에 의한 인간을 위한 결사체라 할 수 있다.

협동조합기본법과의 비교

ICA가 〈정의〉를 명문화한 목적 가운데 하나가 정부로 하여금 협동조합 관련 법률을 제정할 때 이를 활용해주기를 바라서였다. 그렇다면 과연 ICA의 이런 의도는 제대로 실현되고 있을까? 우리나라 정부는 협동조합 관련 법률을 제정할 때 ICA의 〈정의〉를 잘 활용하고 있을까?

가장 최근의 사례로 2012년에 제정된 협동조합기본법(이하 '기본법')의 경우를 보자. 기본법에서는 협동조합을 아래와 같이 정의하고 있다.

> 제2조(정의) 이 법에서 사용하는 용어의 뜻은 다음과 같다.
> 1. "협동조합"이란 재화 또는 용역의 구매·생산·판매·제공 등을 협동으로 영위함으로써 조합원의 권익을 향상하고 지역사회에 공헌하고자 하는 사업조직을 말한다.[4]

ICA의 〈정의〉와 기본법상의 정의 사이에는 몇 가지 차이가 있다.

먼저, 〈정의〉에서는 협동조합이 무슨 일을 하는지 아무런 명시가 없는데, 기본법에서는 "재화 또는 용역의 구매·생산·판매·제공 등"이라고 구체적으로 명시하고 있다. 친절한 설명에 고마워해야 마땅하지만, 전혀 반갑지 않은 과다한 친절이다. 명시한 영역에서는 자유롭게 사업해도 되지만, 명시하지 않은 영역에까지 진입해 오면 규제할 수도 있다는 뜻이 포함돼 있다. 실제로 현행 기본법 체계에서는 재화 또는 용역의 구매·생산·판매·제공은 가능해도, 이를 위해 반드시 필요한 금융이나 보험 같은 자본의 영역에는 협동조합이

---

[4] 법제처 국가법령정보센터 홈페이지.

진입하기 어렵게 되어 있다. 협동조합이 무슨 일을 하든 이는 전적으로 조합원의 자유의사여야 하는데, 이런 문구를 빌미로 오히려 그 자율성이 가로막혀 있다.

다음으로, 〈정의〉에서는 협동조합 사업체를 조합원이 "공동으로 소유하고 민주적으로 운영한다"고 구체적으로 설명하고 있는 데 비해, 기본법에서는 단지 "협동으로 영위한다"라고만 하고 있다. 간단해서 좋아 보이지만, "협동으로 영위한다"라는 말은 '협동조합'의 동어반복일 뿐이다. 소유와 운영 방식에 관한 최소한의 설명이 없는 속에서 "협동으로 영위한다"라는 말은 다분히 자의적으로 해석될 수 있고, 그 결과로 지금 전혀 협동조합답지 못한 협동조합이 양산되고 있다.

세 번째로, 〈정의〉에서는 협동조합의 목적이 "그들(조합원들) 공통의 경제적 사회적 그리고 문화적 필요와 염원을 충족"하는 데 있다고 하는 데 비해, 기본법에서는 그 목적이 "조합원의 권익을 향상하고 지역사회에 공헌"하는 데 있다고 한다. 이는 얼핏 보면 조합원을 넘어 지역사회로까지 그 목적을 확장한 훌륭한 것처럼 보이지만, 실은 일자리를 늘리고 복지 수요에 대응해 지역사회의 붕괴 위기를 어떻게든 막아보려는 정부의 숨은 의도를 반영한 것이다. 협동조합도 당연히 지역사회에 관심을 기울여야 하지만, 그 일차적인 이유는 조합원의 삶을 지키기 위해서지 정부 정책을 대행하기 위해서가 아니다.

네 번째로, 〈정의〉에서는 협동조합의 본질이 "자율적인 결사체"라고 하는 데 비해, 기본법에서는 이를 "사업조직"이라고 단언한다. 이는 협동조합을 바라보는 매우 중요한 시각의 차이다. 협동조합은 조합원의 결사체이고, 이런 결사체의 토대 위에 사업체가 있는 구조인데, 협동조합을 사업조직이라 하니 결사체가 빠지고 조합원도 빠질 수밖에 없는 것이 우리나라 기본법에서 제시하는 협동조합이다. 정부로부터 업무를 위탁받아 협동조합을 지원하는 기관들, 협동조합 관련 연구를 용역 받아 수행하는 연구자들 역시 같은 차원에서 "협동조합은… 사업체(사업조직)다"라는 식으로 이런 정부의 시각을 대변하고 있다.

마지막으로, 이런 차이가 결과적으로 〈정의〉에 등장하는 "자발적으로 결합한 사람들"이라는 협동조합의 주체를 기본법에는 완전히 빠지게 만들어버렸다. 협동조합에서 주체 즉 조합원이 빠지면 남는 건 조합뿐이다. 우리나라 정부가 생각하는 협동조합에는 사람(조합원)은 없이 조합만 있고, 이런 조합을 어떻게 하면 정부 정책에 활용할까에만 관심이 가 있는 듯싶다. 하지만 이렇게 사람(조합원)이 빠진 조합이 과연 정부가 바라는 바대로 제대로 된 사업조직으로 성장할 수 있을까?

한마디로, ICA가 〈정의〉를 최초로 명문화한 목적 가운데 하나가 협동조합 관련 법률을 제정할 때 각국 정부가 이를 활용해주도록 바라서였는데, 우리나라 정부는 이런 취지와는 아랑곳없이 제멋

대로 협동조합을 정의하고 있으니 안타까울 뿐이다.

우리나라 기본법과 일본 노협법의 비교

어떤 취지에서 협동조합 관련 법률을 제정했는지 우리나라와 일본의 사례를 비교해보면 매우 흥미롭다.

우리나라와 일본은 세계 여러 나라들 가운데 법령 체계가 가장 비슷한 나라다. 협동조합 관련 법률도 마찬가지여서 우리나라와 일본은 지금까지 각각의 협동조합마다 해당 법률을 갖추어왔다. 협동조합의 유형에 따라 해당 개별법을 갖는 경우(러시아·아이티·쿠바·덴마크·중국 등), 유형에 상관없이 통일적이고 일반적인 기본법만을 갖는 경우(호주·캐나다·태국·스페인 등), 개별법과 기본법이 공존하는 경우(포르투갈·프랑스 등), 이 셋 가운데 우리나라와 일본은 모두 첫 번째에 속해왔다.

이런 오랜 법체계 속에서 우리나라는 2012년에 협동조합기본법을 제정함으로써 개별법과 기본법이 공존하는 나라가 되었다.[5] 이에 비해 일본은 여전히 개별법 체계를 유지하면서 추가로 2021년에

---

5   물론 같이 개별법과 기본법이 공존하는 경우라도 다른 나라들이 기본법을 좀더 구체화하는 과정에서 개별법을 제정한 데 비해, 우리나라는 개별법에 포함되지 않는 다양한 협동조합을 육성하기 위해 기본법을 제정했다는 점에서 차이가 있다.

노동자협동조합법(이하 '노협법')이라는 또 하나의 개별법을 제정했다. 단순 비교하면 우리나라는 기존의 틀을 뛰어넘는 혁신적이고 선진적인 것처럼 보이고, 일본은 여전히 기존의 틀에 갇힌 보수적이고 후진적인 것처럼 보인다. 하지만 정말 그럴까? 기본법과 노협법의 전체 내용을 다 검토할 수는 없지만, 어떤 취지에서 정부가 각각의 법률을 제정했는지 그 목적만 비교해보면 다음과 같다.

《우리나라 협동조합기본법》
제1조(목적) 이 법은 협동조합의 설립·운영 등에 관한 기본적인 사항을 규정함으로써 자주적·자립적·자치적인 협동조합 활동을 촉진하고, 사회통합과 국민경제의 균형 있는 발전에 기여함을 목적으로 한다.

《일본 노동자협동조합법》
(목적) 제1조 이 법률은 한 사람 한 사람이 생활과 조화를 이루면서 그 의욕과 능력에 따라 일할 기회를 충분히 확보하고 있지 못한 현실을 반영해, 조합원이 출자하고 그 의견을 반영해서 사업을 행하며 조합원 스스로가 사업에 종사하는 것을 기본 원리로 하는 조직[6]에 관해,

---

[6] 노동자협동조합을 '결사체'가 아닌 '조직'으로 표현한 점이 아쉽기는 하지만, 이는 일본 협동조합 진영이 그 원인을 제공한 면이 크다. 일본 협동조합 진영은 ICA의 〈정의〉에 등장하는 'association'을 '조직'으로 번역했고, 덕분에 정부도 이를 따랐다. 하지만 '결사체(association)'와 '조직(organization)'은 분명히 다르다. 그 차이에 대해서는 졸저 『깨어나라! 협동조합』 (90~93쪽) 참조.

설립·관리·기타 필요한 사항을 정함으로써, 다양한 일자리 기회를 창출하는 동시에 지역의 다양한 수요에 대응하는 사업을 행하도록 촉진해, 지속 가능하고 활력 있는 지역사회 실현에 도움이 되게 하는 것을 목적으로 한다.[7]

두 법률 모두 협동조합 활동과 사업을 촉진하기 위해 제정했다는 점에서는 같다. 그런데 여기에 더해 우리 기본법에서는 이를 통해 "사회통합과 국민경제의 균형 있는 발전에 기여"하도록 한다고 했고, 일본 노협법에서는 "지속 가능하고 활력 있는 지역사회 실현에 도움이 되게" 한다고 했다. 언뜻 보면 비슷해 보이지만 실은 그렇지 않다. "사회통합과 국민경제의 균형 있는 발전"[8]은 정부의 언어이고 목표다. 이에 비해 "지속 가능하고 활력 있는 지역사회 실현"은 정부와 협동조합이 공유하는 공통의 목표다.

좀더 확연한 차이로 노협법에는 있는데 기본법에는 없는 중요한 몇 가지 문구들이 있다.

7 e-GOV法令検索 홈페이지.
8 농업협동조합, 수산업협동조합, 중소기업협동조합 등 소위 정부주도형 협동조합 관련 법령에는 모두 그 제1조(목적)에 "이 법은… 국민경제의 균형 있는 발전을 꾀함―혹은 발전에 이바지함―을 목적으로 한다"라는 문구가 들어가 있다. 이에 비해 신용협동조합, 소비자생활협동조합 같은 민간주도형 협동조합 관련 법령에서는 이를 조금 순화시켜 "이 법은… 지역경제의 발전에 이바지함을 목적으로 한다"(신용협동조합법)라거나 "이 법은… 국민의 복지 및 생활문화 향상에 이바지함을 목적으로 한다"(소비자생활협동조합법)라고 되어 있다. 이런 차이에서 볼 때 기본법은 정부주도형 협동조합의 한 유형으로 제정한 것이 분명해 보인다.

- "한 사람 한 사람이 생활과 조화를 이루면서 그 의욕과 능력에 따라 일할 기회를 충분히 확보하고 있지 못한 현실을 반영해"
- "조합원이 출자하고 그 의견을 반영해서 사업을 행하며 조합원 스스로가 사업에 종사하는 것을 기본 원리로 하는"
- "다양한 일자리 기회를 창출하는 동시에 지역의 다양한 수요에 대응하는 사업을 행하도록 촉진해"

첫 번째 문구는 노협법을 제정할 수밖에 없게 된 안타까운 사회 현실, 즉 생활과 일의 부조화, 의욕과 능력에 따른 일자리 기회의 부족이라는 현재 상황에 대한 반성이다. 두 번째 문구는 노동자협동조합 고유의 특징, 즉 조합원이 출자하고 운영하고 노동한다는 특징을 명시한 것이다. 세 번째 문구는 이런 노동자협동조합을 통해 조합원이 이루려 하는 목적, 즉 일자리 기회를 창출하고 지역 주민의 다양한 필요에 대응한다는 조합원의 관점에서 본 노동자협동조합의 목적을 설명한 것이다.

그런데 안타깝게도 우리 기본법에는 이런 내용들이 모두 빠져 있다. 기본법을 제정할 수밖에 없게 된 우리 사회에 대한 통렬한 반성, 일반기업과 비교되는 협동조합 고유의 특징, 협동조합을 통해 이루고자 하는 조합원들의 바람 등이 전혀 담겨 있지 않다. 단지 정부의 관점에서 "협동조합의 설립·운영 등에 관한 기본적인 사항을 규정함으로써… 사회통합과 국민경제의 균형 있는 발전에 기여"한다는 목적만 담겨 있을 뿐이다.

나는 법률 덕분에 협동조합이 발전할 거라고는 전혀 생각지 않는다. 역사적으로 보아도 법률이 먼저 생긴 다음에 협동조합이 발전한 사례는 매우 드물고, 설령 일시적으로는 발전하더라도 행정의 지원이 끊기면 곧 쇠퇴해버리는 경우가 대부분이다. 그럼에도 불구하고 법률은 협동조합의 발전을 위해 필요하다. 그리고 기왕에 법률을 만들려면 잘 만들어야 한다. 하지만 기본법은 최소한 그 입법 취지 면에서는 잘 만들어진 법이 아니다.

한 나라의 법률은 그 사회 구성원의 의식 수준을 반영한다. 우리나라에서는 아직도 협동조합을 조합원의 자율적 결사체라기보다 정부가 주도하는 사업조직쯤으로 여기고 있는 듯싶다. 법률의 제정 속도 면에서는 우리가 일본보다 훨씬 혁신적이지만, 실제 내용으로 들어가서는 오히려 그 반대다. 그렇다고 이를 정부 탓으로만 돌릴 수도 없다. 소위 진보 정권 때도 고치지 않은 걸 보면, 문제를 발견하고 시정을 요구했어야 할 우리의 공부와 노력이 한참 부족했던 것 같다.

교육 현장에서의 곡해

ICA가 〈정의〉를 명문화한 또 하나의 목적이 교과서 등에서 협동조합을 설명할 때 활용해주기를 바라서였다. 그렇다면 이런 목적은 이번에는 제대로 실현되고 있을까?

2016년에 서울시와 서울시 사회적경제지원센터가 공동 간행한 '사회적 경제 교안'에서는 ICA의 〈정의〉를 다음과 같이 해설하고 있다.

> 1) 자발적으로 협동조합을 결성한 사람(조합원)들이 주체이며, 2) 공통의 경제 사회 문화적 필요와 열망을 이루기 위한 목적을 가지고, 3) 인적 결사체라는 조직 성격을 바탕으로 하기 때문에, 4) 공동으로 소유하고 민주적으로 운영하는데, 5) 앞의 목적을 달성하기 위해 필요한 사업을 하는 사업체가 "협동조합"이라는 것임.[9]

하지만 이런 해설로는 〈정의〉의 각 단락 간 수식-피수식 관계를 제대로 파악하기 어렵고, 덕분에 문맥이 연결되지 않은 채로 각자 돌아다닌다. 더욱이 인적 결사체이기 때문에 공동으로 소유하고 민주적으로 운영한다니? 〈정의〉에서 "공동으로 소유하고 민주적으로 운영하는"은 사업체를 수식하지 결사체를 수식하지 않는다. 또 "사업체가 협동조합"이라니? 〈정의〉 어디에도 협동조합의 본질이 사업체라는 문구는 없다. 〈정의〉에 따르면 협동조합은 조합원의

---

[9] 서울시·서울특별시사회적경제지원센터, 165쪽.

"자율적인 결사체"이고, 사업체는 결사한 조합원이 그 목적을 이루기 위해 만든 수단이다. 아무리 정부로부터 지원을 받더라도 해설은 똑바로 해야 하는데, 누구라도 알 만한 내용을 왜 곡해해서 교육하는지 그 이유가 궁금할 뿐이다.

또 하나의 사례로, 기획재정부로부터 협동조합 설립과 육성 업무를 위탁받아 수행하는 한국사회적기업진흥원이라는 기관이 있다. 그 홈페이지에서는 협동조합의 여러 정의 가운데 특히 다음의 세 가지를 소개하고 있다.

- 협동조합기본법 제2조 제1호: 재화 또는 용역의 구매 생산 판매 제공 등을 협동으로 영위함으로써 조합원들이 권익을 향상하고 지역사회에 공헌하는 상업조직
- 국제협동조합연맹(ICA): 공동으로 소유되고 민주적으로 운영되는 사업체를 통하여 공통의 경제적, 사회적, 문화적 필요와 욕구를 충족시키고자 하는 사람들이 자발적으로 결성한 자율적인 조직
- 미국농무성(USDA): 이용자가 소유하고 이용자가 통제하며 이용규모를 기준으로 이익을 배분하는 사업체

행정당국으로부터 업무를 위탁받아 수행하는 기관이니 당연히 기본법의 정의를 먼저 소개하는 것은 충분히 이해된다. 하지만 기본법에서는 협동조합을 '사업조직'이라고 했지 '상업조직'이라고 하지

않았다. 협동조합의 설립과 지원이 주요 역할이니 당연히 정부의 입장에 따를 수밖에 없겠지만, '사업'보다 더 축소한 '상업' 조직으로 협동조합을 왜곡해 소개하는 것은 무슨 이유에선지 모르겠다.

ICA의 〈정의〉에 관한 소개에서도 크게 세 곳에서 심각한 오류가 있다. 먼저 'united'를 '결합한'이 아닌 '결성한'으로 번역하고 있는데, 이는 "조합원이 협동조합을 결성했다"라는 취지일 뿐 "조합원이 다른 조합원과 결합했다"라는 본래의 취지와는 거리가 멀다. 다음으로 'aspiration'을 '욕구'로 번역하지만, 이 역시 (없으면 안 되는 '필요'와 대비되는) 있으면 더 좋은 '욕구'가 아니라 조합원의 꿈이기 때문에 '염원'이라 해야 옳다. 마지막으로, 협동조합은 'association' 즉 '결사체'지 그냥 '조직'이 아니다.

곡해의 근거들

협동조합을 사업체로 보는 이들이 이구동성으로 소개하는 것이 미국 농무부(USDA)의 협동조합 정의다. 위 진흥원의 소개에서 보듯, 미국 농무부는 협동조합을 "협동조합은 이용자가 소유하고, 이용자가 통제하며, 이용규모를 기준으로 이익을 분배하는 사업체"라고 정의하는 것 같다. 미국에서조차 협동조합을 사업체라 하고 있으니 우리도 당연히 그리 봐야 한다는 식이다.

하지만 이는 명백한 번역의 오류다. 아니, 단순한 오류가 아니라 어떤 의도를 가진 기획이다. 해당 영어 문장을 그대로 직역하면, "협동조합은 외부 투자자들보다 오히려 조합원이 운영하고, 조합원의 편익을 위해 일하는, 생산자와 이용자 소유의 사업이다"[10]라고 되어 있다. 여기서 '협동조합'은 협동조합 일반이 아니라 농업협동조합을 특정한다. 또 '사업'은 〈정의〉에 등장하는 사업체(enterprises)가 아니라 그야말로 사업(business) 자체다. 협동조합의 법적 성격을 말한 것이 아니라 협동조합이 제공하는 서비스를 가리킨 것이다.

즉, 미국 농무부의 협동조합 정의는 수많은 협동조합 가운데 농업협동조합을 특정해서, 농업협동조합이 주식회사와 비교했을 때 갖는 고유의 특징만을,[11] 그것도 행정당국의 시각에서 밝힌 것일 뿐이다. 정부의 편의에 따라 주식회사와 구분하기 위해 농업협동조합의 특징을 이용자(생산자=농민) 소유·이용자 운영·이용자 편익의 사업으로 규정한 것인데, 이를 두고 마치 모든 협동조합을 사업체로 정의한 양 소개하는 것은 번지수가 어긋나도 한참 어긋난 행위다.

협동조합을 사업체로 보게 만든 데는 ICA에도 일정 부분 책임이 있다. ICA의 웹사이트 "What is a cooperative?"(협동조합이란 무

---

10 "Co-ops are producer and user-owned businesses that are controlled by and operate for the benefit of their members, rather than outside investors."(USDA, "What is a Co-op?")

11 "1987년 이 정의를 만들 당시 미국 농무부는 ICA의 수많은 원칙 가운데 단지 세 개의 원칙, 즉 이용자 소유·이용자 운영·이용자 편익의 원칙만을 받아들여 농업협동조합의 정의로 만들었다."(GF Ortmann & RP King, 41쪽).

엇인가)에는 'enterprise'(사업체)라는 단어가 자주 등장한다. "조합원은 그들이 사업체에 투입한 자본의 양과 관계없이 평등한 의결권을 갖는다", "공정·평등·사회적 정의를 사업체의 핵심(가치)으로 삼아", "장기적인 일자리와 번영을 창출하는 지속 가능한 사업체를 만들기 위해" 등이 그 예다.

하지만 이렇게 '사업체'를 자주 언급했다고 해서 ICA가 협동조합을 사업체로 보고 있다고 이해해서는 곤란하다. 위 예문들은 〈정의〉에 등장하는 사업체와 결사체 가운데 모두 사업체와 관련된 것들이다. "투입한 자본의 양과 관계없이 평등한 의결권을 가진다"라는 것은 사업체의 민주적 운영을 설명한 것이고, "공정·평등·사회적 정의"나 "장기적인 일자리와 번영" 등은 모두 사업체의 사업 목적을 기술한 것이다. 사업체와 관련된 것이기에 사업체를 자주 언급했을 뿐인데, 이를 두고 마치 ICA가 협동조합을 사업체로 보고 있다는 식으로 이해하는 것은 옳지 않다.

같은 곳에서 ICA는 "협동조합은 그들 공통의 경제적 사회적 그리고 문화적 필요와 염원을 실현하기 위해 그들 조합원에 의해 조합원을 위해 소유되고 운영되고 협의되는 사람 중심의 사업체이다"[12]라고 말한다. 역시 앞뒤만 이어 붙이면 ICA가 "협동조합은…

---

[12] "Cooperatives are people-centred enterprises owned, controlled and run by and for their members to realise their common economic, social, and cultural needs and aspirations."

사업체이다"라고 말하는 듯하다. 하지만 굳이 이런 표현이 마음에 든다면 최소한 "협동조합은… 사람 중심의 사업체이다"라고 해야 옳다. 왜냐하면 '사람 중심의 사업체'는 '사업을 하는 결사체'와 같은 말이고, 이는 협동조합의 본질(결사체)과 수단(사업체)의 관계를 설명하는 나름 적절한 표현이기 때문이다.

결사체냐 사업체냐

협동조합을 결사체로 볼 거냐 사업체로 볼 거냐, 아니면 이 둘의 적당한 혼합으로 볼 거냐 만큼 오랜 논란거리가 없다. 하지만 이에 관한 내 시각은 분명하다. 협동조합은 겉으로 드러나는 법적 요건이나 사업 내용만 보면 일반기업과 차이가 없다. 일반 유통회사와 소비자협동조합, 일반 은행과 신용협동조합은 사업하는 법인이라는 점에서는 같고 하는 일도 비슷하다. 하지만 그 안의 조직 구성이나 사업 방식을 보면 전혀 다르다. 사업체의 바탕에 결사체가 있고, 사람과 사람의 협동과 연대를 기반으로 사업을 진행한다는 것이야말로 협동조합만이 갖는 고유한 특징이다. 1980년에 이미 이런 논란에 종지부를 찍었듯이,[13] 협동조합은 본질적으로 결사체다. 이는 바

---

13 "협동조합은 법률적으로는 법인(corporation)으로 설립되지만, 그 실천이 결사체(association)의

꿔 말하면 결사체로서의 특징을 살려내지 못하면 일반기업과의 경쟁에서 협동조합이 결코 이길 수 없다는 이야기이기도 하다.

우리나라 일본이나 협동조합이 어떻게 해야 시장에서 살아남을지가 큰 고민거리다. 특히 IT 기술의 눈부신 발전은 지금까지의 산업구조를 완전히 변화시키고 있고, 이런 속에서 생존을 위한 경쟁은 한층 격화되고 있다. 일본 그린코프생협의 전무이사였던 유키오카(行岡良治)는 이와 관련해 현직의 후배 전무이사들에게 다음과 같이 이야기한 적이 있다.

> 지금 세상 사람들은 아마존의 높은 IT 기술과 그것이 가져다주는 편리함이 세상을 지배할 거라고 예상합니다. 아마존의 높은 기술력은 거대자본이 둔갑한 것입니다. 자본이 적은 우리 그린코프생협이 이런 아마존을 이길 수 없고, 이는 아마 앞으로도 마찬가지일 것입니다.
> 우리는 결국 아마존과는 다른 방향으로 가야 합니다. 조합원을 한 인간으로 살려내고, 활동가를 한 인간으로 살려내고, 직원을 한 인간으로 살려내서, 이들 간의 연대를 구축하는 것 말고는 아마존을 이길 수 없습니다. 이를 위해 우리는 지난 20년 동안 조합원을 한 인간

개념에 기초할 때 협동조합의 진정한 성격을 발휘할 수 있다. 보통의 법인은 그 권력 기반으로부터 떨어져 존재하고 활동할 수 있지만, 협동조합은 조합원인 사람들에게서 떨어져서는 존재할 수 없다."(레이들로, 60쪽의 내용을 영어 원문에 가깝게 필자가 수정.)

으로 살려내 생협 운동의 제1 주체로 세워왔습니다. 활동가를 한 인간으로 살려내 생협 운동의 제2 주체로 세워왔습니다. 그리고 이제 직원을 한 인간으로 살려내 생협 운동의 제3 주체로 세워야 할 때입니다.

나는 이런 우리가 반드시 아마존을 이길 거라고 확신합니다. 아마존은 우리 인간이 당면한 문제를 해결하지 못합니다. 인간의 문제를 해결할 수 있는 건 결국은 인간뿐입니다. 지금은 사람이 이기느냐 돈이 이기느냐의 전쟁 중입니다.[14]

IT 기술과 그것이 가져다주는 편리함을 등한시하자는 이야기가 아니다. 편리함의 추구는 인간이 지닌 중요한 본성 가운데 하나로 결코 이념의 잣대로 억압하거나 도덕의 이름으로 폄훼해서는 안 된다. 반대로, 편리함의 추구만을 인간의 본성으로 보아서도 안 된다. 집 안에서 버튼만 누르면 다음 날 주문한 물건이 문 앞에 도착해 있다고 해서 조합원이 행복해하는 것은 아니다. 설령 그런 편리함을 협동조합이 제공할 수 있다고 해도 언제까지 거대자본보다 우위에 설 수 있을까? 조합원을 그렇게 길들여서 협동조합이 과연 살아남을 수 있을까?

지금은 사람이 이기느냐 돈이 이기느냐의 전쟁 중이다. 이런 전

---

14   行岡良治, 7쪽.

쟁에서 사람이 이기려면 사람을 살려내 사람 간의 연대를 구축하는 것밖에는 길이 없다. 협동조합은 이를 가능하게 하는 몇 안 되는 방식이고, 그 출발은 협동조합을 결사체로 보는 데서 시작된다. 협동조합을 결사체로 보느냐 사업체로 보느냐는 결국 사람을 사람으로 보느냐 돈으로 보느냐, 협동조합을 사람의 관계로 보느냐 자본의 갹출로 보느냐의 차이다.

결사체의 변화

협동조합의 본질은 결사체다. 다른 결사체—예컨대 시민단체나 정당—와 다르게 사업을 한다고 해서 사업체로 보아서는 안 된다. 그리고 이런 결사체로서의 협동조합은 근대와 함께 시작되었다. 로치데일공정선구자조합을 최초의 근대적 협동조합이라 부르는 것은, 그것이 이전과는 다르게 개개인의 자유롭고 평등한 결사로 시작되었기 때문이다.

근대를 열고 근대의 오랜 기간을 지배해온 두 가지 이념이 있다. 바로 자유와 평등이다. 국가나 종교의 구속에서 벗어나려는 자유, 신분이나 지위에 따른 차별에서 벗어나려는 평등. 이 두 가지야말로 근대를 열고 근대의 오랜 기간을 지배해온 시대 정신이다. 그리고 이런 자유와 평등의 이념을 사회 전체에 구현하는 과정에서 자유와 평등이 실재하는 작은 사회로 사람들이 만든 것이 바로 결사체이고, 그 대표적인 유형이 협동조합이다.

덕분에 협동조합 안에는 자유와 평등이라는 근대의 두 이념이 그대로 투영돼 있다. 〈정의〉에서 협동조합을 "자발적으로 결합한 사람들의 자율적인 결사체"라 했을 때, '자발적'이니 '자율적'이니 하는 것들은 모두 자유인이기에 가능한 인간 행위의 양상이다. 협동조합 사업체를 "공동으로 소유하고 민주적으로 운영한다" 했을 때, '공동'이니 '민주적'이니 하는 것들은 모두 자유로운 인간이 서로를 평등하게 대할 때나 가능한 일이다. 즉, 모두가 서로를 같은 자유인으로 보고 평등하게 대하지 않으면, '자발적'이니 '자율적'이니 하는 마음의 자유도 '공동'이니 '민주적'이니 하는 관계의 평등도 나올 수 없다.

다시 한번 강조하지만, 자유와 평등을 사회 전체에 구현해가는 과정에서 자유와 평등이 실재하는 작은 사회로서 사람들이 만든 것이 바로 협동조합이다. 덕분에 바깥세상에서는 비록 자유롭지 못하고 불평등한 대접을 받더라도, 그 안에서만큼은 모두가 자유롭고 평등했다. 때로는 어렵고 때로는 힘들어도 협동조합을 만들고 협동조합에 참여하는 것이 근대의 사람들에게는 가슴 뛰는 일이었다.

그런데 지금은 어떤가. 과거와 비교하면 지금은 신분이나 지위에 상관없이 누구에게나 자유가 보장돼 있다. 평등한 사회까지는 아니어도 최소한 평등화되어가는 사회인 것만은 분명하다. 그렇다면 이런 사회에서 협동조합은 과연 어떻게 될까? 근대와 함께 태동하고, 근대의 두 이념을 실체화하면서 성장해온 협동조합은 앞으로 그 성장을 계속 이어나갈 수 있을까?

뭐, 어렵게 이야기할 필요도 없다. 만약 당신이 무엇인가에 의해 여전히 구속받고 있고 누군가에 의해 여전히 차별받고 있다면, 나아가 그 구속이나 차별에서 벗어나려 한다면, 당신에게는 아직 근대적 협동조합이 유용하다. 그런 당신에 기대어 협동조합은 앞으로도 계속 성장을 이어갈 것이다. 하지만 그렇지 않고 만약 당신이 자신을 구속하고 차별하는 것의 정체가 무엇인지 잘 모르겠다면, 나아가 구속이니 차별이니 하는 말 자체에 고개를 갸우뚱한다면, 당신에게는 이제 근대와는 다른 협동조합이 필요하고, 근대와는 다른 협동조합이어야 비로소 가슴이 뛴다. 그런 당신에게 응답하지 못하면 지금까지의 협동조합은 아마도 근대와 함께 역사의 뒤안길로 사라질 것이다.

구체적으로는 제5장에서 자세히 이야기하겠지만, 근대가 지금 새로운 단계로 접어들고 있고 근대를 지배해온 두 정신이 지금 새로운 의미로 다가오고 있다. 이런 대전환의 시기에 협동조합을 단지 결사체로 보는 차원을 넘어, 어떤 자유와 평등의 어떤 결사체여야 할지를 깊이 고민하는 것이 지금 협동조합 진영에 놓여 있는 급선무다.

협동조합의 이원 구조

협동조합의 본질은 결사체다. 하지만 이런 결사체가 결사의 목적—조합원 공통의 필요와 염원을 충족—을 달성하려면 사업체를 필요로 한다. 사업체는 수단이지만, 수단의 도움 없이는 목적을 이룰 수 없다. 이런 점에서 볼 때 결사체와 사업체는 본질과 수단을 넘어 협동조합을 구성하는 두 구조다.[15] 그리고 이 두 구조가 어떻게 관계하느냐에 따라 실은 협동조합의 현재와 미래가 결정된다.

역사적으로 볼 때 협동조합은 보통 〈준비 단계〉〈태동 단계〉〈성장 단계〉를 거치며 발전한다. 〈준비 단계〉에서는 먼저 사람이 있고, 그 사람이 다른 사람과 관계하면서 결사체가 서서히 자기모습을 드러낸다. 물론 이 단계에서는 아직 협동조합이 태동하지 않았다. 그런데도 이를 협동조합의 한 단계로 넣는 이유는, 사람이 있고 나서야, 사람과 사람 사이의 관계가 있고 나서야 비로소 협동조합도 태동할 수 있기 때문이다.

이어지는 〈태동 단계〉에서 협동조합은 비로소 자기모습을 드러낸다. 물론 협동조합이 태동했다고 해서 그 안에 결사체와 사업체

---

[15] 같은 맥락에서 ICA 협동조합원칙위원회 의장 장루이 방셸은 "협동조합의 정체성은 양면을 가지고 있습니다. 첫 번째는 협동조합이 공통의 경제적 사회적 문화적 필요와 염원을 충족하고자 하는 사람들이 모여 만든 결사체라는 점입니다. 두 번째는 이러한 필요와 염원이 공동으로 소유하고 민주적으로 운영하는 사업체를 통해 충족된다는 점입니다."(「ICA 협동조합 원칙 안내서」, 11쪽)라고 말한 적이 있다.

모두를 갖는 것은 아니다. 〈태동 단계〉에서 협동조합은 아직은 결사체 자체다. 조합원의 필요와 염원은 모두 조합원 스스로가 진행하고, 사업체는 아직 그 모습을 드러내지 않은 채로 결사체 안에 내포돼 있다.

이런 결사체 안에서 사업체가 차츰 분리되어 그 모습을 드러내는 것은 〈성장 단계〉에서부터다. 이때부터 협동조합은 결사체와 사업체라는 두 구조를 갖게 되고, 이렇게 분리된 사업체가 자신을 분리시킨 결사체와 점점 멀어지면서 둘 사이는 '이중 교차형'에서 점차 '이원 병렬형' 관계로 맺어지게 된다.

어머니에게서 자식이 태어나듯, 결사체에서 사업체가 태동한다. 어머니에게서 자식이 점차 자립해가듯, 결사체에서 사업체가 점차 분리돼간다. 이는 어떤 면에서는 자식의 성장이나 협동조합의 발전 과정에서 나오는 자연스러운 현상이다. 하지만 한번 이런 흐름이 궤도에 들어서면 두 번 다시는 되돌릴 수 없다. 결사체와 사업체의 '이원 병렬형' 관계는 점차 '사업체 주도형' 관계로 나아가고, 그 결과로 협동조합에서는 정작 중요한 사람(조합원)과 그들 사이의 관계가 사라지게 된다. 조합원이 협동조합을 낳고 길렀는데, 다 자란 협동조합이 오히려 조합원 위에 군림하기까지 한다. ICA가 1995년에 '성명'을 채택하면서 〈정의〉와 〈가치〉를 최초로 명문화하고 〈원칙〉을 대폭 수정한 것도 이런 문제를 인지했기 때문이다. 좋게 말해서 '이념적 위기'고 '정체성 회복'이지, 협동조합이 기업이나 자본이 되어 사람과 그들 사이의 관계를 지배하게 되었다는 이야기다.

그렇다고 과거로 되돌릴 수도 없는 노릇이다. 〈위기 단계〉에서의 '사업체 주도형' 관계를 〈태동 단계〉에서의 '결사체 주도형'이나 최소한 〈성장 단계〉에서의 '이중 교차형' 관계로 되돌리자고 ICA가 '성명'을 채택한 것은 아니었을 터다. 자, 그렇다면 이제 어떻게 해야 좋을까? 떠나간 조합원을 다시 돌아오게 하고, 조합원 사이의 관계를 다시 회복하려면 결사체와 사업체가 어떤 관계로 맺어져야 할까? 안타깝게도 이에 대해 ICA는 구체적인 언급이 없다. 조합원 참여를 강조하기는 했어도, 〈위기 단계〉에서의 조합원 참여는 사업체 운영에 참여하는 조합원 수를 늘리는 데 그칠 뿐 사람을 살리고 결사를 회복하는 데로는 이어지지 않는다.

공동체 태동을 향해

사회과학의 한 분야로 네트워크론이라는 게 있다. 이에 따르면, 네트워크란 사람과 사람의 관계다. 사람과 사람이 관계하고, 그 관계가 쌓여 네트워크가 형성된다. 그런데 이렇게 한번 형성된 네트워크가 이번에는 전혀 반대 방향으로 자기운동을 전개한다. 지금까지 사람과 사람이 관계해서 네트워크를 형성해왔는데, 네트워크가 형성된 다음부터는 자신의 높은 기술력과 서비스를 가지고 오히려 사

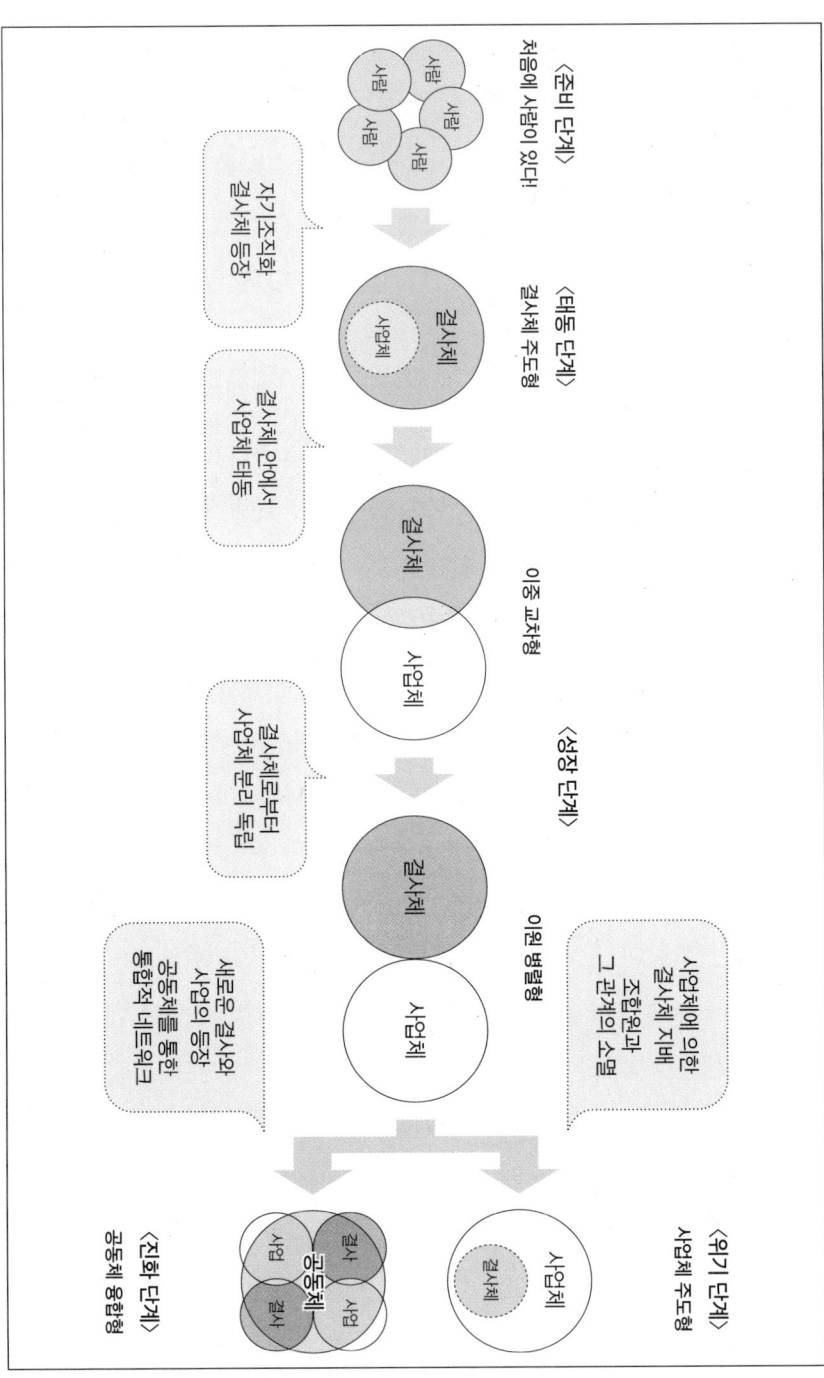

〈그림 2〉 협동조합의 발전에 따른 구조의 변화

람들을 관리해간다. 기술이 주는 편리함 때문에 어쩔 수 없이 사람들은 그 서비스를 이용하지만, 자신을 온전히 네트워크 안에 두지는 않는다. 네트워크 측에서는 이용 촉진을 목적으로 온갖 수단을 동원해 오지만, 진짜 자기와 진짜로 자기를 드러내는 타자와의 관계는 다른 공간에서 찾는다. 정보의 이용자는 많아져도 정보의 발신자는 줄어들고, 마침내 네트워크는 서서히 죽음의 공간이 되어간다.

이런 문제를 해결하는 방안으로 네트워크론에서는 '구조적 공백(structure holes)'과 '부드러운 연계(week tie)'를 강조한다. '구조적 공백'이란 사람을 다시 불러들이려면 먼저 자신을 비워야 한다는 것이고, '부드러운 연계'란 사람들의 관계를 다시 회복하려면 먼저 자신이 사람과의 관계를 부드럽게 시작해야 한다는 것이다. 촘촘하게 짜인 기존의 네트워크를 더 많이 이용하도록 독려하는 차원을 넘어 허술하게 비움으로써 사람들이 그 안으로 다시 들어오게 한다. 이렇게 들어온 사람을 향해 부드럽게 열린 관계를 맺어감으로써 점차 네트워크 안에 사람과 사람의 관계가 다시 형성되도록 한다. 한마디로 비워야 채워지고, 부드러워야 다시 엮인다는 것이 네트워크론의 주장이다.

협동조합에서도 아마 마찬가지일 것이다. 협동조합이 이미 체계화된 사업에 조합원 참여와 이용을 독려한다고 한번 떠나간 조합원이 다시 돌아올 리 없다. 그보다는 오히려 자신을 비우고 놀 공간을 마련해야 비로소 그 안으로 사람들이 다시 돌아온다. 이렇게 돌아온 사람들을 향해 협동조합이 조심스럽지만 꾸준하게 관계할 때, 그 안에는 기존에는 볼 수 없었던 새로운 결사가 태동한다. 이렇게 돌아온 사람들의 필요와 염원에 협동조합이 적극적으로 대응할 때, 그 안에는 기존에는 볼 수 없었던 새로운 사업이 태동한다. 그리고 이렇게 태동한 새로운 결사와 사업이 기존의 그것들과 중층적으로 결합할 때, 그 안에는 기존에는 볼 수 없었던 새로운 구조 즉 공동체(community)[16]가 태동한다. 지금까지의 협동조합이 결사체와 사업체라는 이중 구조였다면, 복수의 결사와 사업이 공동체를 통해 융합하는 삼중 구조를 갖게 된다.

이는 협동조합 발전 단계에서 매우 중요한 전환이다. 협동조합은 지금까지 주로 시간을 엮는 데 주력해왔다. 공통의 테마·필요·관심사 등을 어떻게 엮어 어떻게 충족할 것인가가 협동조합이 추진해온 주된 일이었다. 하지만 이런 시간의 결합은, 특히 한 방향으로 흘러가는 공통적 시간의 결합은, 결국에는 시간으로 끝나버린다. 사람이 살아가려면 시간과 동시에 공간이 필요한데, 공간 형성은커녕 사

---

[16] 여기서 말하는 '공동체'는 혈연이나 지연 공동체가 아니다. '자유로운 선택에 따라 맺어진 관계'(=결사체)를 토대로 '관계를 넘어 공간을 형성'한다는 의미다. 일본의 철학자 가라타니(柄谷行人)가 자유로운 시장경제 위에 호혜적인 공동체를 회복하는 새로운 교환양식으로서 결사체를 강조한 바 있지만, 공간(공동체)보다는 관계(결사체)에 그 중심이 가 있다는 점에서 내 생각과는 조금 다르다. 이보다는 오히려 생협운동가 유키오카가 말한 "이익공동체(게젤샤프트=생협)에서 시작해 이익공동체를 통과해 이익공동체를 넘어서는, 즉 지연공동체(게마인샤프트)에 끊임없이 실태적으로 접근해가는" 것에 가깝다.

람을 테마·필요·관심사로 규정해버린다. 공간이 형성되려면 서로 다른 이질적인 시간이 교차해야 한다. 공통의 테마·필요·관심사가 또 다른 공통의 테마·필요·관심사와 만나, 지금까지 결사체와 사업체라는 이중 구조에 불과했던 협동조합이 공동체를 통해 복수의 결사와 사업이 융합하는 삼중 구조로 전환할 때, 비로소 공간이 형성된다.

이런 점에서 볼 때 협동조합이 자기 안에 결사체와 사업체에 더해 공동체를 갖게 된다는 것은, 지금까지의 시간 중심에서 스스로가 공간이 되어간다는 것을 의미한다. 사람을 테마·필요·관심사에서 한 사람으로 보고, 다양한 사람들의 다양한 테마·필요·관심사에 대응함으로써, 더 큰 공간인 지역사회 안에 또 하나의 새로운 지역사회를 창출할 준비가 되었음을 의미한다. 테마·필요·관심사에서 한 사람으로의 주체 전환, 시간 중심에서 공간 형성으로의 역점 전환, 기존의 지역사회 안에 새로운 지역사회를 창출하겠다는 방향 전환, 이것이 바로 공동체 태동이 갖는 진정한 의미다.

협동조합은 지금 두 가지 큰 과제를 안고 있다. 하나는 협동조합의 이념적 위기를 극복하고 그 정체성을 어떻게 하면 심화시킬 수 있을까이고, 또 하나는 쓸쓸하고 불안하게 살아가는 수많은 이들을 사회적으로 포섭해 어떻게 하면 무너져가는 지역사회를 다시 되살릴 수 있을까이다. 이 두 과제를 동시에 달성하려면, 지금까지의 성과를 기반으로 사람을 테마·필요·관심사가 아닌 한 사람으로 보고, 나아가 그들이 함께 살아갈 새로운 지역사회를 창출하지 않으면 안 된다. 협동조합 자체가 누구도 차별받지 않고 누구라도 자기모습대로 살아갈 수 있을 하나의 공간이 되어야지 필요에 따라 이 협동조합 저 협동조합, 이 사업 저 사업을 떠돌며 이용하게 만드는 정도로는 위 두 과제를 해결할 수 없다.

지금 협동조합 진영은 하나의 협동조합 안에서든, 혹은 같은 지역에 있는 서로 다른 협동조합 사이에서든, 복수의 결사와 사업을 융합해 공동체를 태동시켜야만 할 때다.

제3장

〈가치〉:
협동조합과 조합원의
자기 신념

가치란 무엇이고 왜 가치인가

〈정의〉와 함께 '성명'에서 최초로 명문화한 것이 〈가치〉다. 〈정의〉가 협동조합이 무엇인가에 관한 자기규정이라면, 〈가치〉는 협동조합과 그 조합원이 지녀야 할 자세와 역할을 담은 자기 신념이다. 〈정의〉가 법률 제정이나 일반인 상대의 교육 같은 대외적인 목적을 위해 정한 것이라면, 〈가치〉는 협동조합과 조합원이 지녀야 할 자세라는 대내적인 목적에서 정한 것이다.

〈가치〉에 관한 자세한 설명에 들어가기에 앞서 먼저 짚고 넘어가야 할 점이 있다. '성명'에서 말하는 '가치'는 통상적인 '가치'와는 그 의미가 조금 다르다. '상품 가치' '교환 가치' '사회적 가치'라 했을 때의 '가치'는 "상품이 갖는 효용" "교환을 통해 얻는 이익" "사회에 도움이 되는 유용성"을 뜻한다.

예를 들어, 지난 문재인 정부 때 우리나라에서는 사회적 경제가 큰 붐을 이루었다. 이런 여세를 몰아 너나없이 '사회적 가치'를 이야기했다. 기획재정부에 따르면 사회적 가치란 "경제뿐 아니라 사회·환경·문화 등을 포함하는 모든 영역에서 공공의 이익과 공동체의 지속 가능한 발전에 기여하는 것"[1]을 말한다. 같은 맥락에서 2021년에 입법 추진했다 실패한 '사회적경제기본법'에서도 "사회적 경제 기업이란 사회적 가치를 추구하면서 재화 및 용역의 구매·생산·판매·소비 등 영업활동을 하는 사업조직"[2]이라고 정의한 바 있다. '사회적 가치'가 사회에 도움이 되는 어떤 '유용성(worth)'의 의미로 사용되고 있는 셈이다.

---

[1] 기획재정부, 「보도자료」.

[2] 국회기획재정위원회, 「사회적경제기본법 공청회」.
참고로, '사회적 가치'라는 용어는 굳이 그 출처를 따지자면 '기업의 사회적 책임(CSR)'에서 나온 말이다. 덕분에 '사회적 기업(social enterprise)'에는 자주 써도, '사회적 경제(social economy)'에는 잘 안 쓰는 말이다. 사회적 기업과 사회적 경제는 그 역사, 방향, 대상이 전혀 다르다. 사회적 기업이 미국을 중심으로 추진된 기업의 새로운 형태라면, 사회적 경제는 유럽, 특히 프랑스를 중심으로 협동조합의 사회 전망으로서 등장한 것이다. 사회적 기업이 인간을 위한 자본의 결합이라는 데 그 본질이 있다면, 사회적 경제는 배제된 인간을 향한 인간의 포용적 연대에 그 본질이 있다. 사회적 기업이 미시적 기업을 대상으로 한다면, 사회적 경제는 시장경제나 국가경제처럼 거시 경제를 대상으로 한다. 이런 차이를 무시하고 둘을 적당히 혼합해 '사회적 경제 기업'이라고 이름 붙이는 데는 무리가 있다. 그런 논리로라면 일반기업은 '시장경제 기업'이라 불러야 옳고, 정부나 공기업은 '국가경제 기업'이라 불러야 옳다.

이에 비해 협동조합, 특히 '성명'에서 말하는 '가치'는 협동조합의 '이념(ideology)'이고, 그 협동조합을 이끌어가는 조합원의 '윤리(moral)'를 의미한다. 예컨대 레이들로 보고서에서 '이념적 위기'를 언급했을 때 그 '이념(ideology)'은 마르코스 보고서에서 '가치(value)'와 차이가 없다. 실제로 마르코스는 '기본적 가치'를 '기본적 이념(basic idea)'이라고도 표현했고, '기본적 이념'이 '기본적 가치'보다 나은 표현이라고 말하기도 했다.

굳이 조직 일반의 용어와 비교하자면, 협동조합의 '가치'는 조직의 '사명(mission)'과 유사하다. '사명'은 그 조직이 존재 이유이고, 이런 사명이 명확해야 그 조직이 어떤 방향으로 갈지도 정해진다. 마찬가지로 협동조합에서 '가치'는 협동조합의 존재 이유이고, 이런 가치가 명확해야 협동조합이 앞으로 어떤 방향으로 갈지도 정해진다. 원칙의 대대적인 개정 전에 먼저 가치를 정리한 이유가 여기에 있다.

그렇다면 협동조합 진영은 왜 그렇게 오랫동안 가치를 논의했을까? 가치를 논의할 수밖에 없었던 어떤 특별한 배경이라도 있었을까?

오늘날 협동조합인들 가운데는 이론과 이념을 피하고 아주 '사업 진척을 우선하는' 경향이 있다. 그러나 이것은 잘못된 태도이다. 왜냐하면 모든 조직 또는 제도란 무엇보다 먼저 사람들이 믿고 지지하려는 사상과 개념에 입각하여 만들어지기 때문이다. 따라서 협동조합에 있어서 우리는 그것을 떠받치고 있는 기본적인 사상을 살피고 이해하지 않으면 안 된다. 왜냐하면 협동조합은 이와 같은 사상에 입각하여 그 방향이 정해지기 때문이다.[3]

1970~80년대 들어 협동조합이 큰 위기에 빠졌다. 사업적으로 성장하고 규모도 커졌지만, 일반기업에 인수 합병되거나 급기야는 도산하는 사태까지 벌어졌다. 오랜 논의 끝에 그 원인이 실은 조합원에게서 믿고 따르고 공유할 만한 신념이 사라져버렸기 때문임을 알게 되었다. 조합원에게서 신념이 사라지고, 따라서 조합원 신념(belief)과 협동조합 이념(ideology) 사이의 선순환 구조가 사라졌기 때문에 협동조합이 위기에 빠질 수밖에 없게 되었다는 결론에 이르렀다.

이는 바꿔 말하면 협동조합이 그 위기를 극복하려면 조합원이 믿고 따를 공통의 신념을 되찾고, 이를 협동조합 이념으로 연계시켜야 한다는 이야기가 된다. 협동조합 진영이 20여 년 가까이 가치를 논의하고, 마침내 '성명' 안에 최초로 〈가치〉를 명문화하게 된 이유가 바로 여기에 있다.

---

3   레이들로, 59쪽.

윤리와 도덕의 차이

협동조합의 〈가치〉는 인간으로서는 조합원의 윤리이고, 조직으로서는 협동조합의 이념이다. '윤리'니 '이념'이니 하면 보통은 '도덕'이나 '이데올로기' 같은 부정적인 이미지가 연상된다. 요즘처럼 개인의 자유가 중요한 탈냉전 시대에 새삼스럽게 윤리와 이념이라니? 더군다나 '성명'에서 이 부분이 가장 중요하다니?

윤리는 도덕이 아니다. 윤리는 사람과 사람이 서로 관계를 맺고, 그 관계를 유지 강화하기 위해 필요한 서로가 지켜야 할 약속이고 규범이다. 이에 비해 도덕은 사람 간의 관계가 아닌 다른 어떤 것을 지키기 위해 있고, 이로 인해 오히려 사람 간의 자발적인 관계가 훼손되기도 한다. 마찬가지로, 이념은 이데올로기가 아니다. 이념은 사람의 조직이 그 조직을 만든 사람에게 어떻게 다가가야 하는지에 관한 것이지만, 이데올로기는 반대로 사람에서 떨어져 나간 조직이 그 조직의 구성원을 어떻게 지배할 것인가가 주요 내용이다.

도덕과 이데올로기는 당연히 극복되어야 한다. 하지만 도덕과 이데올로기를 극복하자고 정작 중요한 윤리와 이념마저 없애버리면, 이는 뇌물을 없애자고 선물의 문화마저 걷어차는 것과 같다.

윤리와 도덕의 대표적 사례로 유교의 유명한 '오륜(五倫)'과 '삼강(三綱)'⁴이 있다. 오륜은 중국의 맹자가 인간의 모든 관계에서 서로 간에 지켜야 할 규범을 정리한 것으로, 그 안에는 전국시대라는 혼돈기를 살았던 맹자의 절절한 소망, 즉 인간의 자발적이고 호혜적인 관계의 회복을 통해 끝없는 전란을 끝내고 싶어 하는 강한 염원이 담겨 있다.

이에 비해 삼강은 중국 최초의 제국인 한나라의 국가이념이 가족관계에까지 침투한 것이다. 임금이 신하의 벼리가 된다는 것은, 바꿔 말하면 신하는 임금을 무조건 따라야 한다는 것이다. 같은 차원에서 자식은 아비를 무조건 따라야 하고, 아내는 남편을 무조건 따라야 한다. 황제를 정점으로 사회 전체를 수직적인 구조로 재편하기 위해 만든 것이다.

우리나라에서는 보통 오륜과 삼강을 하나로 합쳐 '삼강오륜'이라 부른다. 하지만 오륜은 윤리고, 삼강은 도덕이다. 오륜이 사람과 사람 사이의 다양한 관계에서 수평적인 소통과 공감을 강조한 일종의 윤리라면, 삼강은 제왕의 권위를 지키기 위해 일상의 모든 관계까지도 수직화한 일종의 도덕이다. 이런 도덕에서는 당연히 해방되

---

4   오륜(五倫): ①부자유친(父子有親): 부모와 자식 사이에는 친밀함이 있다. ②군신유의(君臣有義): 임금과 신하 사이에는 의로움이 있다. ③부부유별(夫婦有別): 남편과 아내 사이에는 다름이 있다. ④장유유서(長幼有序): 어른과 아이 사이에는 순서가 있다. ⑤붕우유신(朋友有信): 벗과 벗 사이에는 믿음이 있다.
   삼강(三綱): ①군위신강(君爲臣綱): 임금은 신하의 벼리가 된다. ②부위자강(父爲子綱): 아비는 자식의 벼리가 된다. ③부위부강(夫爲婦綱): 남편은 아내의 벼리가 된다.

어야 한다. 그리고 이를 위해서는 먼저 도덕에서 윤리를 분리해낼 수 있어야 하고, 도덕의 지배에서 벗어나 참다운 윤리를 회복해야 한다.

또 한 가지 사례로 우리의 옛 풍습인 '향약(鄕約)'을 들어보자. 향약은 말 그대로 마을[향(鄕)] 사람들의 약속[약(約)]이다. 일부 연구자들은 이런 향약을 양반이 하층민을 지배하고 교화하기 위해 만든 것이라고 평가절하하지만, 단지 그런 이유에서라면 조광조나 이율곡 같은 조선의 혁신적 지식인들이 그리 열심히 향약을 보급했을 리 없다.

조선시대를 우리는 보통 봉건사회로만 여긴다. 하지만 봉건사회라는 개념이 "임금 아래에 있는 제후들이 땅을 점유하고 그 땅의 백성들을 통치하는 사회 구조"라는 의미라면, 조선은 이런 봉건사회와는 사뭇 달랐다. 임금이나 신하들이 소유하는 땅에 버금가게 백성들이 공유하는 총유지가 많았고,[5] 임금이 임명한 지방 관료는 최종적인 조정자에 불과할 뿐 실제 행정 사무를 관장하는 관리는 모두 마을 사람들이 선출했다. 어떤 면에서는 지금보다 훨씬 앞선 지역경제와 지방자치를 이뤘는데, 그 토대가 된 것이 바로 향약이었

---

5   이런 총유지에 대해 당시 백성들은 소유라는 개념 자체가 없었다. 임금이나 신하의 토지에 대해서도 그들의 소유권보다 백성들의 경작권이 훨씬 우위에 있었다. 근대에 들어 일제가 토지조사사업을 통해 이런 토지들을 주인 없는 땅으로 보고 몰수할 수 있었던 데는 이런 근대와는 다른 소유 의식에 기인한 바가 크다. 1910년대의 토지조사사업은 식민-피식민 간의 민족적 수탈 문제를 넘어선 근대에 의한 비근대의 문명사적 말살 문제였던 셈이다.

다. 어떻게 해서 향약이 그 토대가 될 수 있었을까?

향약에는 유명한 네 가지 절목(節目)이 있다. 착한 일은 서로 권장하고[덕업상권(德業相勸)], 과실은 서로 바로잡으며[과실상규(過失相規)], 예에 맞는 풍습을 서로 나누고[예속상교(禮俗相交)], 어려운 일을 당하면 서로 도와준다[환난상휼(患難相恤)]는 네 가지 마을 사람들 간의 약속에서 핵심이 되는 말은 '서로 상(相)'이다. 즉, 향약의 '사대절목(四大節目)'은 서로가 서로를 향해 지켜야 할 관계성의 윤리를 담은 것이다. 이는 바꿔 말하면, 평등하고 호혜적인 윤리가 마을 사람들 사이에서 서로 권장되고 지켜진 덕분에 마을의 자립적이고 자치적인 운영도 가능할 수 있었다는 것이다. 진정한 자립과 자치는 관계성의 윤리가 지켜질 때 가능하다는 사실을 잊어서는 안 된다.

〈가치〉가 확정되기까지

1995년 ICA 맨체스터대회에서 〈가치〉가 확정되기까지 협동조합 진영 안에서는 오랜 토의가 있었다. 그리고 그 시작은 뭐니 뭐니 해도 1980년 레이들로 보고서부터였다. 여기서 협동조합의 이념적 위기가 처음 제기되었고, 이를 이어받아 1988년 마르코스 보고서에서는 일반기업과 다른 협동조합만의 기본적 가치로 다음의 네 가지를 제안했다.

- 조합원 참여(member participation)
- 민주주의(democracy)
- 정직(honesty)
- 타인에 대한 배려(caring for others)

하지만 이렇게 어렵게 제안된 네 가지 기본적 가치에 대해서도 의견이 분분했다. 조합원 참여·민주주의·정직·타인에 대한 배려가 과연 협동조합만의 고유한 것인지,[6] 왜 꼭 이 네 가지만이 협동조합의 가치여야 하는지,[7] 각각의 가치는 서로 어떤 연관성이 있는지,[8] 해당 가치가 누구—조합원인지 협동조합인지—를 향하는 것인지 명확하지 않다는 문제가 계속 제기되었다.

모두가 동의할 만한 결론에 이르지 못하는 속에서 그나마 네 번째 문제 제기에 대해서는 진전이 있었다. '조합원 참여'와 '민주주의'는 협동조합의 조직 이념에 속하지 조합원의 인간 윤리로 보

---

[6] 예컨대 '조합원 참여'와 '민주주의'는 민주주의 사회의 공통 이념이지 협동조합만의 것이 아니고, '정직'과 '타인에 대한 배려' 역시 기독교 문화권의 공통적인 것이라는 등.

[7] 예컨대 같은 식의 논리로라면 서양의 자유·평등·박애, 동양의 인(仁)·의(義)·예(禮)·지(智)·신(信)도 협동조합의 훌륭한 가치가 될 수 있지 않을까 하는 등.

[8] 한 예로 '조합원 참여'와 '민주주의'는 이론적으로는 결국 같은 말이다. 조합원의 관점에서는 참여가 협동조합 관점에서는 민주주의다. 실제로 레이들로 보고서에서는 이 둘을 하나로 묶어 '민주적 참여'로 표현했다. 이런 점에서 볼 때 마르코스 보고서는 이론적으로 정밀하지 못했고, 그 이유는 아마도 마르코스 자신이 현장 실무자—보고서 작성 당시 그는 스웨덴 최대 소비자협동조합(KF)의 부회장이었다—였던 이력 때문으로 보인다.

기 어렵고, 이에 비해 '정직'과 '타인에 대한 배려'는 오히려 인간의 윤리에 속하지 조직의 이념으로 보기 어려우니, 협동조합의 가치(이념)와 조합원의 가치(윤리)를 구분하는 것이 좋겠다는 합의가 이루어졌다. 그리고 그 결과로 4년 뒤인 1992년 베이크 보고서에서는 협동조합의 가치를 '기본적 이념'으로, 조합원의 가치를 '기본적 윤리'로 구분하게 되었고,[9] 이어진 1996년의 '성명'에서는 '협동조합의 가치'와 '조합원의 가치'라는 두 문장으로 〈가치〉가 정리되기에 이르렀다.

〈가치〉가 명문화되기까지의 이런 과정은 〈가치〉의 전체 문장 구조를 이해하고, 언급된 가치 하나하나의 의미를 파악하는 데 있어 매우 중요하다. 뒤에 자세히 설명하겠지만, ICA의 〈가치〉는 두 문장으로 구성돼 있다. 하나는 '협동조합'의 가치이고, 또 하나는 '조합원'의 가치다. 15년 동안의 우여곡절 끝에 비로소 여기에 도달한 것

9 　기본적 이념: 평등과 공정, 자발성과 상호 자조, 사회적 경제적 해방.
　　기본적 윤리: 정직, 타인에 대해 배려하는 마음, 다원주의(민주적 접근), 건설적인 태도(협동조합 방식에 대한 신념).
　　기본적 이념이 '협동조합'이 추구하는 수많은 가치 가운데 특히 강조되어야 할 것을 담은 조직의 이념이라면, 기본적 윤리는 '조합원'으로서 당연히 지녀야 할 협동조합 선구자들로부터 이어받은 인간의 윤리를 말한다.
　　이 밖에도 베이크 보고서에서는 협동조합 조직의 기본적 원칙과 특성을 담은 '조직 지향의 가치'로 ①사람과 사람의 결합, ②효율적인 조합원 필요의 충족, ③민주적 운영과 조합원 참여, ④자치와 자립, ⑤일체감과 통일, ⑥교육, ⑦이익의 공정한 배분, ⑧국내적 국제적 협력 등을 들었다. 협동조합 운영에 필요한 원칙을 개정하기에 앞서 먼저 그 조직의 지향을 미리 확정했다는 점에서 참고할 만하다.

이다. 이 점을 먼저 분명히 인식해야 한다. 그렇지 않고 만약에 두 문장을 모두 '협동조합'의 가치로 이해하거나, 혹은 그 주어인 '협동조합'과 '조합원'을 바꿔버리거나 하면, 각각의 가치가 갖는 의미는 완전히 달라진다. 이런 잘못을 범하지 않기 위해서라도 ICA의 〈가치〉가 확정되기까지의 경과를 미리 알아둘 필요가 있다.

〈가치〉의 구조

자, 그럼 이제 본격적으로 〈가치〉의 내용을 보자.

Cooperatives are based on the values of self-help, self-responsibility, democracy, equality, equity, and solidarity. In the tradition of their founders, cooperative members believe in the ethical values of honesty, openness, social responsibility and caring for others.
협동조합은 자조, 자기 책임, 민주주의, 평등, 공정 그리고 연대의 가치에 기초한다. 각 설립자들의 전통을 이어받아 협동조합의 조합원은 정직, 공개, 사회적 책임 그리고 타인에 대한 배려라는 윤리적 가치를 신조로 한다. (필자 번역)

단어 하나하나의 의미를 살피기 전에 먼저 전체 구조를 다시 한번 확인할 필요가 있다. 조금만 자세히 들여다보면 누구나 알 수 있듯이 〈가치〉는 두 문장으로 구성돼 있다. 첫 번째 문장은 그 주어가 '협동조합(Cooperatives)'이고, 따라서 자조·자기 책임·민주주의·평등·공정·연대는 모두 협동조합의 조직 이념이다. 두 번째 문장은 그 주어가 '협동조합의 조합원(cooperative members)'이고, 따라서 정직·공개·사회적 책임·타인에 대한 배려는 모두 조합원의 인간 윤리다.

어떤 이들은 위 두 문장을 하나의 문장으로 보고 '자조'에서 '타인에 대한 배려'에 이르기까지를 모두 '협동조합'을 주어로 설명한다. 이보다는 조금 나은 경우가 자조·자기 책임·민주주의·평등·공정·연대를 협동조합의 '기본적' 가치로 설명하고, 정직·공개·사회적 책임·타인에 대한 배려를 협동조합의 '윤리적' 가치로 설명하는 것이다. 하지만 어떤 경우든 이런 설명은 〈가치〉의 전체 구조를 이해하지 못하고, 〈가치〉가 확정되기까지의 과정을 전혀 고려하지 않은 잘못된 것이다. 1992년 베이크 보고서에서 이미 협동조합의 가치를 '기본적 이념'으로, 조합원의 가치를 '기본적 윤리'로 구분했다. 이를 이어받아 1995년 '성명'에서는 협동조합의 가치와 조합원의 가치를 나누어 각각 별도의 문장으로 구성했다.

다시 한번 강조하지만, ICA의 〈가치〉는 주어가 다른 두 문장으로 구성돼 있다. 제1문장의 주어는 '협동조합'이고, 따라서 자조·자기 책임·민주주의·평등·공정·연대는 모두 협동조합의 조직 이념이다. 이에 비해 제2문장의 주어는 '조합원'이고, 따라서 정직·공개·사회적 책임·타인에 대한 배려는 모두 조합원의 인간 윤리다.

주어가 다르면 의미도 달라진다

왜 이렇게까지 주어의 차이를 강조하느냐 하면, 주어가 다르면 당연히 가치 하나하나의 의미도 달라지기 때문이다.

예컨대 〈가치〉에서 '정직'의 주어는 사람 즉 조합원이다. 조합원이 자기 자신에게 거짓말을 하지 않는 것, 바르고 곧은 마음으로 자기 자신을 대하는 것을 의미한다. 그런데 만약에 그 주어를 조합원이 아닌 협동조합으로 하면 '정직'의 의미는 "협동조합은 그 제공하는 재화와 서비스에 속임이 없어야 한다"라는 뜻의 '품질 본위'가 된다. 마찬가지로 '공개'의 주어를 협동조합으로 하면 협동조합의 투명한 정보공개가 되고, '사회적 책임'의 주어를 협동조합으로 하면 협동조합의 사회 공헌 사업이 되며, '타인에 대한 배려'의 주어를 협동조합으로 하면 "협동조합은 비경제적인 목적, 예컨대 교육 및 문화 활동, 어린이나 노약자에 대한 사회적 서비스, 제3세계 협동조합에 대한 지원 등에 나서야 한다"라는 의미가 된다.

실제로 1988년 마르코스 보고서에서는 '정직'과 '타인에 대한 배려'의 주어가 애매한 상태에서 그냥 '협동조합'의 기본적 가치 안에 넣었다. 하지만 1992년 베이크 보고서 때부터 협동조합의 이념과 조합원의 윤리가 구분되면서 '정직'과 '타인에 대한 배려'가 조합원의 윤리 안에 포함되었고, 뒤이은 1995년 '성명'에서는 조합원이 주어인 제2문장에 들어가게 되었다. 이런 모처럼의 진전을 무시하고 '정직'을 협동조합의 품질 본위로, '타인에 대한 배려'를 협동조합의 사회공헌으로 이해해서는 곤란하다. 과거에는 비록 협동조합의 이념으로 이해했더라도, 1992년 이후에는 조합원의 윤리로 새롭게 이해되어야 한다. 이를 위해서라도 주어를 차이를 명확히 해놓을 필요가 있다.

주어가 다르면 당연히 그 문장의 서술어도 다를 수밖에 없다. 제1문장은 주어가 '협동조합'이기 때문에 당연히 그 서술어는 '기초한다(are based on)'가 된다. 제2문장은 주어가 '조합원'이기 때문에 당연히 그 서술어는 '신조로 한다(believe in)'가 된다. 이런 주어와 서술어의 관계를 무시하고 제1문장이 "협동조합은 …의 가치에 기초한다"라고 되어 있다고 해서 이를 협동조합의 '기본적(basic)' 가치로 이해해서는 곤란하다. 제2문장이 "조합원은 …라는 윤리적 가치를 신조로 한다"라고 되어 있다고 해서 이를 협동조합의 '윤리적(ethical)' 가치로 이해해서도 곤란하다. 제1문장은 조직의 이념을 정리한 것이고, 제2문장은 인간의 윤리를 밝힌 것이다. 제1문장은 협동조합의 '기본적' 가치가 아니라 그냥 협동조합의 가치이고, 제2문장은 협동조합의 '윤리적' 가치가 아니라 그런 협동조합을 가능하게 하는 조합원의 가치다.

협동조합의 윤리적 가치라는 말 자체가 애당초 가능하지 않다. 조직에 무슨 마음이 있어서 윤리나 신조 같은 믿음 체계를 가질 수 있겠나? 윤리나 신조를 가질 수 있는 것은 오직 마음을 가진 사람뿐이다. 가령, "대한민국은 민주주의의 가치에 기초한다"라는 말은 가능해도, "대한민국은 정직을 신조로 한다"라는 말은 불가능하다. 정직을 신조로 하는 것은 대한민국이 아니라 그 국민이다. 국민이 정직을 신조로 할 때, 대한민국이 민주주의라는 가치 위에 세워진다.

가치 하나하나의 의미도 중요하지만, 먼저 그것이 협동조합에 관한 것인지 조합원에 관한 것인지 명확히 구분할 필요가 있다. 제1문장은 협동조합이 주어이고, 따라서 그 뒤에 등장하는 하나하나의 가치는 모두 협동조합의 조직 이념에 해당한다. 제2문장은 조합원이 주어이고, 따라서 그 뒤에 등장하는 하나하나의 가치는 모두 조합원의 인간 윤리에 해당한다. 제1문장은 협동조합의 기본적 가치가 아니라 그냥 협동조합의 가치이고, 제2문장은 협동조합의 윤리적 가치가 아니라 그런 협동조합을 가능하게 하는 조합원의 가치다.

협동조합의 가치

ICA의 〈가치〉를 이해하는 데 있어 또 한 가지 빼놓을 수 없는 것이 있다. 가치 하나하나의 의미를 협동조합의 관점에서 볼 거냐 조합원의 관점에서 볼 거냐와 함께, 각각의 가치가 어떻게 서로 연결되어 있는지 그 연관성을 파악하는 것 또한 매우 중요하다. 그렇지 않으면 가치 하나하나의 의미는 알 수 있을지 몰라도, 전체로서 그것들이 어디로 향하고 있는지는 알 수 없다. 이런 두 가지 점, 즉 가치의 주어와 다른 가치와의 연관성을 염두에 두면서 이제 가치 하나하나의 의미를 살펴보기로 하자.

먼저, 제1문장에 등장하는 자조·자기 책임·민주주의·평등·공정·연대에 대해서다. 다시 한번 강조하지만, 이런 가치들의 주어는 모두 '협동조합'이다. '자조'는 협동조합이 외부에 의존하지 않고 자기 힘으로 그 사업을 진행한다는 것이고, '자기 책임'은 협동조합이 자기에게 맡겨진 역할과 책임을 성실히 수행한다는 것이다. '민주주의'는 협동조합이 조합원에 의해 민주적으로 운영되도록 한다는 것이고, '평등'은 협동조합이 이런 조합원에 대해 어떤 차별도 두지 않는다는 것이다. '공정'은 협동조합이 우리 사회 전체를 정의롭고 공정한 사회로 만들어간다는 것이고, '연대'는 이를 위해 다른 조직(협동조합)과도 연대한다는 것이다.

협동조합의 이런 여섯 개 가치는 무엇을 대상으로 하느냐에 따라 크게 세 영역으로 나눌 수 있다. 즉, '자조'와 '자기 책임'은 협동조합이 그 사업에 임할 때 어떤 자세를 지녀야 하는지에 관한 것이다. '민주주의'와 '평등'은 협동조합이 조합원을 향해 어떤 자세로 대해야 하는지에 관한 것이다. 마지막으로 '공정'과 '연대'는 협동조합이 사회를 대할 때 어떤 자세여야 하는지에 관한 것이다. 한마디로 일상의 사업에서 시작해, 조합원과의 만남을 거쳐, 사회 전체에 대한 역할로 확대해가는 것이 제1문장의 전체적인 구조다.

이런 해설과 분류를 바탕으로 제1문장을 그림으로 정리해보면 다음과 같다.

〈그림 3〉 '협동조합의 가치' 해설

협동조합은
- 자조 :
  외부에 의존하지 않고 자기 힘으로
- 자기 책임 :
  맡겨진 역할과 책임을 성실히 수행하고 ┘→ 협동조합이 '사업'에 임하는 자세
- 민주주의 :
  협동조합이 조합원에 의해 민주적으로 운영되도록
- 평등 :
  모든 조합원에 대해 어떤 차별도 두지 않으면서 ┘→ 협동조합이 '조합원'을 대하는 자세
- 공정 :
  정의롭고 공정한 사회를 향해
- 연대 :
  다른 조직(협동조합)과 연대한다. ┘→ 협동조합이 '사회'를 대하는 자세

의 가치에 기초한다.

하지만 안타깝게도 협동조합의 가치를 이렇게 해설하고 분류하는 이는 나밖에 없다. 누구도 이런 식으로 제1문장을 풀이하지 않았고, 심지어는 ICA의 견해와도 차이가 있다.

ICA에 따르면 '자조'는 조합원 스스로가 자기 운명을 개척한다는 것이고, '자기 책임'은 이런 조합원이 협동조합 설립부터 그 이후의 지속적인 발전까지를 책임진다는 것이다. 내가 '자조'와 '자기 책임'의 주어를 협동조합으로 보는 데 비해, ICA는 그 주어를 여전히 조합원으로 보고 있다. 내가 '자조'와 '자기 책임'을 협동조합이 그 사업에 임할 때의 자세로서 보는 데 비해, ICA는 조합원이 협동조합을 대할 때의 자세로 보고 있다.

'민주주의'와 '평등'에 관해서는 ICA와 내 견해가 대체로 비슷하다. 협동조합의 기본 단위는 조합원이고, 그 조합원은 인격적인 개인이면서 동시에 그들의 집단이다. 그리고 이런 조합원에게는 세 가지 권리, 즉 '알 권리'와 '들을 권리', 출자금의 많고 적음에 관계없이 '가능한 평등한 방식으로 참여할 권리'가 있다. 협동조합은 이런 조합원 한 사람 한 사람의 권리가 보장되도록 모든 조합원을 평등하게 대해야 한다. 이런 점에서 볼 때 '민주주의'와 '평등'을 협동조합이 조합원을 대할 때의 자세로 본 내 견해와 ICA의 견해는 대체로 일치한다.

하지만 '공정'과 '연대'로 가서는 다시 달라진다. ICA에 따르면 '공정'은 조합원이 협동조합 사업을 이용한 대가로 받게 될 잉여금의 배당에서 협동조합은 조합원을 공정하게 대해야 한다는 것이다. '연대'[10]는 직원을 단지 피고용자로서가 아닌 조합원과 공동으로 노력하고 상호 책임지는 존재로 대해야 한다는 것이다. 내가 '공정'을 협동조합이 우리 사회 전체를 정의롭고 공정한 사회로 만들어가는 것으로, '연대'를 이를 위해 다른 조직(협동조합)과도 연대하는 것으로 풀이한 데 비해, ICA는 '공정'을 협동조합이 조합원을 대할 때의 자세로, '연대'를 직원을 대할 때의 자세로 보고 있다.

정리하자면 제1문장에 대한 ICA의 견해는 "조합원은 스스로가 자기 운명을 개척하는 존재로서(=자조), 협동조합의 설립과 지속적인 발전을 위해 책임지고(=자기 책임), 이런 조합원에 대해 협동조합은 조합원의 참여 권리를 보장하고(=민주주의), 출자금의 많고 적음에 관계없이 모든 조합원을 평등하게 대하며(=평등), 잉여금 배분에서도 공정해야 하고(=공정), 나아가 직원에 대해서도 조합원과 공동 노력하고 상호 책임지는 존재로 대해야 한다(=연대)"라는 것이다.

물론 나는 이런 ICA의 견해에 별로 동의하지 않는다. 오랜 논의 끝에 협동조합의 가치와 조합원의 가치를 분리했으면서도, '자조'와 '자기 책임'에서처럼 실제 이해에서는 여전히 조합원을 주어로 설명하고 있다. 가치란 모름지기 일상의 사업과는 조금 거리를 두면서

---

10   '연대'는 마르코스 보고서나 베이크 보고서에서는 빠졌다가 노동자협동조합 진영의 강력한 요구로 나중에 삽입되었다.

원대한 사회 이상을 담아내야 하는데, '공정'과 '연대'에서처럼 지나치게 사업 중심으로만 풀이하고 있다. 그렇다고 이런 ICA를 향해 따질 생각은 없다. 단지 협동조합 정체성에 깊이를 더하려면 자기들이 정한 〈가치〉의 이해부터 정확해야 하는데, 그러지 못하는 것 같아 안타까울 뿐이다.

조합원의 가치

다음으로, 제2문장에 등장하는 정직, 공개, 사회적 책임, 타인에 대한 배려에 대해서다. 제1문장의 주어가 협동조합이었다면, 제2문장의 주어는 조합원이다. 이 점을 염두에 두고 가치 하나하나의 의미를 풀이해보면 다음과 같다.

먼저 '정직'은 조합원이 바르고 곧은 마음으로 자신을 대한다는 것이다. '공개'는 다른 조합원 역시 나를 대하듯이 열린 마음으로 받아들인다는 것이다. '사회적 책임'과 '타인에 대한 배려'는 이런 열린 마음을 협동조합 바깥의 이웃이나 이방인과의 관계로까지 넓혀 모든 이들을 향해 책임감 있게 배려한다는 것이다.

조합원의 이런 네 개 가치 역시 누구를 대상으로 하느냐에 따라 크게 세 영역으로 나눌 수 있다. 즉, '정직'이 조합원이 자기 자신을 대할 때의 자세라면, '공개'는 조합원이 다른 조합원을 대할 때의 자세이고, '사회적 책임'과 '타인에 대한 배려'는 조합원이 이웃을 대할 때의 자세다. 한마디로 '정직'에서 '타인에 대한 배려'에 이르는 네 개의 가치는 자기 자신에서 시작해, 그 자신을 다른 조합원에게로 넓히고, 다시 이웃에게로 넓히는, 그런 조합원 마음의 확장을 담아내고 있는 것이 제2문장의 전체적인 구조다.

이런 해설과 분류를 바탕으로 제2문장도 그림으로 정리해보면 다음과 같다.

〈그림 4〉 '조합원의 가치' 해설

```
그 설립자들의 전통을 이어받아,
협동조합의 조합원은

 • 정직 :
   바르고 곧은 마음으로 자신을 대하고      ---> 조합원이
                                            '자기 자신'을 대하는 자세
 • 공개 :
   다른 조합원 역시 열린 마음으로 받아들이며  ---> 조합원이
                                            '다른 조합원'을 대하는 자세
 • 사회적 책임 :
   사회 전체를 향해 책임감 있게
                                        ---> 조합원이
 • 타인에 대한 배려 :                         '이웃'을 대하는 자세
   이웃을 보살피고 배려한다.

라는 윤리적 가치를 신조로 한다.
```

하지만 안타깝게도 조합원의 가치를 이렇게 해설하고 분류하는 이 또한 나밖에는 없다. 누구도 이런 식으로 제2문장을 풀이하지

않았고, 심지어는 ICA의 견해와도 차이가 있다.

ICA가 처음 '정직'을 언급했을 때, 이는 로치데일공정선구자조합의 성실한 계량·고품질·공정한 가격을 이은 것으로, "협동조합은 믿을 수 있는 제품과 서비스를 제공한다"라는 의미였다. '공개' 역시 협동조합의 성실한 경영 공시를 의미했고, '사회적 책임'과 '타인에 대한 배려' 또한 협동조합이 지역사회에 대해 책임감 있게 대하고 개발도상국 협동조합을 지원한다는 의미였다. 적어도 1988년 마르코스 보고서가 채택되기 전까지 정직, 공개, 사회적 책임, 타인에 대한 배려는 모두 그 주어가 협동조합이었다.

그런데 1992년 베이크 보고서 때부터 이들의 주어가 협동조합에서 조합원으로 바뀌었다. 그리고 이렇게 주어가 바뀐 상태에서 1995년 '성명'에서는 제2문장이라는 조합원의 가치로 확정되었다. 그런데 이렇게 확정된 정직, 공개, 사회적 책임, 타인에 대한 배려를 ICA는 여전히 과거의 방식으로 이해한다. '성명'의 초안을 작성한 맥퍼슨조차 "조합원의 윤리적 가치는 정직한 계량·고품질·공정한 가격, 성실한 경영 공시, 지역사회에의 책임 등을 강조한 것"이라고 설명하고 있다.

하지만 계량을 속이지 않고, 높은 품질의 재화를 공정한 가격에 공급하며, 경영 결과를 성실히 공개하고, 나아가 지역사회를 향해 책임 있는 자세로 접근하는 것은 협동조합의 역할이지 조합원의 마음가짐이 아니다. 제2문장의 주어를 조합원으로 정했으면서도 막상 가치 하나하나의 해석에서는 여전히 협동조합을 주어로 설명하는 이 엄청난 괴리를 과연 ICA는 얼마나 알고 있을까? 더욱이 협동조합이 그 이념을 실현하려면 조합원에게 뭔가 더 근본적인 믿음 체계가 필요한 법인데 조합원의 윤리와 신념 같은 것들은 대체 어디서 찾으란 말인가? 형식적으로는 협동조합의 가치와 조합원의 가치를 구분했으면서도 실제 이해에서는 여전히 조합원이 빠진 협동조합 중심으로만 이해하고 있는 것이 안타까운 ICA의 현실로 느껴질 뿐이다.

둘 사이의 관계

제1문장과 제2문장, 협동조합의 가치와 조합원의 가치는 떼려야 뗄 수 없는 관계에 있다. 그리고 그 순서는 지금과는 정반대로, 조합원의 가치가 먼저 있은 다음에 협동조합의 가치가 그 뒤를 따르는 것이 순리다. 먼저 조합원이 정직·공개·사회적 책임·타인에 대한 배려를 자기 신조로 삼고 조합원 간의 관계에서 이를 관철할 때, 비로소 협동조합이 자조·자기 책임·민주주의·평등·공정·연대의 가치에 기초해 운영될 수 있게 된다.

가령, 협동조합의 가치 가운데 하나인 '민주주의'를 예로 들어보자. 많은 이들이 지금도 민주주의는 정권 교체나 제도 개혁을 통해 달성된다고 믿는다. 특히 시민의 힘으로 몇 번이나 정권 교체에 성공한 우리나라에서는 지배 세력을 교체하고 비민주적인 제도를 개선하기만 하면 자동으로 민주주의가 실현될 거라 믿는 이들이 많다. 협동조합에서도 마찬가지여서 소통을 못 하는 임직원을 갈아치우고, 조합원 의견이 잘 수렴되는 제도만 갖추면 자연스럽게 민주주의가 실현될 거라 생각한다. 국가든 협동조합이든, 폭력적이든 선거를 통해서든, 민주주의는 이렇게 지배 세력의 교체나 시스템의 보완을 통해 실현된다고 믿는 것이 우리의 생각이다. 하지만 정말 그럴까?

똑같은 의문을 200여 년 전에 토크빌(Alexis de Tocqueville)이라는 사람이 제기했다. 조국 프랑스가 왕정제와 공화제를 반복하며 혁명을 밥 먹듯 하면서도 여전히 민주주의를 정착시키지 못하고 있는데 비해, 혁명이라고는 단 한 번도 일어난 적이 없는 신대륙 미국에서는 어떻게 민주주의가 가능했는지 궁금했다.

2년여간의 현지 조사를 통해 그가 내린 결론은 민주주의는 정치적 혁명이 아닌 공통의 신념을 통해 실현된다는 것이었다. 미국에서 민주주의가 가능했던 것은 (청교도의) '자연적 자유(natural liberty)'라는 공통의 신념을 사람들이 공유하고 있었기 때문이다. 모든 인간에게는 누구도 침범할 수 없는 타고난 자유가 있고, 누군가의 자유의 침해가 곧 내 자유를 위협한다는, 그런 논쟁이 필요 없는 공통의 신념을 모든 이들이 자기 안에 갖고 있고, 또 그들 사이의 일상적 관

계에서 관철되고 있었기 때문에, 혁명 없이도 민주주의가 가능했다는 것이 그가 내린 결론이었다.[11]

이는 비단 국가에만 적용되는 것이 아니다. 협동조합에서도 민주주의는 임직원의 교체나 비민주적인 제도의 개선을 통해서가 아니라 조합원 공통의 신념이 조합원 사이의 관계에서 관철될 때라야 비로소 달성된다. 조합원이 자신을 정직하게 대하고, 다른 조합원을 열린 마음으로 받아들이며, 이웃을 내 몸처럼 배려할 때 비로소 협동조합에서 민주주의가 가능한 법이지, 그 반대로 협동조합이 민주적으로 운영된다고 해서 조합원 안에 정직·공개·사회적 책임·타인에 대한 배려의 마음이 생겨나는 것이 아니다.

이런 점에서 볼 때 제1문장과 제2문장, 협동조합의 가치와 조합원의 가치는 실은 그 순서가 바뀌어야 옳다. 협동조합의 가치가 먼저 있고 이와 병렬로 조합원의 가치를 언급할 것이 아니라, "협동조합의 조합원은 정직, 공개, 사회적 책임 그리고 타인에 대한 배려라

---

[11] '공통의 신념'과 더불어 '토지에 각인된 역사'를 차이로 들기도 한다. 구대륙(프랑스)에서는 귀족이 토지를 독점했기 때문에 혁명이 필요했고, 신대륙(미국)에서는 널린 게 토지인 데 비해 경작할 사람이 부족했기 때문에 혁명이 필요 없었다는 주장이다. 일면 타당해 보이지만 의식(상부구조)과 경제(하부구조)의 선후 관계를 뒤바꾼 유물사관의 소산일 뿐이다. '공통의 신념'을 가진 이들이 '토지에 각인된 역사'가 없는 새로운 땅을 찾아 나선 것이지, 반대로 '토지에 각인된 역사'가 없는 땅이었기 때문에 그들 사이에서 '공통의 신념'이 생겨난 것이 아니다. 더구나 지금은 토지가 세분화되고 매매가 자유로워지면서 그 안에 각인된 모든 역사가 사라져버린 시대다. 이런 때 아직도 사람의 마음을 경제 관계로 규정하는 것은 시대착오일 뿐만 아니라 시대의 흐름에 역행하는 것이다.

는 윤리적 가치를 신조로 한다. 이런 조합원 신조를 기반으로 협동조합은 자조, 자기 책임, 민주주의, 평등, 공정 그리고 연대의 가치를 추구해간다"라고 해야 진정한 협동조합의 가치라 할 수 있다.

협동조합이 어떤 가치에 기초해 운영되느냐는 결국 조합원이 어떤 신념을 믿고 살아가느냐에 달려 있다. 조합원이 자기 자신과 타자를 어떻게 대하느냐, 그 신념을 다른 조합원과의 관계에서 어떻게 관철하느냐에 따라 결국은 협동조합의 현재와 미래가 결정된다. 이것이 내가 이해하는 조합원 가치와 협동조합 가치 사이의 관계다.

전진한의 자유와 협동

제2문장이 "그 설립자들의 전통을 이어받아"라는 문구로 시작한 데서도 알 수 있듯이 ICA의 〈가치〉는 초창기 협동조합, 그 가운데서도 특히 유럽의 소비자협동조합을 태동시킨 선구자들이 지녔던 신념을 이은 것이다. 하지만 소비자협동조합은 유럽에만 있지 않았다. 또 나라가 다르면 선구자들이 품었던 신념도 조금씩 다를 수 있다.

우리나라의 경우 조직적인 차원에서 소비자협동조합이 처음 시작된 것은 1920년대 후반부터다. 일본에 유학하던 젊은이들이 앞으로 조선을 구할 자는 협동조합밖에 없다는 생각에서 1926년에 '협동조합운동사(協同組合運動社)'라는 조직을 결성한 것이 그 시작이다. 처음에 그들은 주로 협동조합에 관한 학문적 연구에 주력했지만, 곧 조선 각지에 선전대를 파견해 순회 강연을 열면서 그 조직화에도 힘썼다. 이런 노력에 힘입어 1927년에 함창협동조합을 비롯한 다수의 협동조합이 경북 지역에 설립되었는데, 이것이 바로 우리나라에서 조직적으로 전개된 소비자협동조합의 시작이다.[12]

협동조합운동사의 지도자이면서 전국적인 조직화에도 앞장섰던 인물로 전진한[13]이라는 인물이 있다. 안타깝게도 그에 대한 우리 사학계의 평가는 대체로 부정적이다. 해방 전에는 협동조합운동을 한다는 이유로 일제에 의해 많은 고초를 당했으면서도 해방 후의 활동, 특히 이승만을 도와 남한 단독 정부 수립에 앞장섰다든지, 좌익 노동운동에 맞서 우익 한국노총을 결성했다든지 하는 이력 때

---

[12] 우리나라 최초의 소비자협동조합은 1920년 5월에 설립된 목포소비조합이다. 이후 각지에 소비조합이 태동했고, 특히 물산장려운동이 그 설립에 적극적이었다. 하지만 이런 소비조합들은 대체로 자연발생적으로 태동했거나 혹은 다른 운동의 일환으로 전개되었다는 점에서 소비자협동조합 자체의 조직적인 전개로 보기는 어렵다. 비슷한 시기에 YMCA(기독교 계열)와 조선농민사(천도교 계열)도 소비자협동조합을 조직적으로 전개했지만, 협동조합운동사보다는 그 시기가 조금 늦다.

[13] 우촌(牛村) 전진한(錢鎭漢, 1901~1972): 독립운동가, 정치가. 경북 문경의 빈농 집안에서 태어나 어릴 때 서울로 올라와 고학하다가 1922년에 일본 와세다대학 유학. 1926년에 유학생들을 중심으로 신간회 일본지회 및 협동조합운동사 조직. 1928년 귀국 후 전국을 돌며 협동조합 조직 확산에 전력하다가 치안유지법 위반으로 체포되어 2년간 복역. 출옥 후 감시를 피해 금강산·오대산 등지에서 광복 때까지 도피 생활. 해방 후 협동조합운동사를 재건하여 그 위원장에 취임. 대한민국 건국 이후 1·2·3·5·6대 국회의원과 초대 사회부 장관을 역임. 1960년대 들어 한일회담 반대운동, 민주통일운동 등에도 참여.

문에 반공주의자로 낙인찍혀 있다.[14] 그나마 최근 들어 제헌의원으로서 우리나라 헌법에 노동자의 이익균점권[15]을 넣는 데 공헌했다는 점이 다시 평가받고 있지만, 이는 정치가로서만 놓고 봐도 그가 행한 수많은 업적 가운데 일부에 지나지 않는다.[16]

그렇다면 전진한은 무슨 생각으로 그 암울했던 일제강점기에 협동조합운동에 뛰어들었을까? 협동조합을 통해 이루려 했던 그의 꿈을 한마디로 요약하자면 '자유협동사회'라 할 수 있다. 각자가 자기 개성을 충분히 발휘하면서도 타자와 협동함으로써 전체적으로는 하나의 심포니를 이루는 그런 사회를 말한다.

자유협동사회는 사람마다 각득기소(各得其所)하고 각진기성(各盡其性)하는 사회이다. 사람마다 그에게 알맞은 위치에서 그의 성능(性能)을

---

14 "해방정국에서의 극단적인 반공 활동은 일제 시기 협동조합운동, 신간회 동경지회 참여라는 경력에 어울리지 않는 것이다."(임송자, 52쪽.)

15 '이익균점권'이란 제헌헌법 제18조 제2항에 명시된 "영리를 목적으로 하는 사기업에 있어서는 근로자는 법률의 정하는 바에 의하여 이익의 분배에 균점할 권리가 있다"라는 조항을 말한다. 전진한이 제헌의원으로서 이 조항을 삽입한 취지는 "공산당 독재와 자본가로부터 노동자·농민을 구출하고 나아가 우리 민족을 동족상잔의 참화로부터 해방하는 유일무이한 방도"라고 생각했기 때문이다. 하지만 안타깝게도 이 조항은 박정희 군사 쿠데타 이후 제정된 1962년의 제3공화국 헌법에서 완전히 삭제되었다.

16 전진한의 정치적 업적으로는 초대 사회부 장관으로서 1949년에 국제노동조합연맹(ITCU)의 전신인 국제자유노동조합연맹(ICFTU)의 결성에 앞장섰고, 제2대 국회의원으로서 1953년에는 노동조합법·노동위원회법·노동쟁의조정법·근로기준법의 입법화를 이뤄냈다는 점 등을 들 수 있다. 오늘날 노동자들이 자기 권리를 주장할 수 있게 된 데는 이런 그의 공로가 크다.

다 발휘할 수 있다는 것이다. 알맞은 위치라 함은 전체와 개체가 조화를 얻은 위치를 말함이다. 이와 같은 사회에 있어서는 사회 연대성, 공존성이 발휘되어 각인의 경제생활의 균형이 보장되는 것이다. 이러한 사회야말로 자유와 빵이 갖추어 얻어지는 사회다. 음악에 있어서 악사가 각자 법열(法悅) 속에서 자유로이 그 가진 바 악기의 성능과 자기의 개성을 발휘하되 전체와 협동함으로 하나의 '심포니'를 형성하여 듣는 사람으로 하여금 법열 속에 잠기게 하는 것이다.[17]

전진한의 '자유'는 저마다 자기 있을 곳을 얻어 그 본성을 다 발휘하는 것이다. 또 '협동'은 이런 과정에서 저마다의 개성이 전체와의 관계에서 연대성과 공존성을 발휘해 조화를 이뤄가는 것이다. 이런 자유와 협동의 동시적 추구를 통해 그는 모든 인간이 비로소 자유와 빵을 동시에 얻게 될 거라고 믿었다. 법열(法悅), 즉 진리를 깨달아 마음 깊은 곳에서 참된 기쁨을 누리게 될 거라고 확신했다. 그에 따르면 "협동이 없는 자유는 방종과 탐욕으로 흐르며, 자유가 없는 협동은 전체주의와 파시즘으로 귀결된다."

이런 자유협동사회로 향하는 최일선에 전진한은 협동조합이 있다고 생각했다. 그에 따르면 협동조합은 "자본주의제도의 결함에서 야기된 각종 사회운동의 한 형태"로서 "경제적 약자가 상호부조

---

[17] 전진한, 14쪽. 이하 인용부호("") 안의 내용은 모두 같은 책에서 인용.

의 협력에 의하여 그들의 경제적 향상을 기도하며 자본주의의 결함을 배제하려는" 데 일차적인 목적이 있다. 하지만 이런 '경제 이상'과 동시에 협동조합에는 '사회 이상'이 있다. "경제 이상만을 갖고서 이 운동을 추진한다면 이 운동이 유종의 미를 거둘 수 없는 것이니 사회 이상이 반드시 부수되어야 한다." 여기서 말하는 사회 이상이 바로 '자유협동사회'다. "정치는 부업이고 참선이 본업"이었던 전진한에게 협동조합은 "이타(利他)가 곧 자리(自利)가 되며, 자리가 곧 이타가 되는 것"이다. 내면적 깨달음과 외연적 자비, 자유가 갖는 개성·존엄성·평등성·창의성과 협동이 갖는 사회성·연대성·공존성이 지양적으로 통일되는 것이 바로 협동조합이다.

전진한의 자유와 협동은 서구의 그것과는 조금 다르다. 그에게 있어 자유는 어떤 구속으로부터의 해방을 넘어서는 자기다움의 표출이고, 협동은 어떤 공동이익의 실현을 넘어서는 타자와의 조화다. 자유와 협동 사이의 관계에 대해서도 전진한의 생각은 서구와는 조금 다르다. 서구에서는 자유의 신장이 협동을 가로막고 협동의 조장이 자유를 억제하는 모순과 대립의 관계라면, 그에게서의 자유와 협동은 지양적 통일의 관계다. 자유적 협동, 협동적 자유라는 형용모순적 관계를 통해 대립적으로 보이는 자유와 협동이 더 높은 차원에서 하나가 된다. 이것이 바로 그가 생각했던 협동조합이고, 이런 협동조합을 통해 이루려 꿈꿨던 사회가 바로 자유협동사회였다.

많은 역사학자들이 일제강점기 때 협동조합운동에 앞장서고 신간회 일본지회 설립도 주도했던 전진한이 무슨 이유로 해방 후에는 반공주의자로 나섰는지 의아해한다. 하지만 내가 보기에 그는 시종일관 자유와 협동이라는 자기 신념을 지키며 싸워온 사람이다. 통속적인 의미에서의 자본주의냐 사회주의냐를 뛰어넘은, 한때는 북유럽의 노르딕 모델로 각광받았던 네오코퍼러티즘(neo-corporatism)까지도 뛰어넘은, 진정한 자유협동주의 사상가요 실천가였다. 그가 이익공유제―기업의 이익을 노동자에게도 나눠줘야 한다는 네오코퍼러티즘의 주요 주장―를 뛰어넘어 이익균점권―기업의 이익을 분배하는 데 있어 노동에 참여한 노동자는 당연한 권리를 갖는다는 전진한의 주장―을 제헌헌법 안에 넣을 수 있었던 것도, 한 사회를 자본가집단과 노동자집단의 협력체로 보지 않고 모두가 자기모습대로 살아갈 권리가 있는 심포니로 보았기 때문이다.[18]

정리하면, ICA의 〈가치〉는 유럽에서 소비자협동조합을 태동시킨 선구자들의 신념을 이은 것으로 충분히 존중받아 마땅하다. 하지만 동시에 우리에게는 우리 나름으로 이어받아야 할 설립자들의 전통이 있다. 전진한의 자유협동주의가 그 가운데 하나다. 이타(利他)가 곧 자리(自利)가 되고 자리가 곧 이타가 되는 지양적 통일, 내면적 깨달음과 함께하는 외연적 자비의 실천, 자기다움을 표출하면서 동시

---

18   전진한의 '협력체'를 넘어서는 '심포니'는 제5장에서 이야기할 사회학자 미타(見田宗介)의 '결사체'를 넘어서는 '교향체'와도 연결되는 대목으로, 현대 사회과학에서 특히 주목받는 중요한 개념이다.

에 타자와 조화를 이루겠다는 마음가짐 등은 어떤 면에서는 서구의 그것보다 훨씬 깊이 있는 우리 협동조합 설립자들의 소중한 전통이다.

함석헌의 뜻과 헤겔의 정신

코로나19 탓에 바깥출입을 자제해야 했던 지난 몇 해 동안 그나마 함석헌의 『뜻으로 본 한국역사』[19]를 다시 꺼내 든 것은 큰 위안이었다. 역사 공부도 만만치 않은데 뜻으로 역사를 본다니? '뜻'에 대해 함석헌은 이렇게 말하고 있다.

여럿인 가운데서 될수록 하나인 것을 찾고자 하는 마음, 변하는 가운데서 될수록 변하지 않는 것을 보고자 하는 마음, 정신이 어지러운 가운데서 될수록 무슨 차례를 찾아보고자 하는 마음, 하나를 찾는 마음, 그것이 뜻이란 것이다. 그 뜻을 찾아 얻을 때, 죽었던 돌과 나무가 미(美)로 살아나고, 떨어졌던 과거와 현재가 진(眞)으로 살아나고,

---

[19] 「성서적 입장에서 본 조선 역사」라는 제목으로 1934년 2월에서 1935년 12월까지 총 22회에 걸쳐 『성서조선』에 연재되었고, 해방 후에 몇몇 출판사에서 수차례 단행본으로 간행되었던 것을, 2003년에 한길사에서 젊은이를 위해 새로이 편집했다. 이 글에서의 인용은 모두 한길사본에 따른다.

서로 원수되었던 너와 나의 행동이 선(善)으로 살아난다. 그것이 역사를 앎이요, 역사를 봄이다.[20]

함석헌의 '뜻'은 헤겔의 '정신'과도 많이 닮았다. 헤겔에 따르면 세상은 정신의 활동이 만들어낸 결과다. 그리고 이런 정신의 활동에는 항상 갈등(대립)이 따르기 마련인데, 이런 갈등을 종합의 운동 즉 변증법[21]으로 극복해 자유를 찾아가는 과정이 바로 인간의 역사다. 역사를 만들어가는 것은 정신이고, 그 목표는 자유에 있으며, 이런 자유를 향하는 과정에서 생겨나는 대립을 변증법으로 종합해냄으로써 역사는 전진한다.

이런 헤겔의 역사관에서 정신을 물질로, 인간을 노동자로, 갈등을 계급투쟁으로 바꾸면 소위 변증법적 유물사관[22]이 된다. 세상은

---

20   함석헌, 45~46쪽.
21   변증법에 대해 함석헌은 매우 비판적이었다. 그는 변증법을 "역사를 머리, 꼬리는 다 그만두고 구름 속에 꿈틀거리는 용(龍)의 허리동만 같이 보는 것"이라고 하면서, 하지만 "시작이 없다는 것은 뜻이 없다는 것이고, 끝이 없다는 것은 나아갈 끝없는 방향이 없는 것"이라고 비판했다.
22   유물사관에 대해서도 함석헌은 매우 비판적이었다. 그에 따르면, "요즘에는 환경을 너무 중요하게 여기는 사상이 있어서 사람이란 마치 말똥 위에 나는 버섯처럼 순전히 환경의 산물인 것인 듯 생각하는 일이 많다. 그러나 그것은 주객을 서로 바꾸어놓은 그릇된 생각이다. 사람이 환경의 산물이 아니라, 환경이란 것이야말로 사람의 마음이 만들어낸 것이다. 도깨비가 있어서 무서운 것이 아니라 무서운 생각을 하기 때문에 도깨비가 생긴다." 내 생각도 기본적으로는 같다. 다만 사람의 마음은 환경으로부터도 영향을 받고, 따라서 나는 원불교를 창시한 소태산 박중빈의 말처럼 정신과 물질을 동시에 개벽—영육쌍전(靈肉雙全)과 이사병행(理事竝行)—할 필요가 있다고 생각한다.

물질 즉 경제적 하부 구조가 지배하고, 노동자가 노동자다워지려면 자본가와 투쟁해야 하며, 이런 노동자의 계급투쟁을 통해 역사는 전진한다. 헤겔의 역사관이 절대자의 섭리가 세상을 지배한다고 믿어온 중세 기독교의 역사관을 뒤집은 것이었다면, 의식과 언어의 세계에서나 존재하는[23] 헤겔의 논리(변증법)에 세련된 의인론(擬人論)을 입혀 인간 사회와 역사는 물론이고 자연에까지 적용한 것이 변증법적 유물사관이다.

가치를 이야기하는 마당에 굳이 변증법적 유물사관까지 소환한 이유는, 지금의 협동조합이 함석헌의 '뜻'은 물론이고 헤겔의 '정신'도 아닌 오직 유물사관의 '물질'에만 갇혀 있기 때문이다. 가치·뜻·정신은 온데간데없이 단지 경제적 목적의 경제적 행위로만 협동조합을 바라보는 그런 유물사관에 빠져 있기 때문이다.

가령, 협동조합이 어떤 곤경에 빠졌다고 가정해보자. 유물사관에 따르면 그 이유는 모두 협동조합이 조합원의 경제적 필요에 제대로 부응하지 못해서다. 그리고 이런 곤경에서 벗어나려면 조합원의 경제적 필요에 더 잘 부응해야 한다고 말한다. 그러면 협동조합이 더욱 발전할 거고, 그러지 못하면 도태할 거라고 위협한다. 완전

---

[23] 우리는 보통 헤겔을 '독일 관념론의 완성자'라 부르지만, 이는 사실과 다르다. 관념론의 반대가 실재론인데, 헤겔은 자신의 철학을 관념론이라고 말한 적이 없고, 실제로도 그의 철학에는 실재론적 요소가 많다. 헤겔이 자신의 철학을 이야기할 때 자주 쓴 용어는 '사변철학'이었고, 구체적으로는 대립적인 개념을 통일성 속에서 사유하는 변증법의 철학이었다. 이런 점 때문에 나는 헤겔의 논리를 "의식과 언어의 세계에서나 존재하는"이라는 표현을 썼다.

히 틀린 말은 아니지만, 설령 그렇게 해서 협동조합이 발전하고 나의 경제적 필요에 조금 부응했다고 해서, 그것이 대체 나에게 무슨 의미가 있단 말인가. 한 인간을 경제적 부류나 물질로 규정해도 정말로 괜찮단 말인가.

이에 비해 뜻과 정신의 눈으로 보면 곤경의 해석이 달라진다. 전진한이 협동조합운동의 신념으로 삼았고 함석헌과 헤겔이 역사의 목표로 삼았던 자유의 관점에서 보면, 협동조합의 곤경은 실은 조합원이 자유를 찾아가고 확장해가는 과정에서 생겨나는 (함석헌의 표현을 빌리자면) '의욕된' 곤경이다. 그리고 이런 의욕된 곤경은 자유를 단지 외부의 구속에서 벗어나는 것에서 자기다워지는 자유로 차원 변화하고, 이런 나를 타자를 향해 (동료로부터 시작해 모르는 이방인에게까지) 더욱 확장해가는 과정에서 비로소 극복된다. 조합원 한 사람 한 사람이 자기다움을 표출하고, 다른 이의 자기다움을 실현하기 위해 서로 연대함으로써 협동조합의 곤경도 극복된다.

이런 점에서 볼 때 협동조합의 위기는 실은 사람 즉 조합원의 위기다. 협동조합의 경제적 곤경은 실은 협동조합 하는 조합원이 가치·뜻·정신의 곤경에 빠져 있기 때문이다. 협동조합이 일반기업에 흡수 합병되거나 도산하는 것도 실은 조합원이 정직·공개·사회적 책임·타인에 대한 배려의 마음을 잃었기 때문이다. 그리고 이런 위기에서 협동조합을 다시 살려내는 것 역시 결국에는 사람 즉 조합원의 마음에서 출발한다. 협동조합 진영에 만연해 있는 유물사관을 가치·뜻·정신의 역사관으로 바꿔내지 못하면, 협동조합이 직면하고 있는 경제적이고 물질적인 곤경도 극복할 수 없다. 이것이 ICA가 그토록 오랫동안 가치를 논의했던 이유다.

지향적 가치: 자유

다시 함석헌으로 돌아가서, 함석헌의 '뜻'은 협동조합의 '가치'와 크게 다르지 않다. 굳이 차이가 있다면, '이성(理性)'의 근간이면서 이를 총괄하는 '영성(靈性)'까지를 '가치' 안에 포함하느냐 마느냐의 차이만 있을 뿐이다.

어떻든 협동조합의 '가치'에 대해 함석헌은 이렇게 말하고 있는 셈이다. 수많은 협동조합 선구자들이 품었던 다양한 가치들 가운데서 될수록 하나인 가치, 서로 다르게 드러나도 그 다름이 전혀 문제되지 않는 가치, 시대가 바뀌고 상황이 달라져도 일관되게 유지되어 온 어떤 가치, 그런 가치를 찾아서 내 것으로 만들어야 내가 협동조합 하는 즐거움과 의미와 활력이 살아날 것이라고. 사람마다 자기 나름으로 이런 하나인 가치를 찾을 수 있겠지만, 나는 수많은 협동조합 가치 가운데 하나인 가치로 '자유'와 '사랑'을 든다.

자유에 대해서는 이미 여러 차례 언급한 바 있다. 전진한이 협동조합을 하면서 품었던 신념, 함석헌이나 헤겔이 역사의 방향과 목표로 삼았던 것도 모두 자유다.

'자유' 하면 보통은 시장의 자유만을 떠올리지만, 이는 사이비 시장주의자들이 지어낸 그릇된 선전 탓이다. 그들은 사람을 사람으로 여기지 않고 (노동력) 상품으로만 여기면서 자유로운 상품의 유통이 사람을 자유롭게 해줄 거라고 사기 친다. 같은 차원에서 '자유' 하면 보통은 '평등'과 대치되는 개념으로 여기지만, 이 또한 사이비 사회주의자들이 지어낸 그릇된 조작 탓이다. 그들은 평등을 위해 언제든 자유를 유보할 수 있다고 말하지만, 그런 평등이 대체 누구를 위한 것인지 잘 모르겠다.

진정한 시장주의자라면 인간은 모두 자유로운 존재이기 때문에 당연히 그 분신인 재화의 유통도 자유로워야 한다고 생각해야 옳고, 진정한 사회주의자라면 한 사람 한 사람의 자유를 위해 당연히 모두가 평등해야 한다고 해야 옳다. 자유의 주인은 시장이나 상품이 아닌 한 인간이고, 평등은 이런 한 인간의 자유를 위한 모든 인간의 기본 지위다.

자유에는 크게 두 종류가 있다. 하나는 〈자기답게 살아갈 자유〉고, 또 하나는 〈구속에서 벗어날 자유〉다. 영국의 철학자 벌린(Isaiah Berlin)은 전자를 '적극적 자유', 후자를 '소극적 자유'로 구분했다. 영어에서 전자를 'liberty'(to be free to do something), 후자를 'freedom'(to be free from something)으로 구분하는 것도 이런 맥락에서다. 같은 차원에서 토크빌도 전자를 '자연적 자유(natural liberty)'로, 후자를 '시민적 자유(civil liberty)'로 구분했다. 자연적 자유가 타고난 인간의 전면적이고 보편적이며 무한정의 자유라면, 시민적 자유는 누구로부터 임의로 조정당하거나 자기 재산을 침범당하지 않는 특정 권리 영역에서의 자유다.

물론 이 두 자유는 별개가 아니다. 어떤 구속에서도 벗어나야 진정으로 자기다울 수 있고, 진정으로 자기다워지려면 어떤 구속에서도 벗어나야 한다. 실제로 영어에서의 'liberty'와 'freedom'은 독일어에서는 모두 'Freiheit'이고, 한자에서도 모두 '자유(自由)'다. 헤겔이 역사의 목표가 인간이 자기다워지려는 자유(Freiheit)에 있다고 했을 때, 그 자유는 어떤 권위에도 복종하지 않는 것까지를 포함한다. 함석헌 역시 자유(自由)를 "제[自]가 곧 까닭[由]"이고 "스스로 함"이라 해석하면서,[24] 동시에 자연력·미신·가난·질병 등의 지배로부터 점차 해방되어가는 것으로 보았다.

그런데 본래는 이렇게 하나였던 자유가 언제부턴가 완전히 별개가 되어버렸다. 나아가 지금은 어떤 구속에서 벗어나는 것만을 자

---

[24] 함석헌의 이런 해석은 '자유(自由)'라는 한자의 유래와도 연결된다. 한자 문화권에는 본래 '자유(自由)'라는 단어가 없었다. 19세기 근대화 과정에서 영어 'liberty'를 일본의 계몽사상가 후쿠자와(福澤諭吉)가 "스스로[自] 말미암다[由]"로 번역한 데서 처음 생겼다. 그 이전까지 한자 문화권에서는 서양의 'liberty'에 상응하는 단어가 '자연(自然)' 즉 "스스로[自] 그러하다[然]"였고, 이는 곧 생명의 원리였다. 우리 전통사상에서 자주 등장하는 '무위지화(無爲之化)'—인위에 의하지 않고 스스로 (생명이) 되어간다— 역시 이런 '자연'의 의미를 보다 주체적이고 적극적으로 표현한 것이다. '자연'은 결코 환경이 아니고, '무위'는 결코 아무것도 하지 않는 것이 아니다. '자연'은 이제 자유의 관점에서 다시 해석되어야 한다.

유로 여기고, 이것만 달성되면 당연히 자기답게 될 거라고 착각하고 있다. 특히 한편에서는 정치적 자유만을 자유로 여기며 민주화운동의 이데올로기로 활용하고, 다른 한편에서는 가난에서 벗어나기 위해 자유의 유보를 강요해왔던 우리나라에서는 이런 경향이 짙다.

하지만 자유에 대한 이런 우리의 생각은 이제 바뀔 때가 되었다. 지금까지 구속에서 벗어나는 것만을 자유로 여겨왔다면, 이제는 자기다움의 추구로 그 중심을 옮길 때가 되었다. 지금까지 자기다움을 추구하기 위한 전제조건으로 구속으로부터의 해방에 전념해왔다면, 이제는 각자의 자기다울 권리를 확보하기 위해 그 어떤 구속에서도 해방되어야 한다고 그 우선순위를 바꿀 때가 되었다. 그래야만 민주화운동을 통해 정치적 자유를 이루고, 경제 성장을 통해 물질적 풍요를 이루면서도, 여전히 내 삶의 주인으로 행복하게 살지 못하는 지금의 문제를 해결할 수 있다.

자유는 모든 협동조합 선구자들의 공통된 신념이기도 하다. 1844년에 로치데일공정선구자조합이 설립되고 얼마 지나지 않아 그 내부에 작은 소동이 일어났다. 조합을 이용하지 않는 이를 제명해야 한다는 주장이 조합원 사이에서 강력히 제기되었다. 긴 토의 끝에 선구자들은 제명하지 않기로 결정했다. 조합을 이용하느냐 마느냐는 조합원의 자유의지인데, 이런 자유를 훼손하면서까지 협동조합을 발전시킬 의미가 없다고 생각했다. 그럴 바에는 차라리 협동조합을 포기하는 편이 낫다고 보았다. 한 인간의 자유에 대한 이런 신념이 작은 구멍가게를 최초의 근대적 협동조합으로 성장시켜온 것이다.

〈가치〉의 제1문장에 등장하는 자조, 자기 책임, 민주주의, 평등, 공정, 연대는 모두 이런 한 인간의 자유를 기초로 하고 있다. 협동조합이 외부에 의존하지 않고 자기 힘으로 그 사업을 진행한다는 '자조'는, 스스로 돕는 자유인으로서의 조합원이 있고 나서야 비로소 가능하다. 협동조합이 그 맡겨진 역할과 책임을 성실히 수행한다는 '자기 책임'은, 자기 책임이 수반되는 자유인의 결합으로서 협동조합이 지녀야 할 당연한 자세다. 협동조합이 조합원에 의해 운영되도록 한다는 '민주주의'와 이런 조합원에 대해 협동조합이 차별하지 않는다는 '평등'은, 조합원이 지닌 전면적이고 보편적인 타고난 자유를 인정하고 이런 조합원이 평등한 주권자일 때나 가능한 이야기다. 협동조합이 우리 사회 전체를 정의롭고 공정한 사회로 만들어간다는 '공정'과 이를 위해 다른 조직(협동조합)과도 함께한다는 '연대'는, 이런 자유인의 확장과 이를 위한 연대를 염원한 것이다. '협동조합의 가치'는 이렇게 한 사람의 자유를 바탕으로 하는 조직의 사명을 표현한 것이고, 최종적으로는 자유의 실현과 그 확대라는 방향으로 향하고 있다.

실천적 가치: 사랑

자유가 협동조합의 지향적 가치라면, 사랑은 나에게 있어 그 실천적 가치다.

같은 자유를 지향하더라도 사람마다 그 구체화 방법에서는 다를 수 있다. 헤겔과 함석헌은 모두 자유를 역사의 방향이고 목표로 보았지만, 헤겔은 그 실행원리로 투쟁을 든 반면에 함석헌은 사랑을 들었다. 헤겔에 따르면 인간의 역사는 자유를 향하는 과정에서 생겨나는 대립을 종합의 운동, 즉 변증법이라는 마음 안에서의 투쟁을 통해 지양되고 전진한다.

이에 비해 함석헌에 따르면 절대자는 사랑을 통해 만물을 낳았고, 사랑으로 자신과 만물의 하나됨을 이뤄가는 존재다. 여기서 절대자는 어떤 초월적인 존재가 아니라 모든 생명이고 생명의 근본원리다. 인간은 이런 생명의 근본원리에 따라 지어진 존재고, 따라서 인간 또한 사랑을 통해 다른 생명과 하나됨을 이루어가는 존재다. 이렇듯 같은 자유를 지향하더라도 헤겔은 그 실행원리로 투쟁을 든 데 비해,[25] 함석헌은 사랑을 들었다.

---

[25] 물론 헤겔의 투쟁은 의식이나 언어처럼 마음 안에서 일어나는 일이고, 함석헌의 사랑은 마음 밖으로 드러나는 일이라는 점에서 비교의 대상이 되기는 어렵다. 그런데도 굳이 같은 차원에 놓고 비교하는 이유는, 헤겔의 마음 안의 일을 마음 밖으로 끄집어내 한 사회를 계급투쟁으로만 바라보는 우리의 잘못된 역사관을 지적하기 위해서다.

이런 사랑에는 크게 세 종류가 있다. 하나는 나에 대한 사랑 즉 '자애(自愛, selfish)'이고, 둘은 잘 아는 동료나 친구에 대한 사랑 즉 '우애(友愛, friendly)'이며, 셋은 모르는 이웃이나 이방인에 대한 사랑 즉 '형제애(兄弟愛, brotherhood)'다. 물론 이 셋 가운데 가장 중요한 사랑은 자애이다. 우애든 형제애든 자애 없이는 나올 수 없기 때문이다.

자애는 '이기심(selfishness)'과는 비슷해도 '에고이즘(egoism)'과는 다르다. 자애나 이기심이 "세상에 하나뿐인 나에 대한 사랑"이라면, 에고이즘은 "세상에 자기만 아는 사랑"이다. 사람은 누구나 자기를 위해 살아가고, 이는 좋다 나쁘다를 떠난 모든 생명의 본성이다. 이런 생명의 본성을 도덕의 이름으로 죄악시하고 대의명분으로 위축시켜서는 안 된다.

일찍이 애덤 스미스가 확언한 대로 "사람은 (누구나) 자기 안전과 이익을 우선시"하고, 이런 이기심이 오히려 "진정으로 (공공의 이익을) 의도하는 때보다 사회를 더 자주 증진"시킨다. 문제는 이런 이기심에 있는 것이 아니라 '관찰자'의 시선을 잃은 이기심, 즉 자기 자신에 대한 사랑을 다른 이의 자기 사랑으로 상대화하지 않는 데 있다. 이런 사랑은 자기를 위하는 것이 아니라 자기만을 위하는 것이다. 이런 에고이즘이 경제적인 자본주의와 정치적인 포퓰리즘이라는 제도적 조건과 결합해 지금 우리 사회를 온통 위험에 빠트리고 있다.

모든 협동조합은 자애가 우애로 확장하는 과정에서 태동한다. 협동조합이 우애에서 태동한다고? 우리는 보통 협동조합이 공통의 필요에서 태동한다고 믿고 있지만, 이는 인간의 의식이 물질의 작동에 불과하고, 인간의 행위가 이해관계에 따라 결정된다는 생각만큼이나 위험한 발상이다. 이런 생각이 협동조합을 이해 집단으로 규정하고, 자기들 이익을 위해서라면 언제든 다른 이들에게 손해를 입혀도 괜찮다는 집단적 에고이즘의 근거가 된다. 일반기업 같으면 모를까 협동조합은 단 한 번도 공통의 필요에서 태동한 적이 없다. 모든 협동조합은 자애가 우애로 확장하면서 태동하고, 이런 우애가 동료의 필요에도 관심을 갖게 하면서 사업이 시작된다.

예를 들어, 17세기 영국에 '우애조합(Friendly Society)'이라는 전통이 있었다. 숙련된 장인들이 기금을 모아 동료나 그 가족이 불의의 사고를 당했을 때 상호부조하기 위해 만든 일종의 계 같은 것이었다. 로치데일의 노동자들도 이런 전통을 이어받아 1830년에 '로치데일우애조합'을 결성했다. 그리고 그 기금으로 직장을 잃은 동료를 위해 노동자협동조합을 만들려 했고, 실제로 협동조합 가게를 열기도 했다. 비록 이런 시도들이 모두 실패로 끝났지만, 그들 사이의 우애만큼은 계속 이어져 10여 년 후에 로치데일공정선구자조합이라는 최초의 근대적 협동조합을 태동시키기에 이르렀다.

협동조합이 자애가 우애로 확장하는 과정에서 태동한다고 해서 여기에 머물러서는 안 된다. 나를 위하는 자애가 동료를 위하는 우애로 확장하면서 협동조합이 시작되는 건 맞지만, 이런 우애가 다시 모르는 이웃이나 이방인을 위하는 형제애로 확장하지 않으면 협동조합은 성공할 수 없고, 성공해도 의미가 없다.

프랑스혁명을 예로 들어보자. 18세기 말에 프랑스 시민들이 자유(Liberté), 평등(Égalité), 우애(Fraternité)를 기치로 내걸며 왕정제에 저항해 혁명을 일으켰다. 여기서 자유, 평등, 우애는 처음에는 모두 시민계급에 한정된 것이었다. 자유는 국왕(귀족)이나 성직자로부터의 구속에서 시민계급(부르주아)이 벗어나자는 것이었고, 평등은 그들과 마찬가지로 우리 시민계급도 대접해달라는 것이었으며, 우애는 이런 시민들 간의 상호부조를 의미했다.

그런데 언제부턴가 시민계급에 한정되었던 자유·평등·우애가 한편에서는 '나'로 응축되고, 다른 한편에서는 '모두'에게로 확장해갔다. 자유는 "내가 바라지 않는 것을 내게 강요하지 말고, 상대가 바라지 않는 것을 상대에게 행하지 않는다"라는 나와 모든 이들의 자유로, 평등은 "누구도 나를 돈으로 살 수 있을 정도로 부자여서는 안 되고, 또 누구도 자신을 팔지 않으면 안 될 정도로 가난해서도 안 된다"라는 나와 모든 이들의 평등으로, 우애는 "내가 바라는 것을 다른 모든 이들에게 베푼다"라는 나와 모든 이들을 향한 사랑으로 응축 확장되었다.

프랑스혁명은 정치적으로만 보면 실패한 혁명이다. 루이 16세를 단두대로 보냈어도 곧이어 로베스피에르의 독재와 나폴레옹의

왕정이 다시 등장했기 때문이다. 그런데도 프랑스혁명이 역사에 남은 것은 그것이 정치혁명이 아니라 사상(신념)혁명이었기 때문이다. 자유와 평등과 우애가 시민계급을 넘어 나에게로 응축되고 모든 이들에게로 확장되었기 때문에, 특히 사랑이 시민계급 간의 우애를 넘어 모든 이들을 향한 형제애로 확장되었기 때문에 그 정신이 지금까지도 전해지는 것이다.

불교에서는 이런 사랑을 '자비(慈悲)'라 부른다. 그리고 이런 자비에는 다시 '중생연(衆生緣) 자비' '법연(法緣) 자비' '무연(無緣) 자비'라는 세 종류가 있다. 중생연 자비란 공통의 상(相) 즉 나와 비슷한 모습으로 태어나 인연을 맺으며 살아가는 이들에 대한 사랑으로, 예컨대 같은 친족이나 마을 사람들끼리의 우애가 이에 해당한다. 법연 자비란 법(法) 즉 어떤 생각이나 이념을 공유하는 이들 간의 사랑으로, 예컨대 협동조합에서 같은 조합원끼리 서로 사랑하는 우애가 여기에 속한다. 마지막으로 무연 자비란 아무런 인연도 없는 이들에 대한 태양이나 바다와 같은 사랑으로, 위에서 말한 친소관계나 이념적 동질성과 상관없이 펼치는 모든 인간과 생명을 향한 사랑을 말한다. 대승불교에서는 이 '삼연(三緣) 자비' 가운데 무연 자비를 무조건적이고 절대 평등한 아미타불의 자비(=대자비)로 숭모한다.

많은 이들이 우려하듯이 현대사회는 '무연 사회'다. 혈연(血緣)이나 지연(地緣) 관계는 이미 그 힘을 잃었고, 최근에는 같은 직장 안에서도 그 관계―일본에서는 이를 '사연(社緣)'이라 부른다―가 사라져가고 있다. 관계가 취약해진 무연 사회 속에서 누구 하나 위로해주거나 도와주는 이 없이 혼자 쓸쓸히 살아가야만 하는 것이 지금의 현실이다. 그렇다면 이런 무연 사회를 우리는 어떻게 살아낼 수 있을까?

그 답은 이제 하나뿐이다. 무연 사회를 살아내려면 무연 자비를 펼쳐내는 것밖에는 길이 없다. 적어도 무연 자비를 향해가면서 중생연 자비와 법연 자비를 구체화하는 것만이 우리가 살고 협동조합이 가치와 의미를 드러낼 수 있는 유일한 길이다. 과거에는 그것을 깨달은 이만 가능했지만, 지금은 모두가 함께해내야만 살 수 있다. 그렇다고 부담 갖거나 두려워할 필요는 없다. 무연 자비로 살아가는 이를 가리켜 '보살(菩薩)'이라 부른다. 과거에는 부처의 전생을 우러러 칭송하던 이 호칭을 지금 우리는 서로를 부를 때 쓴다. 우리 함께 부처가 될 가능성을 우리 스스로가 활짝 열어놓은 셈이다.

〈가치〉의 제2문장에 등장하는 정직, 공개, 사회적 책임, 타인에 대한 배려는 모두 이런 사랑의 확장 과정을 표현한 것이다. 바르고 곧은 마음으로 자신을 대한다는 '정직'은, 나에 대한 사랑 즉 자애를 말한다. 다른 조합원을 열린 마음으로 받아들인다는 '공개'는, 이런 나에 대한 사랑을 동료에 대한 사랑 즉 우애로 확장하자는 것이다. 사회 전체를 향해 책임감 있게 이웃을 보살피고 배려한다는 '사회적 책임'과 '타인에 대한 배려'는, 이런 동료에 대한 사랑을 다시 모르는 이웃이나 이방인에 대한 사랑 즉 형제애로 확장하자는 것이다.

'조합원의 가치'는 이렇게 모두 사랑을 다양하게 표현한 것이고, 최종적으로는 사랑의 확장으로 귀결된다.

자유가 협동조합의 지향적 가치라면, 사랑은 그 실천적 가치다. 수많은 협동조합 선구자들이 자기 나름으로 협동조합 하는 신념을 이야기했지만, 내가 보기에 그런 신념들 가운데서 될수록 하나인 것, 서로 다르게 드러나도 그 다름이 전혀 문제가 되지 않는 것, 시대가 바뀌고 상황이 달라도 변하지 않는 어떤 일관된 것, 그것이 바로 내게는 자유와 사랑이다.

협동조합이 일반기업과 본질적으로 다른 점은, 단지 사람의 조직이냐 돈의 조직이냐에만 있는 것이 아니라 인간의 자유를 목표로 한다는 데 있다. 협동조합이 일반 사회운동과 본질적으로 다른 점은, 같은 자유를 목표로 해도 그 실천원리로 사랑을 채택하고 있다는 데 있다. 내가 수많은 실패와 좌절에도 불구하고 여전히 협동조합에 남아 있는 이유도 여기에 있다. 그 안에 사랑이 있고, 이런 사랑의 확장 과정을 통해 조금씩 자유에 이를 것이라는 믿음이 아직도 나를 협동조합에서 떠나지 못하게 한다.

협동조합의 말을 과학 한다

언젠가 일본의 지인과 이메일을 주고받은 적이 있다. 자타가 공인하는 마르크스주의자로서 그는 자신이 마르크스에게서 무엇을 배웠는지 내게 이렇게 적어 보냈다. "나는 마르크스로부터 과학을 배웠습니다. 마르크스의 과학이 나를 믿음에서 앎으로 이끌어주었습니다."

사람의 마음을 모두 헤아릴 수는 없겠지만, 나는 그의 말이 대충 무슨 뜻인지 짐작이 간다. 우리가 믿는 것은 대체로 무지에서 나온 환상에 지나지 않는다. 예컨대 우리가 일상으로 관계하는 국가는 실제로는 존재하지 않는다. 누구도 국가를 본 적이 없고 만져본 적도 없다. 이는 국가가 실제로는 존재하지 않는 말(언어)이고, 말에 대한 믿음이기 때문이다. 법령이나 제도 같은 말이 있고, 그 말을 믿고 따르는 사람들의 행위가 쌓여 국가라는 것이 만들어지기 때문이다. 말과 그 말에 대한 믿음이 국가를 만들고, 그 믿음이 무너지면 국가도 사라진다. 자본도 마찬가지여서, 자본이란 본래 종이 위에 새겨진 (최근에는 종이마저 필요 없게 되었지만) 말이고, 그 말에 대한 믿음일 뿐이다. 그 믿음이 흔들리면 자본의 힘도 쇠약해지고(=인플레이션), 그 믿음이 무너지면 자본의 힘이 사라진다(=공황).

마르크스의 위대한 점은 바로 이런 사실을 밝혀냈다는 데 있다. 그가 국가를 '환상의 공동체'라 표현한 것은 국가가 실제로는 존재하지 않는 강요된 말의 믿음 체계에 불과하기 때문이다.[26] 이런 점에

---

[26] 한 발 더 나아가 일본의 사상가 요시모토(吉本隆明)는 국가를 '공동환상(共同幻想)'이라 명명했

서 볼 때 마르크스는 분명 우리에게 잘못된 믿음을 깨우쳐준 위대한 과학자였다.

하지만 지인의 이런 의도에 충분히 공감하면서도 나는 다음과 같은 답장을 보냈다.

> 당신이 언급한 믿음은 환상이고, 이는 과학을 통해 해체되어야 마땅합니다. 하지만 내가 생각하는 믿음에는 그런 믿음만 있지 않습니다. 강요된 믿음은 과학을 통해 해체되어야 마땅하지만, 사람이 살아가려면 자기 나름의 믿음이 또 필요합니다. 과학이 나를 강요된 믿음에서 깨우쳐주었다면, 그 이후에는 다시 내 나름의 믿음을 가져야 합니다. 그래야만 이 험난한 세상을 나로서 살아갈 수 있습니다. 과학 없는 믿음이 환상이라면, 자기 나름의 믿음 없는 삶은 죽은 목숨이나 진배없습니다.

〈가치〉를 이야기하는 마당에 굳이 지인과의 대화를 소개한 이유는, 국가에 대한 마르크스의 규정이 협동조합에 대한 내 생각과 비슷한 듯 다르기 때문이다.

마르크스가 국가를 '환상의 공동체'로 보았듯이, 내가 볼 때 협동조합은 '말의 결사체'다. 국가나 협동조합은 모두 볼 수도 없고 만

다. 이런 강요된 믿음조차 실은 우리 마음이 공동으로 빚어냈다는 이야기다.

질 수도 없다. 왜냐하면 국가나 협동조합은 모두 말이기 때문이다. 말이 있고, 그 말을 믿고 따르는 사람들의 행위가 하나둘 쌓여 국가나 협동조합이 되기 때문이다. 기독교에서 하느님은 말씀이고 그 말씀이 세상을 창조했다고 하듯이,[27] 국가나 협동조합의 실상은 사람들의 말이고 그 말들이 지어낸 것이다. 그리고 이런 수많은 말들 가운데 가장 중요한 말이 바로 가치다. 수많은 하느님 말씀은 사랑 하나로 귀결되고, 내가 수많은 협동조합 선구자들이 품었던 신념들 중의 신념으로 자유와 사랑을 꼽은 것도 같은 맥락에서다.

문제는 세상이 이렇게 말로 만들어졌다는 좀처럼 믿기 어려운 이야기가 아니라, 그 말들이 권력이 되어 오히려 세상을 지배하고 있다는 데 있다. 이렇게 되면 정작 중요한 말은 사라지고 실체가 없는 화자(話者)만 남는다. 하느님인 말씀이 권력이 되면 말씀은 사라지고 하느님만 남는다. 협동조합이 본래는 말인데 그 말이 권력이 되면 정작 중요한 말은 사라지고 협동조합만 남는다. 나아가 "하느님의 말씀은 사랑 하나로 귀결된다"가 권력이 되면 "하느님은 사랑이시다"가 되고, "협동조합의 가치는 자유와 사랑으로 귀결된다"가 권력이 되면 "협동조합은 자유와 사랑이다"가 된다. 하느님인 말씀보다 하느님을 믿는 종교가 등장하고, 협동조합의 가치를 믿는 것이

---

[27] "한처음, 천지가 창조되기 전부터 말씀이 계셨다. 말씀은 하느님과 함께 계셨고 하느님과 똑같은 분이셨다.… 모든 것은 말씀을 통하여 생겨났고 이 말씀 없이 생겨난 것은 하나도 없다." (「요한의 복음서」1장1절~3절).

아니라 협동조합을 믿게 된다. 특히 그 말들이 그럴듯해 보이고, 그 조직이 거대해 보일 때는 더욱 이런 경향이 짙다.

이 책을 통해 내가 ICA의 〈정의〉〈가치〉〈원칙〉을 분석하고 해체하는 이유도 여기에 있다. 과학이 따르지 않는 말에 대한 믿음은 결국에는 나를 협동조합을 위한 도구로 이용할 뿐이라는 점에서 일단은 ICA의 말을 과학 할 필요가 있다. 그 말에 거짓이 없는지, 누군가 의도를 가지고 그 말을 왜곡하고 있지는 않는지, 일단은 가려내야 한다. 그렇지 않으면 아무리 그럴듯해 보이는 말도 결국에는 나를 지배하기 위한 수단이 될 뿐이다. 협동조합을 안다는 것은 그 말을 과학 하는 데서 시작되고, 이는 나도 마르크스로부터 배운 바다.

과학과 주문의 겸비

그렇다면 ICA의 말을 과학 한 다음에는 또 어떻게 해야 할까? 여기서부터가 실은 나와 마르크스의 가장 큰 차이다. 마르크스가 권력의 말에서 벗어나려면 노동자계급이 단결해 권력을 찾아와야 한다고 강조했다면, 나는 권력의 말에서 벗어나려면 결국에는 내 말을 갖고 내 말을 믿는 것밖에는 길이 없다고 생각한다. 믿음 없이는 이 험난한 세상을 살아갈 수 없고, 믿음[信]이란 결국은 누군가[人]의 말[言]을 믿는 것인데, 그 누군가가 바로 나여야 한다는 것이 내 생각이다.

    물론 이는 쉬운 일이 아니다. 모두가 자기 말을 찾고 자기 말을 믿을 수 있으면 좋겠지만, 처음부터 그럴 수 있는 사람은 그리 많지 않다. 그렇다면 우리 같은 범부(凡夫)는 어떻게 해야 자기 말을 찾고 자기 말을 믿을 수 있게 될까? 여기서 나는 '주문(呪文)'을 제안한다. 영화 라이언 킹에 등장하는 "하쿠나 마타타(hakuna matata)", 불교 신자분들이 자주 염불하는 "나무아미타불(南無阿彌陀佛)"이라는 육자명호(六字名號), 동학에서 수도할 때 항상 되뇌었다는 "시천주 조화정 영세불망 만사지(侍天主 造化定 永世不忘 萬事知)"라는 13자 본주문(本呪文), 바로 그런 주문을 과학과 함께 겸비해야 한다고 제안한다.

    주문(呪文)이란 "사람[儿=人]이 입[口]으로 먹는[28] 말[文]"이란 뜻이다. 말을 입으로 먹는다? 밥이나 술 같으면 당연히 입으로 먹겠지만, 말을 입으로 먹는다? 괴상한 이야기지만, 여기서 먹는다는 것은 되뇌고 곱씹는다는 의미다. 밥이나 술을 먹어 내 안에 들이는 것처럼, 누군가의 말을 되뇌고 곱씹는 가운데 내 것으로 만든다는 것이다.

    앞에서 나는 '조합원의 가치'를 조합원의 윤리이고 신념이라고 했다. 신념(信念)이란 누군가의 생각[念]을 믿는[信] 것이고, 그 믿음

---

[28] '주문(呪文)'의 '주(呪)'는 '주(咒)'와 같은 글자로 "사람[儿]이 입[口]으로 먹는다"라는 뜻이다. 참고로, 믿을 '신(信)'을 일본 고어에서는 '타노무(たのむ)'라고 읽었다. '타(た)'는 강조를 위한 접두사고, '노무(のむ)'는 먹는다 마신다는 뜻이다. 옛 일본 사람들은 신(信) 또한 주(呪)와 마찬가지로 "사람의 말을 먹는다"라는 의미로 이해했던 것 같다.

[信]은 결국 사람[人]의 말[言]이다. 즉, 말로 드러난 누군가의 생각을 믿는 것이 신념이고, 그 말을 되뇌고 곱씹는 가운데 내 안에서 내 말을 찾고 내 말을 믿게 도와주는 것이 바로 주문이라는 이야기다.

이런 주문에는 보통의 말과 다른 몇 가지 특징이 있다. 먼저, 주문은 간결하고 모호한 것이 특징이다. 간결해서 깊이가 없거나, 모호해서 얼버무린다는 뜻이 아니다. 가장 적게 이야기하기 때문에 오히려 그 뒤에 많은 의미를 숨기고 있고, 모호하게 표현하기 때문에 오히려 자기 나름으로 해석할 여지를 남겨놓은 것이 주문이다.

예를 들어, "하쿠나 마타타"는 아프리카 스와힐리어로 "문제없어. 걱정하지 마! 어떻게든 될 거야"라는 뜻이다. 하지만 무엇이 문제없고, 왜 걱정 안 해도 되는지, 아무런 설명이 없다. "나무아미타불"은 간단히는 "아미타불[29]에 귀의한다"라는 뜻이고, 자세히는 "삼가 이루 헤아릴 수 없는 빛과 생명의 세계로 돌아가기를 바라 마지않습니다"[30]라는 뜻이지만, 그 깊은 일념에 제대로 도달하려면 최소한 대승 경전을 수십 권은 돌파해야 한다.

동학의 주문 또한 마찬가지다. "시천주 조화정 영세불망 만사

---

29   아미타불은 살아서는 깨달음과 중생구제를 위한 서원을 세웠고, 부처가 된 이후에는 서방의 극락정토에 머물며 어두운 세상에서 살아가는 중생구제를 위해 끊임없이 "어서 오라"는 구원의 빛을 밝히는 이다.

30   '나무아미타불'은 산스크리트어 'Namo-Amitabha' 혹은 'Namo-Amitayus'를 음역한 것이다. 'Namo'는 '머리를 조아리다', 'A'는 부정의 접두사, 'mita'는 '측량하다' '헤아리다', 'ābha'는 '빛(光明)', 'āyus'는 '생명'을 뜻한다.

지"는 "(각자가 자기 안에) 한울을 모시고, (그 한울의) 조화에 정하니, (이를) 영세토록 잊지 않으면, 세상만사를 알게 될 것이다"라는 자기 존엄의 극치를 이른 말이지만, 내 안에 모신 내 한울을 제대로 깨달아, 그 드러남에 한 치의 거리낌도 없으려면, 이 또한 수많은 수련을 거쳐야만 한다. 한마디로 누구도 그 정확한 뜻을 모른 채로 끝없이 되뇌는 것이 주문이고, 숨은 행간의 뜻을 자기 나름으로 찾아야 하는 것이 주문이다.

또, 이런 주문에는 어떤 특별한 힘이 있다. 주문을 되뇌는 가운데 사람들은 자기도 몰랐던 어떤 힘이 자기 안에서 솟아나는 신비한 체험을 한다. "하쿠나 마타타"를 되뇌는 가운데 걱정할 필요 없다고 위로받게 되고, 어떻게든 될 거라고 격려받게 된다.

신비(神祕)는 결코 미신(迷信)이 아니다. 미신이란 눈앞의 서로 다른 두 현상을 잘못된 인과관계로 엮는 것이다. 예컨대 '까마귀가 울었다'와 '나쁜 소식을 들었다'를 연결해 "까마귀가 우니 나쁜 소식이 들려왔다"라고 믿으면 이는 미신이다. 이에 비해 신비란 드러난 현상의 깊은 곳에서 어떤 설명할 수 없는 힘을 느끼는 것이다. "나무아미타불"을 염불한 덕에 병이 나았다고 믿으면 이는 미신이지만, "나무아미타불"을 염불한 덕에 마음의 힘을 얻어 병도 나았다고 느낀다면 이는 신비다.

왜 주문인가

우리나라에서 협동조합은 계(契)로부터 시작되었다. 지금은 흔적도 없이 사라진 계에서 무슨 협동조합이 시작되었냐고 의아해할지 모르지만, 계는 그 이름만 다를 뿐 조선이 낳은 협동조합 원형이고, 어떤 면에서는 유럽의 근대적 협동조합을 뛰어넘는 위대한 우리의 전통이다.

그리고 이런 계는 다시 신라와 고려 때 향도(香徒)들에 의해 시작되었다. 우리 사학계에서는 이런 향도들을 '염불하는 향도'라 부른다. 낫 놓고 기역 자도 몰랐던 그들이 계(향도계) 모임 때마다 "나무아미타불"이라는 주문을 염불했다는 데서 유래한 말이다. 물론 당시 향도들 가운데 그 뜻을 제대로 안 이는 아마 거의 없었을 거다. 그런데도 향도들은 "나무아미타불"을 되뇌며 함께 계를 만들었다. 고통과 번뇌의 바다를 건너 지혜와 생명의 세계로 함께 나아갔다.

조선시대 말기는 그야말로 주문의 전성기였다. 폭정·역병·자연재해로 인해 삶이 피폐하고 외세의 침략이 코앞까지 닥쳐오는 절체절명의 시기에, 민중을 구하고 나라를 지키려 일어난 대다수 사상과 운동이 한결같이 주문을 만들어 보급했다.[31]

---

31 예컨대 동학의 시천주(侍天呪), 정역의 오음주(五音呪), 증산교의 태을주(太乙呪), 대종교의 각사(覺辭), 원불교의 영주(靈呪) 등이 대표적이다.

특히 동학에서는 주문을 중시해 창시자 최제우는 서학(가톨릭)을 동학과 비교하면서 "그 생각은 비슷하나 주문이 없고" "비는(주문하는) 듯하지만 실지가 없다"[32]고 했다. 또 2대 최시형도 과학과 주문의 겸비를 강조하면서 "주문만 외우고 이치를 생각지 않아도 옳지 않고, 다만 이치를 연구하고자 하여 한 번도 주문을 외우지 않아도 또한 옳지 않다"[33]고 했다. 동학이 당시 민중들 사이에 그토록 빠르게 확산한 것도 아마 이런 주문의 역할이 컸을 것이다. 어려운 유학을 배울 필요 없이 단지 주문만 되뇌고 수도에만 전념하면 누구나 깨달을 수 있었기 때문에 그 짧은 동안 수많은 민중이 동학에 모여들었을 것이다.

지금은 어떤 면에서는 조선시대 말기보다 더한 전대미문의 위기 상황이다. 경제 위기는 이미 만성질환이 되어버렸고, 기상 이변 또한 연례행사처럼 찾아온다. 여기에 더해 지난 몇 년 동안은 역병마저 온 세상을 뒤덮었다. 스스로 헤쳐 나갈 능력 있는 사람이라면 모를까 우리 같은 평범한 이들에게는 걱정이 태산이다. 하루하루를 빌어먹기 위해 거리로 나서야 하고, 자연재해가 일어나지 않기만을 손 모아 기원할 수밖에 없다.

역사적으로 볼 때 이런 전대미문의 위기 상황에서 인간에게는

---

[32] "如思無呪" "如呪而無實"(『東經大全』論學文).
[33] "只誦呪而全不窮理則不可 但欲窮理而一不誦呪則亦不可."(『海月神師法說』十六. 修道法).

크게 두 가지 선택지가 있었다. 하나는 자기 눈을 가리면서 더 강력한 힘에 의탁하는 것이었고, 다른 하나는 불안해하면서도 한 걸음씩 자기 자신을 찾아 나서는 것이었다. 세계 대공황 이후에 그 비참한 나치즘이 등장한 것이 첫 번째 선택지의 결과였다면, 페스트 이후에 르네상스가 발흥한 것이 두 번째 선택지의 결과다.

그리고 지금 똑같은 선택지가 다시 우리 앞에 놓여 있다. 한편에서는 대중을 현혹하는 전체주의와 배타주의가 기승을 부리고 있고, 다른 한편에서는 인간과 인간관계에 대한 새로운 성찰이 곳곳에서 일어나고 있다. 내가 과학과 함께 주문을 강조하는 것도 이런 이유에서다. 우리를 현혹하는 전체주의와 배타주의의 거대한 힘에 맞서 우리 같은 평범한 범부가 나를 찾고 타자와의 관계를 성찰하려면 주문의 도움 없이는 거의 불가능에 가깝기 때문이다. 주문을 함께 되뇜으로써 내 성찰에 깊이가 더해지고, 내 선택에 용기를 얻게 될 것이기 때문이다.[34]

---

[34] 참고로, 두레생협을 만들고 얼마 지나지 않아 우리는 그 슬로건으로 "생활이 생명이다"라고 정한 적이 있다. 돌이켜보면 간결하면서도 숨은 뜻이 깊은 훌륭한 주문이었다. 또 일본 그린코프생협에서는 조합원 활동의 슬로건으로 "하고 싶은 것을, 하고 싶은 만큼, 할 수 있는 만큼만 한다. 하기 싫은 것은 거절한다"라고 정하고 있다. 조합원 눈높이에서 자기 활동의 자발성과 의미를 되뇌는 훌륭한 주문이다.

내 안의 소리를 믿고

'믿음'에 대해 한 마디만 더 덧붙이고자 한다. 무엇을 믿어야 할지 혼란스러울 때 자주 떠오르는 이야기가 있다. 일본 가마쿠라 시대(1185~1333)의 승려이자 정토진종(淨土眞宗)의 창시자인 신란(親鸞)의 유명한 '천 명 죽이기(千人殺し)'다.

하루는 신란이 제자 유이엔(唯円)을 향해 실로 끔찍한 분부를 내렸다.

신란: 너는 내 말을 믿고 받아들일 수 있겠느냐?

유이엔: 물론입니다.

신란: 그럼 내 말을 거역하지 않겠느냐?

유이엔: 맹세코 거역하지 않겠습니다.

신란: 그럼 먼저 사람을 천 명 죽여보아라. 그러면 확실히 정토에 왕생할 것이다.

유이엔: 성인(신란)의 분부이시지만, 저는 한 사람도 죽일 수가 없습니다.

신란: 그럼 왜 내 말을 거역하지 않겠다고 했느냐? 이제 알 것이다. 무엇이든 자기 생각대로 된다면 내가 정토에 왕생하기 위해 천 명을 죽이라 했을 때 (너는) 즉시 죽일 수 있었을 것이다. 하지만 자기 생각대로 죽일 수 있는 인연이 없기 때문에 한 사람도 죽이지 않았을 뿐

이다. 자기 마음이 착해서 죽이지 않은 것이 아니다. 또한 죽일 의도가 없어도 백 명이고 천 명이고 죽이게 되는 것이다.[35]

무서운 이야기다. 우리는 보통 "사람을 죽여서는 안 된다. 나는 절대로 사람을 죽이지 않을 것이다"라고 자신 있게 말한다. 하지만 이는 어쩌다 보니 사람을 죽이지 않아도 되는 인연에 놓여서 죽이지 않을 뿐이지, 만약 죽일 수밖에 없는 인연에 놓이면 내 의지와는 상관없이 아무렇지도 않게 사람을 죽이게 될 것이 뻔하다.

자, 그렇다면 이렇게 죽여야 하는 인연에서도 죽이지 않으려면 어떻게 해야 할까? 설령 그것이 믿고 따르는 스승의 분부라 할지라도 그 말을 거역하면서까지 사람을 죽이지 않을 수 있으려면 어떻게 해야 좋을까? 살인해서는 안 된다는 믿음을 더 강하게 가지면 이것이 가능할까? 살인할지 모를 인연에서 최대한 멀리 떨어지면 그럴 일도 사라질까? 안타깝게도 둘 다 답이 아니다. 믿음이 강할수록 살인의 가능성은 오히려 더 커지고, 살인의 인연에서 완전히 벗어나려면 혼자 사는 수밖에는 없다.

대화 내용에는 빠져 있지만, 그 답이 실은 유이엔의 말로 드러나지 않은 순간적인 당황에 있다. 유이엔도 분명 "성인의 분부이시지만"이라는 말을 내뱉기 전에 '천 명 죽이기'와 '정토에의 확실한

---

[35] 『탄이초(歎異抄)』와 요시모토(吉本隆明) 및 사쿠(釈徹宗)의 저서로부터 필자가 재구성했다.

왕생' 사이에서 크게 고민했을 거다. '천 명 죽이기'가 평소에 믿고 따르는 스승의 분부이기에 그 고민은 더욱 컸을 거다.

하지만 그는 '정토에의 확실한 왕생'을 포기하고, '성인의 분부'도 거역하면서까지, 자기 안에서 들려오는 어떤 목소리에 귀기울였다. 나에게 해서는 안 될 일을 어떻게 남에게 할 수 있겠느냐는[36] 내 마음의 소리에 귀기울이고 그 소리가 이르는 바대로 따랐기 때문에, 그토록 소망하는 정토에의 확실한 왕생도 포기할 수 있었고, 그토록 믿고 따르는 스승의 분부마저 거역할 수 있었던 것이다.

같은 이야기를 그린코프생협연합회의 초대 회장을 지낸 고(故) 다케다(武田桂二郎)는 한 작은 생협의 창립총회에서 이렇게 말한 적이 있다.

누구를 믿어야 할지 모를 때 유일하게 믿을 수 있는 게 있습니다.… "150명—설립 당시의 조합원 수(필자 주)— 어머니의 소박한 바람, 안심할 수 있는 먹을거리를 가족에게!"라는 소리를 우리는 믿을 수 있습니다.… 여러분, 내 소리를 믿읍시다. 함께 외치는 내 소리를 믿고,

---

[36] 비슷한 이야기가 공자(孔子)의 어록에도 남아 있다. 제자 자공이 공자에게 목숨이 다할 때까지 행할 만한 한마디 말이 무엇인지를 묻자, 공자가 이렇게 답했다. "그것은 서(恕)다. 내가 원하지 않는 것을 다른 이에게 베풀지 않는 것이다[己所不欲 勿施於人]." (『論語』衛靈公第十五) 여기서 서(恕)는 '용서(容恕)'가 아니라 "너에게로 펼쳐낸 내 마음"이고, 이야말로 공자의 삶을 관통한 가장 중요한 믿음이었다.

새벽이 곧 다가올 것을 믿고, 앞으로의 10년 함께 노력합시다.[37]

다케다에 따르면, 진정한 '믿음'은 결국은 "소박한 내 소리를 믿는 것"이다. 여기서 '소박'이란 있는 그대로의 꾸밈없는 나를 말하고, '나'란 마음[자기]과 몸[자신]을 모두 포괄하는 전체로서의 자기 자신을 말하며, '소리'란 말로 표현되어 나오기 이전의 바람이나 느낌을 말한다. 즉, "소박한 내 소리"란 있는 그대로의 꾸밈없는 나에게서 나오는 말 이전의 말을 가리키고, 이를 믿는다는 것은 이런 내 안에서의 소리가 이끄는 방향을 믿고 살아가는 것을 말한다. 앞서 소개한 동학의 주문에 비유하자면, '내 소리'는 내 안에 모셔져 있는 '한울의 소리'이고, 이를 믿고 따른다는 것은 한울의 조화와 흐트러짐 없이 일치하며 살아간다는 것이다.

유이엔이 정토에의 확실한 왕생을 포기하고 스승의 분부마저 거역하면서까지 사람을 죽이지 않겠다고 말할 수 있었던 것은 바로 이런 내 안의 소리에 귀기울이고 따랐기 때문이다. 나아가 그 내 안의 소리가 실은 내 것이 아니고, 이를 믿고 따르는 것 또한 실은 내 힘으로 된 것이 아니라는 겸손함이 유이엔으로 하여금 오히려 더 내 안의 소리를 믿고 따를 수 있게 하고, 마침내는 정토진종의 진정한 계승자로 만들 수 있었던 것이다.

---

[37] 武田桂二郞, 30~31쪽.

협동조합도 아마 마찬가지일 거다. 협동조합은 한 사람 한 사람의 말이 지어낸 것이고, 그 말을 믿고 따르는 한 사람 한 사람의 관계가 쌓여 만들어진 것이다. 하지만 여기서 진짜 중요한 것은 그 한 사람 한 사람의 말이 도대체 어디에서 나온 것인지, 그 말을 믿고 따르는 힘이 대체 어디서 온 것인지이다. 내 말과 내 관계가 쌓여 협동조합이 되는 건 맞지만, 그 내 말과 관계가 참 나 안에서 나와 쌓일 때, 그런 협동조합을 통해 비로소 어둠이 물러가고 새벽이 밝아올 것임을 믿어 의심치 않는다.

제4장 〈원칙〉:
협동조합 운영에 필요한
일곱 가지 지침

최초의 ICA 원칙

〈정의〉와 〈가치〉에 이어 이제 〈원칙〉을 이야기할 차례다.

〈정의〉가 협동조합이 무엇인가에 관한 자기규정이라면, 〈가치〉는 협동조합의 역할과 조합원이 지녀야 할 자세를 담은 자기 신념이고, 〈원칙〉은 이런 가치들을 협동조합 운영에 적용하는 데 있어 가이드가 되는 자기 지침이다. 가이드가 된다는 것은, 일반기업과 구분되는 협동조합 운영상의 특징을 제시한다는 것, 각국 정부가 협동조합 관련 법률을 제정할 때 그 기준으로 삼아달라는 것, ICA가 회원 가입을 승인할 때 그 자격 요건으로 삼는다는 것을 말한다.

1895년 창립 이래로 ICA는 세계(유럽) 각국의 다양한 협동조합들이 공유할 공통의 규범을 만들기 위해 많은 노력을 기울여왔다. 그리고 그 결과로 마침내 1937년에 ①가입과 탈퇴의 자유, ②민주적 운영, ③이용고에 따른 배당, ④출자금에 대한 이자 제한, ⑤정치적 종교적 중립, ⑥현금 거래, ⑦교육 촉진이라는 일곱 가지 원칙을 제정하기에 이르렀다.

'①가입과 탈퇴의 자유'는 누구나 자유의사에 따라 조합원이 될 수 있다는 것이다. '②민주적 운영'은 이런 조합원이 1인 1표의 평등한 의결권을 갖고 협동조합 운영에 참여한다는 것이다. '③이용고에 따른 배당'은 협동조합에서 잉여가 발생했을 때 이용고를 기준으로 조합원에게 배분한다는 것이고, '④출자금에 대한 이자 제한'은 투기적 요소를 제거하기 위해 출자금에 대해서는 배당을 제한한다는 것이다. '⑤정치적 종교적 중립'은 특정한 정치적 성향이나 종교적 신념에 편향되지 않는다는 것이고, '⑥현금 거래'는 조합원이 외상이 아닌 현금으로 협동조합을 이용한다는 것이며, '⑦교육 촉진'은 협동조합이 조합원의 도덕적 인격적 성장을 위해 교육에 힘쓴다는 것이다.

최초의 원칙을 제정할 당시 ICA는 주로 영국의 소비자협동조합 진영이 이끌고 있었다. 덕분에 최초의 원칙은 로치데일공정선구자조합의 원칙[1] 가운데 특히 점포 운영과 관련된 내용을 가능한 한

---

1   로치데일공정선구자조합은 1844년 설립 이래로 그들 나름의 운영 원칙을 정해왔다. 조합이

다른 유형의 협동조합도 공유할 수 있게 고도로 추상화했다는 데 그 특징이 있다. '③이용고에 따른 배당'이나 '⑥현금 거래' 같은 소비자협동조합 특유의 것들이 남아 있고, 점포 운영과 상관없는 노동과 사회 관련 원칙들이 모두 배제된 것도 이런 이유에서다. 이런 점에서 볼 때 최초의 원칙은 소비자 조합원의 경제적 이익 실현을 최우선에 두고 조합원에 의한 협동조합의 소유와 운영을 강조했다는 점에서는 평가할만하지만, 협동조합의 전체적인 지향과 비전을 충분히 담아내지 못했다는 점에서는 아쉬움이 아닐 수 없다.

원칙 개정의 배경과 목적

이렇게 제정한 최초의 원칙을 ICA는 1966년과 1995년 두 차례 개정했다. 평균 30여 년마다 한 번씩 개정한 셈인데, 그렇다면 무슨 이유로 원칙을 개정했을까? 각 개정 때마다 협동조합에는 어떤 당

성장하면서 그 내용도 조금씩 바뀌었는데, 가장 내용적으로 풍부한 것이 〈표 2〉에 소개하는 1856년의 원칙이다. 이는 지금의 시각에서 보면 당연할 수 있어도 당시로서는 매우 혁명적이었다. 정치에의 참여가 귀족이나 자산가에게만 허용되었던 상황에서 모든 인민대중에게로 확대한 1인 1표제, 품질과 계량을 밥 먹듯 속여온 소매상인에 저항하는 엄격한 품질 본위, 외상금 누적으로 협동조합 점포들이 계속 도산해가는 속에서의 철저한 현금 거래, 은행은 문턱에도 가지 못하고 고리대를 이용할 수밖에 없었던 상황에서의 정기적인 출자금 조성 등등은 당시로서는 누구도 상상할 수 없었던 운영 원칙이었다.

〈표 2〉 ICA 원칙의 제정과 개정의 역사

로치데일 원칙(1856년)	제정(1937년)(라)	1차 개정(1966년)	2차 개정(1995년)
	① 가입과 탈퇴의 자유	① 자발적 결사체와 열린 조합원제	① 자발적이고 열린 조합원제
⑪ 임원의 임명이나 의결에서 조합원은 1인 1표의 민주적 표결권을 지닌다.	② 민주적 운영	② 민주적 운영	② 조합원에 의한 민주적 운영
⑥ 잉여는 이용고에 따라 조합원에게 분배한다.	③ 이용고에 따른 배당	④ 잉여금의 공정한 분배	③ 조합원의 경제적 참여
⑧ 출자금에 대한 이자는 5%로 억제한다.	④ 출자금에 대한 이자 제한	③ 자본에 대한 제한적인 이자	
④ **누구든 신앙과 사상의 자유를 지닌다.**(가)	⑤ 정치적 종교적 중립(마)		
⑤ 외상판매를 하지 않아 노동자로 하여금 빚을 지지 않게 한다.	⑥ 현금 거래(바)		
⑩ 전체 이익금의 2.5%를 교육에 충당한다.	⑦ 교육 촉진	⑤ 협동조합 교육	⑤ 교육과 훈련, 홍보
⑬ 도매조합을 설립해 질 좋고 확실한 식료품을 공급한다.		⑥ 협동조합 간의 협동	⑥ 협동조합 간의 협동
			④ 자율과 독립
⑫ 범죄와 경쟁이 없는 산업사회를 건설하기 위해 협동조합이 운영하는 상공업을 발전시킨다. ⑭ 협동조합이 자조의 정신으로 살아가는 근면한 사람들에게 도덕과 능력을 보장하는 새로운 사회를 만들어가기 위한 기초 조직임을 확신한다.(나)			⑦ 지역사회에 대한 배려
① 선구자조합은 주로 조합원의 출자금으로 점포를 개설한다. ② 가능한 품질 좋은 식료품을 공급한다. ③ 중량을 속이지 않는다. ④ 시중 가격으로 판매함으로써 상인들과 경쟁하지 않는다. ⑦ 조합원이 (배당받은) 이익을 조합은행에 저축하게 하며, 절약에 대해 교육한다. ⑨ 조합이 운영하는 일터에서 얻은 이익은 임금에 비례해서 분배한다.(다)			

(가) 이는 1850년의 원칙으로 1856년 원칙에는 빠져 있다. 이후 ICA 원칙 제정 때 그 정신이 되살아 났기 때문에 참고로 첨부한다.

(나) ⑫와 ⑭원칙을 일명 '새로운 사회 건설의 원칙'이라 부른다. 최초의 ICA 원칙에서는 계승되지 않았지만, 2차 원칙 개정 때 그 정신이 되살아났다.

(다) ⑨원칙을 일명 '노동의 조직화와 노동 분배의 원칙'이라 부른다. ICA 원칙이 소비자협동조합 중심이었기 때문에 이런 노동 관련 원칙들은 모두 배제되었다.

(라) 최초로 제정된 원칙 가운데 ①~④원칙은 모든 협동조합이 지켜야 하는 기본적 원칙으로서 ICA가 그 회원 가입을 승인할 때 조건이 되었던 사항이다. 이에 비해 ⑤~⑦원칙은 성공한 협동조합으로부터 배워야 하는 실천적 원칙으로 ICA가 장려는 하지만 회원 가입 조건으로 요구하지는 않은 것이다.

(마) ⑤원칙이 1차 개정 때 폐지된 이유는 자본주의와 사회주의 두 진영 간의 오랜 논란에 종지부를 찍기 위해서였다. 이 조항을 근거로 자본주의 진영의 협동조합은 사회주의 국가의 협동조합에 정치적 자유가 없다며 ICA 가입을 가로막았고, 반대로 사회주의 진영의 협동조합은 이런 태도야말로 정치적으로 중립적이지 못하다며 비판했다. 이런 갈등 속에서 ICA를 명실상부한 국제기구로 세우기 위해 이 원칙 자체를 폐지했다.

(바) ⑥원칙이 1차 개정 때 폐지된 이유는 현금 이외에 다양한 지불 수단이 등장했기 때문이다.

면 과제가 있었고, 이를 해결하기 위해 어떤 방향으로 원칙을 개정했을까? 지금의 원칙을 설명하기에 앞서 먼저 그 역사적 변화 과정을 숙지할 필요가 있다.

19세기 중반에 시작된 협동조합은 약 한 세기 만에 소비는 물론이고 신용이나 농업 등의 분야로까지, 또 서유럽만이 아니라 세계 각지로까지 크게 퍼져나갔다. 이런 가운데 제2차 세계대전 이후 협동조합 진영은 이전에는 볼 수 없었던 새로운 문제에 직면했다. 경제가 세계화하고 다국적 기업이 세계시장을 지배해가는 속에서 어떻게 하면 협동조합이 이들에게 뒤처지지 않고 경쟁력을 갖출 수 있을까가 주요한 과제로 떠올랐다. 조합원에 의한 민주적 운영, 잉여금의 조합원 환원, 조합원의 도덕적 인격적 성장을 위한 교육 촉진 등만으로는 이런 난관을 헤쳐 나가기가 어렵다고 판단했다.

이에 ICA는 조합원을 중시하는 기존의 관점을 유지하면서도 협동조합 자체를 강화하기 위해 원칙 개정에 나섰다. 그리고 그 구체적인 방향으로 협동조합 간 협동을 통한 규모화와 계열화, 잉여금의 내부 유보를 통한 그 물적 기반의 확보, 직원이나 전문경영인의 역할 강조라는 세 가지를 제시했다. 기존의 '②민주적 운영' 원칙 안에 새로이 연합회 운영방식을 최초로 언급한 것, '③이용고에 따른 (조합원) 배당'을 '④잉여금의 공정한 배분'으로 개정하면서 그 안에 예전에는 없던 협동조합 내부의 준비금 형성을 도입한 것, '⑦교육 촉진'을 '⑤협동조합 교육'으로 개정해 교육의 대상을 조합원에서 임직원으로 확대한 것, 그리고 무엇보다 '⑥협동조합 간의 협동'을 신설해 협동조합 자체의 규모화와 계열화를 촉진한 것 등이 그 대표적인 결과물이다.

한마디로 1966년에 1차로 개정된 원칙은 조합원의 경제적 이익 실현이라는 기존의 관점을 유지하면서도, 조합원으로부터 협동조합을 일정 부분 분리해내 협동조합 자체를 더욱 발전시키고자 한 데 그 목적이 있었다 할 수 있다.

이런 원칙 개정에 힘입어 협동조합은 그 규모와 경쟁력을 갖추는 방향으로 빠르게 재편되었고, 일부 국가의 특정 분야에서는 다국적 기업을 능가할 정도로 시장 지배력을 갖게 되었다.

하지만 모든 성장에는 항상 그 이면에 위기도 따르는 법이다. 협동조합은 성장하고 경쟁력을 갖추게 되었지만, 성장한 협동조합에서 조합원과 그들의 결사가 사라지는 대신에 임직원 중심의 경영이 대세를 이뤄갔다. 협동조합은 이제 일반기업과 다름없는 존재가 되어버렸고, 사업적으로도 위기가 찾아와 주식회사로 전환하거나 도산하는 사태까지 벌어졌다.

개발도상 국가나 사회주의 국가의 협동조합도 크게 다르지 않았다. 그들은 종종 국가의 정책 실행을 위한 도구로 활용되면서 빠르게 성장했지만, 결국에는 권력의 시녀로 전락해 조합원 지지를 상실해갔다. 자본주의 국가의 협동조합이 기업을 닮아갔다면, 개발도상 국가나 사회주의 국가의 협동조합은 국가를 닮아간 것이다.

1980년대 들어 이런 상황에 대한 우려의 목소리가 나오기 시작했다. 그전까지만 해도 어떻게 하면 협동조합의 규모와 경쟁력을 키울까에만 관심을 쏟았다면, 이때부터 정체성이 주요 의제로 떠올랐다. 모스크바대회(1980년)에서 처음으로 협동조합의 '이념적 위기'가 제기된 이래로 스톡홀름대회(1988년)와 도쿄대회(1992년)에서 협동조합의 가치가 주요 의제로 다루어졌고, 오랜 논의 끝에 확정된 가치를 협동조합 운영 지침에 담아 맨체스터대회(1995년)에서 원칙을 다시 한번 개정하기에 이르렀다.

이런 점에서 볼 때 원칙의 2차 개정은 오랜 논의 끝에 재확인한 협동조합 고유의 가치를 실제 운영에 적용하기 위한 것이고, 그 목적은 최초의 원칙이 가졌던 '조합원의 경제적 이익 실현'과 1차 개정에 담아냈던 '협동조합의 발전'에 더해 '조합원 참여와 협동조합의 사회적 역할'을 명확히 제시하려는 데 있었다고 할 수 있다.

뒤에 자세히 설명하겠지만, 기존의 '②민주적 운영'을 '②조합원에 의한 민주적 운영'으로 개정하면서 조합원 주체를 명확히 한 것, 기존의 '③자본에 대한 제한적인 이자'와 '④잉여금의 공정한 배분'을 하나로 합쳐 '③조합원의 경제적 참여'로 개정하면서 그 관점을 협동조합의 사업 방식에서 조합원 참여로 변경한 것, '④자율과 독립'과 '⑦지역사회에 대한 배려'를 신설해 협동조합의 자율성과 지속 가능한 지역사회를 향한 관심을 강조한 것 등은 모두 이런 목적에서다.

베이크의 권고와 〈원칙〉의 구조

맨체스터대회에서의 원칙 재개정은 실은 직전의 도쿄대회에서 채택된 베이크 보고서의 권고에 따른 것이었다. 베이크 보고서에서는 가치에 관한 그동안의 오랜 논의를 마무리하면서 다음의 방향으로 원칙을 재개정하도록 권고했다.

높은 차원에서의 권고
- 현재의 ICA 원칙을 기본적인 협동조합 원칙과 기본적 협동조합 실천의 두 종류로 구분할 것
- 기본적인 협동조합 원칙에 대해서는 협동의 보편적인 본질을 더욱 명확히 표현해 명문화할 것
- 기본적인 협동조합 실천에 대해서는 여러 협동조합 분야에 기초하면서 그 실천의 본질과 규칙을 구체적으로 표현할 것

'높은 차원에서의 권고'라 함은 원칙의 구조적인 개정 방향을 제시한다는 것이다. '기본적인 협동조합 원칙'과 '기본적인 협동조합 실천'은 줄여서 '기본적 원칙'과 '기본적 실천'이라고도 하는데, '기본적 원칙'은 협동조합 고유의 보편적인 본질과 관련된 것이고, '기본적 실천'은 그 본질을 구체화하기 위한 실천과 관련된 것이다. 1937년에 ICA가 최초의 원칙을 제정했을 때, '①가입과 탈퇴의 자유' '②민주적 운영' '③자본에 대한 제한적인 이자' '④잉여금의 공정한 배분'의 네 가지를 협동조합의 기본적 원칙으로 정하고, '⑤정치적 종교적 중립' '⑥현금 거래' '⑦교육 촉진'의 세 가지를 성공한 협동조합으로부터 배우는 실천적 원칙으로 정한 것과 그 취지가 비슷하다.

이런 베이크 보고서의 권고를 받아들여 1995년의 ICA 〈원칙〉은 다음과 같은 구조를 지니게 되었다.

〈그림 5〉〈원칙〉의 기본 골격

```
제1원칙 : 자발적이고 열린 조합원제
제2원칙 : 조합원에 의한 민주적 운영       ┈┈ 기본적 원칙
제3원칙 : 조합원의 경제적 참여                 (내부적인 필수 지침)
제4원칙 : 자율과 독립
제5원칙 : 교육과 훈련, 홍보               ┈┈ 기본적 실천
제6원칙 : 협동조합 간의 협동                    (외부적인 권고 지침)
제7원칙 : 지역사회에 대한 배려
```

전반부 3개가 '기본적 원칙'이라면, 후반부 4개는 '기본적 실천'이다. '성명'의 초안을 작성한 맥퍼슨에 따르면 전반부 3개는 "모든 협동조합에 기본적으로 적용되는 내적 동력을 설명한 것"이고, 후반부 4개는 "(이런) 협동조합과 외부 세계와의 관계를 설명한 것"이다. 내 식으로 표현하자면 전반부 3개는 협동조합이라면 당연히 갖추어야 할 '내부적인 필수 지침'이고, 후반부 4개는 협동조합이 갖추었으면 좋을 '외부적인 권고 지침'이다.

예컨대 협동조합이라면 마땅히 누구의 강제도 아닌 조합원의 자발성에 의해 설립되어야 하고, 그 문호 또한 모든 이에게 열려 있어야 한다(=제1원칙). 나아가 운영은 조합원에 의해 민주적으로 이루어져야 하고(=제2원칙), 실제 사업에서도 조합원이 적극적으로 참여해야 한다(=제3원칙). 이런 원칙들은 어느 나라 어떤 분야의 협동조합이라도 협동조합이라면 당연히 갖추어야 할 필수적인 요건이다.

이에 비해 협동조합이 국가나 일반기업과의 관계에서 그 자율성과 독립성을 충분히 유지하지 못한다고 해서(=제4원칙), 또는 교육이나 홍보(=제5원칙), 다른 협동조합과의 협동(=제6원칙), 나아가 지역사회의 지속 가능한 발전(=제7원칙)을 위해 어떤 유의미한 활동을 펼치고 있지 않다고 해서, 이를 협동조합이 아니라고 할 수는 없다. 후반부 4개 원칙은 그 필요성과 시대적 요구를 반영한 것이기는 해도, 엄밀히 말하면 협동조합의 필수 요건이 아니라 권고 사항이다.

내가 굳이 〈원칙〉의 이런 기본 골격을 강조하는 이유는 후반부 4개 원칙을 결코 가벼이 보아서가 아니다. 그보다는 오히려 전반부 3개 원칙의 중요성을 재차 확인하기 위해서다.

언제부턴가 우리나라에서는 조합원의 관점에서 협동조합이 어떻게 운영되느냐보다 협동조합의 관점에서 협동조합이 외부 세계와 어떻게 관계하느냐에 더 큰 관심이 가 있다. 7개 원칙 가운데 내부적인 최소한의 필수 지침은 온데간데없고, 외부적인 권고 지침만을 강조한다. 하지만 조합원이 없고 조합원에 의해 운영되지 않는 협동조합이 바깥을 향해 좋은 관계를 맺을 리 없다는 점에서, 전반부 3개 원칙은 후반부 4개 원칙을 가능하게 하는 힘이다.

예를 들어, '⑦지역사회에 대한 배려'를 보자. 협동조합은 당연히 지역사회의 지속 가능한 발전을 위해 노력해야 한다. 하지만 이런 노력의 중심에 조합원이 있고 조합원과 지역 주민의 관계가 있다는 것이 협동조합의 특징이다. 정부에서는 '사회통합'이고 일반기업에서는 '사회공헌'인 것이 협동조합에서는 '사회적 책임'이고 '타인에 대한 배려'다. 그리고 이 둘은 다 '조합원의 가치'에 속한다. 조합원 간의 우애가 이웃을 향한 형제애로 확장해가야 협동조합에 의한 지역사회에 대한 배려도 일어난다. 그러려면 당연히 협동조합에서 조합원이 살아 있어야 하고, 이런 조합원들에 의해 협동조합이 운영되어야 한다. '사회통합'과 '사회공헌'이 '사회적 책임'과 '타인에 대한 배려'와 근본적으로 다른 점은 사람이 있느냐 없느냐, 사람의 관계에 기초하느냐 아니냐에 있다. 조합원은 안중에도 없이 사회공헌만 부르짖는 것은 정부나 기업이 할 일이지 협동조합의 접근방식이 아니다.

　　협동조합이 밖을 향해 어떻게 관계하느냐는 실은 그 안이 어떻게 운영되느냐에 달려 있다. 권고 지침이 필수 지침이 되어가고, 정작 중요한 필수 지침은 온데간데없이 사라진 상황을 이제는 바로잡아야 한다. 전반부 3개 원칙이 잘 실행될 때 비로소 후반부 4개 원칙에도 나설 수 있다. 이도 저도 아닐 때는 최소한 "어느 하나만의 원칙이 아니라 원칙 전체를 어떻게 잘 준수하는지"(맥퍼슨)의 관점에서 협동조합을 다시 봐야 한다.

제1원칙: 가입 지침

자, 이제 본격적으로 〈원칙〉 하나하나에 대해 살펴보기로 하자. 각 원칙의 내용과 그 안에 담긴 의미를 이해하는 데 있어 개정 전과 후를 비교해보는 것만큼 좋은 방법이 없다. 어디가 어떻게 바뀌었는지를 비교해보면 개정을 통해 무엇을 담으려 했는지를 좀더 확실히 알 수 있다.[2]

- 개정 전: 자발적인 결사체와 열린 조합원제(Voluntary Association and Open Membership)
  협동조합(co-operative society)의 조합원제는 자발적이어야 하고, 인위적 제약이나 그 어떤 사회적 정치적 종교적 차별 없이 협동조합의 서비스를 이용할 수 있고 조합원의 책임을 다하겠다는 의지를 지닌 모든 사람에게 도움이 되어야 한다.
- 개정 후: 자발적이고 열린 조합원제(Voluntary and Open Membership)
  협동조합(cooperatives)은 자발적인 조직으로서, 성적 사회적 인종적 정치적 종교적 차별 없이 협동조합의 서비스를 이용할 수 있고 조합원의 책임을 다하겠다는 의지를 지닌 모든 사람에게 열려 있다.

---

2   개정 전과 개정 후의 원칙 영문은 [부록]을 참조.

내용 설명에 들어가기에 앞서 먼저 번역 문제에 대해 잠깐 짚고 넘어가고자 한다. 우리나라 일본에서는 영어 'Membership'을 '조합원 제도'로 번역하는 경우가 많다. 하지만 'Membership'은 조합원에 관한 어떤 제도나 조치가 아니라, 멤버십 카드나 회원제 매장처럼 회원이 되어야만 이용할 수 있는 구조를 말한다. 그 회원을 협동조합에서는 조합원이라고 부르기 때문에 당연히 '조합원제'라 번역하는 것이 맞다. 처음에는 조금 낯설게 들릴지 모르지만, '회원제'라는 용어가 이미 일반적으로 쓰이고 있는 상황에서 이제는 '조합원제'라고 해도 좋지 않을까 싶다.

또 개정 전의 'co-operative society'를 일본에서는 '협동조합 조직'으로 번역하는데, 이 또한 잘못된 것이다. 'society'는 '사회'를 가리키고, '조직'은 영어로는 'organization'이다. 실제로도 이 둘은 ICA의 1966년 원칙에서도 구분해서 쓰이고 있다. 예를 들어 제2원칙에서 "협동조합은 민주적 조직이다(Co-operative societies are democratic organizations)"라고 했을 때, 'society'는 협동조합 자체를 가리키고 'organization'은 협동조합을 포함한 조직 일반을 가리킨다. 즉, "협동조합은 다양한 조직들 가운데 특히 사람들이 민주적으로 운영하는 협동적인 인적 조직 즉 사회다"라는 의미를 이 문장은 내포하고 있다. '협동적 사회(co-operative society)'는 '협동조합 조직(co-operative organization)'과는 다른 말이고, 이를 나는 그냥 줄여서 '협동

조합'으로 표기한다.³

앞에서 나는 〈원칙〉이 〈가치〉를 협동조합 운영에 적용하는 데 있어⁴ 가이드가 되는 지침이라고 했다. 이런 점에서 볼 때 제1원칙은 조합원 가입에 관한 지침이다. 협동조합은 그 설립과 참여에서 자발적인 조합원제를 취한다.⁵ 즉, 협동조합을 설립하고 이미 설립된 협동조합에 참여하는 데 있어 조합원은 그 어떤 강제가 아닌 자유의지에 따른다. 나아가 그 문호는 협동조합의 사업을 이용할 수 있고, 조합원으로서 책임—의결권 행사·회의 참여·출자금 납부 등—을 다하겠다는 의지를 지닌 모든 사람에게 열려 있다.

그런데 여기서 한 가지 주의해야 할 점이 있다. 문호 개방은 그 주체가 협동조합이 아니라 조합원이다. 협동조합의 문호가 모든 사

3　협동조합은 처음에는 자신을 '로치데일공정선구자조합(The Rochdale Society of Equitable Pioneers)'에서처럼 'society(사회)'라 불렸다가, 원칙의 1차 개정 때처럼 'co-operative society(협동적 사회)'라 불렸고, 지금은 다시 'co-operative(협동조합)'로 부르고 있다. 왜 이렇게 자신에 대한 호칭을 변화시켜왔는지, 자세한 내용은 졸저 『사회적 경제란 무엇인가』(59~60쪽) 참조.

4　〈가치〉가 〈원칙〉에 어떻게 적용되었는지는 ICA의 「협동조합의 정체성을 생각한다 — 제33차 ICA 서울대회 토론 자료」에 자세히 기술돼 있다. 이에 따르면, "자조는 ③조합원의 경제적 참여, ④자율과 독립, ⑦지역사회에 대한 배려의 원칙과 연결돼 있다. 자기 책임은 ②조합원에 의한 민주적 운영, ③조합원의 경제적 참여를 통해 직접 표현되고 있다, 민주주의는 ②조합원에 의한 민주적 운영에 언급되어 있고, 평등과 공정은 ③조합원의 경제적 참여에 반영되어 있다. 특히 평등은 ⑤교육과 훈련, 홍보와도 연결된다. 마지막으로 연대는 ⑥협동조합 간의 협동, ⑦지역사회에 대한 배려의 원칙으로 연결돼 있다."

5　이는 〈정의〉에서 협동조합의 주체를 "자발적으로 결합한 사람들"이라 한 것과도 연결되는 대목이다.

람에게 열려 있다는 것이 아니라, 조합원 간에 형성된 멤버십(관계성)이 조합원 이외의 사람들을 향해 항상 열려 있어야 한다는 것이다. 협동조합의 문호 개방은 열린 조합원 멤버십의 결과일 뿐이고, 이는 제1원칙을 제대로 이해하는 데 있어 매우 중요한 관점이다.

개정 전과 비교했을 때 가장 먼저 눈에 띄는 차이는 차별 금지 목록에 '성적(gender)'과 '인종적(racial)'이 추가되었다는 점이다. 여성이나 유색인이라는 이유로 가입이 저지당하거나 참여가 제약되어서는 안 된다는 의미로, 시대의 변화를 반영한 결과라 할 수 있다.

제1원칙과 관련해 종종 논란이 되어온 것이 '협동조합과 정치와의 관계'와 '원외 이용 문제'다. 1937년에 최초의 원칙이 제정되었을 때 그 하나로 '⑤정치적 종교적 중립(Political and Religious Neutrality)'이 들어갔다. 일부 협동조합에서는 협동조합이야말로 가장 정치적이어야 한다는 이유로 크게 반발했지만, 오랜 논의 끝에 권고 수준의 원칙으로 유연하게 적용한다는 양해 속에 최초의 원칙으로 포함되었다. 그리고 다시 1966년 1차 개정 때 하나의 독립적인 원칙으로는 폐지하는 대신에 그 취지만을 "협동조합은… 정치적… 차별 없이"라는 문구 안에 담았다.

덕분에 지금도 많은 이들이 '정치적 중립'과 '정치적 차별 금지'를 같은 것으로 이해하지만 실은 그렇지 않다. '정치적 중립'은 협동조합의 정치적 행위 금지에 가깝고, '정치적 차별 금지'가 말 그대로 조합원의 정치적 성향에 따른 차별 금지를 의미한다.

협동조합이라면 당연히 어떤 정치적 성향을 지녔느냐에 따라 조합원 가입이 저지당하거나 참여에 차별이 있어서는 안 된다. 하지만 이와는 다른 차원에서 협동조합의 모든 활동은 어떤 면에서는 모두 정치적 행위이기도 하다. 조합원의 삶에 도움이 되도록 현실 정치를 향해 발언하는 것은 협동조합이 갖는 당연한 의무이자 권리다.

물론 같은 정치적 행위라도 정파적인 행위는 삼가야 한다. 특정 정치세력에 개념 없이 끌려다니느니 차라리 독자적인 정치세력을 형성하거나 최소한 독자적인 정치노선을 걷는 게 맞다. 금지해야 할 것은 정치적 성향에 따른 차별이지 정치적 행위가 아니고, 지양해야 할 것은 정파적 정치 행위지 정치적 행위 자체가 아니다. 정권의 향배에 따라 협동조합이 크게 영향받는 우리의 경우에는 특히 이 점을 유념할 필요가 있다.

또 하나의 논란거리로 '원외 이용 문제'가 있다. 이에 대해 협동조합 진영은 지금까지 전면적인 긍정이거나 전면적인 부정, 혹은 그 중간의 모호한 태도를 보여왔다. 우리나라의 경우는 법적으로는 조합원이어야 이용할 수 있게 되어 있지만, 실제로는 상당한 수준으로 비조합원 이용을 허용해왔다. 운영은 조합원이 하지만 이용은 가능한 한 열어두자는 것이 협동조합 진영과 정책 당국의 암묵적인 합의였던 셈이다.

이런 암묵적인 합의에 나는 굳이 반대할 생각이 없다. 가능한 한 많은 사람이 협동조합을 이용할 수 있게 하는 것은 '열린 조합원제'의 취지와도 부합한다. 하지만 같은 조합원제(회원제)라도 협동조합은 일반기업과 다르다. 이용은 허용하되 운영에는 참여시키지 않는 것은 회원제를 채택하는 일반기업에서나 있을 일이지 조합원제를 채택하는 협동조합의 취할 바가 아니다. 협동조합의 특징은 이용하는 사람들이 운영한다는 데 있다. 이용자와 운영자를 구분하는 것은 사업체와 결사체를 분리하는 것과 같고, 이는 결국 조합원의 고객화로 이어질 것이다. 상당한 수준으로 원외 이용을 허용하는 우리나라 같은 상황일수록 이용자를 조합원으로 참여시키려는 의식적인 노력이 필요하다.

제2원칙: 운영 지침

- 개정 전: 민주적 운영(Democratic Control)

  협동조합은 민주적인 조직이다. 그 업무는 조합원들이 동의한 방식으로 선출되거나 임명된 사람들에 의해 집행되어야 하고, 또 그들은 조합원에게 책임 있어야 한다. 기초단위의 협동조합에서 조합원은 협동조합에 영향을 미치는 결정에 참여하고 의결할 평등한 권리(1인 1표)를 누려야 한다. 그 밖의 협동조합에서 그 집행은 각 상황에 맞는 형태로 민주적인 토대 위에서 이루어져야 한다.

- 개정 후: 조합원에 의한 민주적 운영(Democratic Member Control)
  협동조합은 조합원에 의해 운영되는 민주적인 조직으로서 조합원은 정책 수립과 의사결정에 적극적으로 참여한다. 선출된 대리인으로서 복무하는 사람들은 조합원에게 책임 있다. 기초단위에서의 협동조합 조합원은 동등한 의결권(1인 1표)을 가지며, 다른 단계에서의 협동조합도 민주적 방식에 따라 조직된다.

여기서도 내용 설명에 들어가기에 앞서 먼저 번역의 오류를 지적하고자 한다. 우리나라 일본에서는 영어 'control'을 '관리'로 번역해, 이 원칙을 '조합원에 의한 민주적 관리'라고 이름 붙인다. 제2원칙에서만이 아니라 '성명'의 다른 곳에 등장하는 'control'에 대해서도 대부분 '관리' 혹은 '통제'로 번역하고 있다. 하지만 나는 이런 식의 번역에 별로 동의하지 않는다.

'control'이 보통 '관리'나 '통제'로 번역되는 건 맞다. 또 협동조합이 민주적 조직인 것도 맞다. 하지만 아무리 그렇더라도 "협동조합을 조합원이 관리―혹은 통제―한다"라고는 말해서는 안 된다. 이는 조합원의 지위와 권한을 강조하는 듯 보여도, 실은 정반대의 결과를 낳는다. 조합원을 대신해 일상의 업무를 집행하는 임직원의 지위와 권한만을 강화할 뿐이다. ICA의 '성명'에 종종 등장하는 'control'의 주어가 항상 '조합원'임을 잊어서는 안 된다. 조합원은 협동조합을 '관리'하는 것이 아니라 '운영'한다. 특히 조합원의 적극적인 참여와 직접적인 운영을 강조하고자 할 때는 더더욱 "조합원이 협동조합을 운영한다"라고 해야 옳다.

제2원칙은 이런 조합원에 의한 협동조합의 운영에 관한 지침이다. 협동조합은 조합원에 의해 운영되는 민주적인 조직이다. 따라서 조합원은 협동조합의 정책 수립과 의사결정에 적극적으로 참여하고, 선출된 대리인(=임원)은 이런 조합원에게 책임 있다. 협동조합의 이런 민주적 운영을 제도적인 면에서 뒷받침하기 위해 단위조합은 1인 1표, 연합조직은 그 실정에 맞는 다양한 민주적 방식을 채택한다.

개정 전과 비교했을 때 가장 크게 눈에 띄는 차이는 조합원 참여를 더욱 강조하고 있다는 점이다. 개정 전의 원칙이 "협동조합은 민주적인 조직이다"라고 선언할 뿐 그 구체적인 내용에 대해서는 아무런 언급이 없었고, 나아가 "협동조합의 업무가 조합원들이 동의한 방식으로 선출되거나 지명된 사람들에 의해 집행"되는 일종의 대의 민주제를 반영한 것이었다면, 개정 후의 원칙에서는 "조합원은 정책 수립과 의사결정에 적극적으로 참여한다"라고 구체적인 참여 내용을 언급하면서, 기존의 대의제를 삭제하는 대신에 직접민주주의를 강조하고 있다.

또 한 가지 개정 전후의 큰 차이는 임원의 역할을 보다 강조하고 있다는 점이다. 개정 전에는 "선출되거나 임명된 사람들은 조합원에게 책임 있어야 한다"라고 임원과 직원을 같은 선상에 놓고 언급한 데 비해, 개정 후에는 "선출된 대리인으로 복무하는 사람들은 조합원에게 책임 있다"라고 임원의 역할을 강조하고 있다. 이는 '조합원에 의한 민주적 운영'에 가려 크게 주목받지 못하지만, 내가 보기에 제2원칙 개정의 핵심 내용 가운데 하나다. 그렇다면 왜 조합원에 의한 민주적 운영을 강조하면서 바로 다음에 임원의 역할을 언급했을까? 이 둘 사이에는 과연 어떤 연관이 있을까?

임원의 역할과 조합원의 민주적 운영 사이의 관계를 파악하려면, 먼저 ICA의 개정 전과 후 원칙에서 임원의 호칭이 어떻게 바뀌었는지부터 확인할 필요가 있다. 협동조합에서는 임원을 뭐라 부를까? 일반기업 같으면 officer(간부)·director(관리자)·auditor(감사) 등으로 불리지만, 협동조합에서는 뭐라 부를까?

개정 전에는 일반기업과 마찬가지로 임원을 '간부(officer)'라 불렀지만, 개정 후에는 그 호칭이 '대리인(representative)'으로 바뀌었다. 예컨대 제5원칙에서 개정 전에는 "협동조합은… 임원(officers)… 을 대상으로 하는 교육을 위해 준비해야 한다"라고 한 데 비해, 개정 후에는 "협동조합은… 선출된 대리인(elected representatives)… 에게 교육과 훈련을 제공한다"라는 식으로 그 표현이 바뀌었다.

이는 매우 중요한 변화다. 조합원에 의해 선출된다는 점은 같아도 '간부(officer)'는 조합원을 대신해 협동조합을 경영하는 사람이고, '대리인(representative)'은 조합원의 의견을 '다시(re) 드러내는(present=tell) 사람'이다. '대의 민주제(representative democracy)'에서의

'대의'도 본래는 이런 뜻이다. 대의 민주제에서 대의하는 사람은 자신을 선출한 사람들의 의견을 다시 드러내는 사람이지,[6] 결코 그들을 대표하는 사람이 아니다. 선출되었다고 해서 그 권력마저 위임받았다고 생각하는 것은 너무나 큰 오산이다.[7]

이런 대리인에 대해 개정 전에는 직원과 함께 협동조합의 업무를 집행하는 사람으로 규정했지만, 개정 후에는 이 부분을 '복무하는'으로 바꿨다. '복무하는'은 영어 'serving'을 내 나름으로 번역한 것으로, 공적 조직이나 기관에서 공무를 담당하는 경우에 흔히 쓰이는 말이다. 일본에서는 흔히 '활동하는'으로 번역하지만, 이는 잘못된 번역이다. 영어 'serving'은 보수를 받는 직원 노동에 대한 무보수 임원 활동의 의미가 아니라, 조합원을 모신다는 임원의 마음가짐을 강조한 것이다. 보수를 받느냐 안 받느냐로 협동조합의 임원을 규정해서는 안 된다. 대의 민주제에서 임원이 갖춰야 할 가장 중요한 요건은, 모든 권력은 조합원에게 있고 자신은 이런 조합원을 모시는 존재라는 마음가짐이다.

---

[6] 일본의 생활협동조합 가운데 지방의회에 조합원을 내보내는 운동을 하는 곳들이 있는데 이런 운동을 '대리인운동', 선출된 지방의원을 '대리인'이라 부르는 것도 같은 취지에서다.

[7] 한때 일부 정치인들이 공무원들을 향해 "선출되지 않은 권력은 선출된 권력에 복종해야 한다"라는 발언을 거침없이 쏟아낸 적이 있다. 하지만 이는 대의 민주제의 근간을 흔드는 매우 위험한 발언이다. 선출되지 않은 공무원이 국민 위에 군림하는 것도 문제지만, 선출되었다고 해서 국민으로부터 그 권력마저 위임받았다고 생각하는 것은 더 큰 위험이다. 아무리 대의 민주제라도 그 권력은 여전히 선출한 이에게 있다. 대리인을 통한 대의(代議) 민주주의가 그럴듯한 대의(大義)를 빌미로 전체주의로 변질하는 것은 순식간이다.

'복무하는'이라는 문구가 협동조합 임원의 마음가짐이라면, '조합원에게 책임 있다'라는 문구는 임원의 실제 역할이다. '책임 있다(accountable)'는 '법적으로 책임진다'라는 의미가 아니라, '(조합원에게) 설명하는(account) 책임이 있다(able)'라는 의미다. 협동조합 임원이 책임지는 대상은 '협동조합'이 아니라 '조합원'이다. 협동조합 임원이 책임지는 내용은 협동조합의 '경영'이 아니라 조합원을 향한 '설명'이다.

즉, 협동조합에 관한 모든 일을 조합원에게 소상히 설명하고, 이를 통해 조합원이 올바른 판단을 내리도록 도우며, 이런 조합원 판단과 의견이 협동조합 운영에 잘 반영되도록 하고, 그 결과를 다시 조합원에게 소상히 설명하는, 이런 연속적 행위의 과정이 바로 선출된 대리인으로서 복무하는 협동조합 임원의 역할이다.

우리는 보통 제2원칙에서 '조합원에 의한 민주적 운영'에만 관심을 쏟지, 임원의 명칭과 역할의 변화에 대해서는 별로 관심을 두지 않는다. 하지만 임원의 명칭이 '간부'에서 '대리인'으로 바뀌고, 조합원을 향한 마음가짐과 설명 책임의 역할이 강조된 것은 제2원칙 개정에서 매우 중요한 변화다. 조합원에 의해 선출된 대리인이 그 조합원을 제대로 모시고 조합원과 협동조합 사이를 잘 연결해야 비로소 조합원에 의한 민주적 운영도 가능해진다. 이것이 조합원에 의한 민주적 운영을 강조한 바로 다음에 임원의 역할을 언급하게 된 이유다.

제2원칙에서 또 하나 주의 깊게 봐야 할 것이 '연합조직의 민주적 운영'이다. 단위조합의 운영 주체는 조합원이고, 따라서 그 민주적 운영은 사람 즉 모든 조합원에게 동등한 투표권(=1인 1표)을 부여하는 것으로 표현된다. 그렇다면 연합조직의 운영 주체는 누구일까? 단위조합에서와 마찬가지로 사람 즉 조합원이 운영 주체이고, 따라서 1인 1표로 운영하는 것이 민주적일까? 아니면 연합조직의 운영 주체는 협동조합 즉 단위조합이고, 따라서 1조합 1표로 운영하는 것이 민주적일까?

결론부터 말하면, 안타깝게도 정답이 없다. 조합원을 운영 주체로 하면 조합원이 많은 조합에 의해 연합조직이 좌지우지될 수 있고, 단위조합을 운영 주체로 하면 조합원 간에 차별이 생길 수 있다. 때문에 단위조합의 조합원 수와 연합조직에의 관여도에 따라 비례투표제를 차용하는 경우가 많지만, 이 또한 '1인 1표'와 비교하면 명료하지 않다. 〈원칙〉에서 "다른 단계에서의 협동조합도 민주적 방식에 따라 조직된다"라고 모호하게 표현할 수밖에 없었던 것도 이런 이유에서다.

하지만 정답이 없는 속에서도 협동조합이라면 당연히 지켜야 할 기본이 있다. 연합조직도 협동조합의 연장이고, 따라서 그 운영의 주체는 당연히 사람 즉 조합원이어야 한다. 그런데 실제 현실에서는 협동조합 즉 단위조합이 운영 주체가 되는 경우가 대부분이다. 단위조합에서 선출된 대리인으로서 복무하는 사람도 연합조직에만

가면 조합원의 대리인이 아니라 조합의 대리인이 된다. 그래서야 어찌 '민주(民主)' 즉 사람이 주인인 운영이라 할 수 있겠나. 아무리 연합조직이라도 협동조합이라면 당연히 그 운영 주체가 사람 즉 조합원이어야 민주적이다.

물론 그 과정에서 조합원 수가 많은 단위조합에 의해 연합조직이 좌지우지될 수도 있다. 그래서 많은 이들이 소규모 협동조합의 발언권을 무시하지 말고 배려해야 한다고 말한다. 하지만 소수를 배려한다고 해서 문제가 근본적으로 해결될까? 다수의 전횡이든 소수에 대한 배려든 이는 모두 숫자의 논리일 뿐이다. 조합원을 사람이 아닌 숫자로 보기 때문에 생겨난 문제는 소수를 배려한다고 해결되지 않는다. 숫자로 변질된 조합원은 이미 사람이 아니다. 이런 숫자에 의해 진짜 사람이 좌지우지되게 놔둬서는 안 된다.

단위조합이든 연합조직이든 그 주체는 당연히 조합원이어야 하고, 그 조합원이 숫자가 아닌 사람으로 존재할 때 다수의 전횡이나 소수에 대한 배려를 넘어서는 진정한 인간의 연대가 싹튼다. 비록 그 과정에 많은 어려움이 따를지라도 이것만이 참 민주주의를 실현해가는 유일한 길이다. 협동조합에서 민주주의는 다수의 지배를 넘어서는 조합원 한 사람 한 사람에 대한 배려이고, 이를 향해가는 조합원 한 사람 한 사람의 인간연대다.

제3원칙: 경제 지침

- 개정 전

    제3원칙: 자본에 대한 제한적인 이자(Limited Interest on Capital)

    만약 출자에 대한 배당이 있다면 이는 엄격히 제한된 이자율에 따라 지급되어야 한다.

    제4원칙: 잉여금의 공정한 분배(Equitable Division of Surplus)

    협동조합을 운영한 결과로 잉여금 혹은 저축금이 발생하면 이는 조합원에게 귀속되어야 하고, 조합원 누군가의 희생을 통해 조합원 누군가가 이득을 취하지 않는 방식으로 배분되어야 한다. 조합원의 결정에 따라 다음의 방식으로 배분할 수 있다.

    (a) 협동조합 사업의 발전을 위한 준비

    (b) 공동의 서비스 등을 준비

    (c) 협동조합과의 거래에 비례해서 조합원에게 분배

- 개정 후: 조합원의 경제적 참여(Member Economic Participation)

    조합원은 협동조합의 자본에 공정하게 참여하고 민주적으로 관리한다. 최소한 자본의 일부는 대개 협동조합의 공동재산으로 한다. 조합원은 그 가입 조건으로 납부한 출자금에 대해 만약 이자 배당이 있는 경우 보통 제한된 배당금을 받는다. 조합원은 다음과 같은 목적의 일부 혹은 전부를 위해 잉여금을 배분한다.

    - 적어도 일부는 나눌 수 없는 준비금 적립을 통해 협동조합을

발전시키는 데

- 조합원의 협동조합 거래 비율에 따라 조합원에게 편익을 제공하는 데

- 조합원 동의를 얻은 다른 활동을 지원하는 데

제3원칙은 협동조합 경제에 관한 지침이다. 협동조합의 구조를 결사체와 사업체로 나눌 때, 제1원칙과 제2원칙이 결사체로서의 협동조합 운영에 관한 지침이라면, 이 제3원칙은 사업체로서의 협동조합 운영에 관한 지침이라 할 수 있다. 조합원은 협동조합의 자본 조성에 공정하게 참여하고, 그 자본을 민주적으로 관리한다. 가입 시 납부한 출자금에 대한 이자 배당은 정부나 은행의 이자율 수준으로 제한하고, 잉여금은 내부 적립·조합원 환원·다른 활동에 대한 지원 등의 순으로 배분한다.

개정 전과 비교했을 때 먼저 구조적인 측면에서 큰 변화가 있음을 알 수 있다. 개정 전에는 '자본에 대한 제한적인 이자'와 '잉여금의 공정한 분배'라는 두 개의 원칙이었던 것이, 개정 후에는 '조합원의 경제적 참여'라는 하나의 원칙으로 통합되었다. 또 개정 전에는 두 원칙 모두 '협동조합'을 주어로 하는 협동조합의 사업 방식에 관한 것이었던 데 비해, 개정 후에는 '조합원'을 주어로 하는 조합원의 경제적 참여로 그 주체와 내용이 크게 바뀌었다.

그렇다면 무슨 이유로 이런 큰 변화가 일어났을까? 우선 그 배

경으로 유럽 특유의 협동조합 사정을 고려하지 않을 수 없다. 유럽에서는 협동조합의 '출자금'과 일반기업의 '자본금'이 같은 '자본금(Capital)'이다. 그리고 이런 협동조합의 '자본금' 안에 우리나라와는 다르게 외부로부터의 투자금까지도 포함된다. 협동조합이 자본을 조성할 때도 초창기에는 주로 조합원의 출자금에 의존했지만, 성장 단계에 접어들면서는 외부로부터의 투자금이 주를 이루었고, 특히 연합조직이나 자회사 같은 2차 조직에서는 이런 경향이 더욱 짙다. 한 발 더 나아가 협동조합의 성장에 따른 자산가치의 상승을 자본금에 반영해 주식시장에 상장하기까지 한다. 한마디로 출자와 투자의 구분 없이 자본금에 대해 이윤을 분배하거나 이자를 지급하고, 따라서 '출자금에 대한 제한적인 이자' 원칙이 사실상 유명무실해진 것이 유럽 협동조합의 상황이었다.

    고도성장기에서는 이런 자본 조성 방식이 유효했다. 계속 성장할 때는 언제든 외부로부터 자본을 유치할 수 있었고, 조합원들도 굳이 낮은 이자를 감수하면서까지 출자금을 조성할 이유가 없었다. 하지만 대내외 환경이 바뀌면서 이 방식이 더는 통하지 않게 되었다. 사회 전체가 저성장에 접어들고 협동조합도 그 성장이 정체하기 시작하면서 필요 자금을 외부에서 조달하기가 점점 어려워졌고, 조달하더라도 그 조건이 예전만큼 좋지 못했다. ICA가 '조합원의 경제적 참여'를 다시 강조하게 된 것은 정체성을 회복한다는 운동적인 측면도 있지만, 실은 이런 경제적 요인이 컸음을 미리 염두에 둘 필요가 있다.

그렇다면 실제 내용에서는 어떤 변화가 있을까? 먼저 이전에는 없던 '조합원의 공정한 자본 참여와 그 민주적 관리', 즉 '조합원 출자'와 '민주적 관리'라는 규정이 새롭게 삽입되었다. 또 잉여금 배분에서도 이전에는 '조합원 환원'에 중점을 두었다면, 개정 후에는 적어도 그 일부를 '공동재산화'하는 방향으로 그 중심이 옮겨갔다. 나아가 출자금에 대한 배당에서도 이전에는 엄격하게 제한했는데 개정 후에는 상당 부분 유연성을 확보하는 방향으로 바뀌었다.

새로이 삽입된 '조합원 출자'와 '민주적 관리'라는 두 규정은 사실 불가분의 관계에 있다. 조합원을 향해 자본 조성에 참여해달라고 호소하려면, 당연히 그 조건으로 자신이 낸 출자금은 물론이고 다른 외부 자본까지도 조합원의 이익과 권리를 훼손하지 않게 조합원 스스로가 민주적으로 관리할 것임을 확실히 드러내야 한다. "조합원은 협동조합의 자본에 공정하게 참여하고 민주적으로 관리한다"라는 두 규정이 하나의 문구로 〈원칙〉 안에 삽입된 것은 이런 이유에서다.

여기서 간과해서는 안 될 점이 이 두 규정이 갖는 중의성이다. '조합원 출자'는 외부로부터의 자본 유치를 중단하고 조합원 출자에만 전념하겠다는 게 아니다. 마찬가지로 '민주적 관리'도 외부 자본에 대한 이윤 보장을 중단하고 조합원에게만 이익을 보장하겠다는 게 아니다. '조합원 출자'는 기존에 해왔던 외부 자본 유치를 계속 진행하면서 한동안 등한시해왔던 조합원 출자에 역점을 두겠다는 이야기고, '민주적 관리'도 이런 외부 자본에 대해 그 이윤을 계속 보장하지만 그것이 조합원의 이익과 민주적 운영에 방해되지 않게 하겠다는 이야기다. 한마디로 현실의 경제적 상황을 반영해 상반돼 보이는 두 취지를 양립시킴으로써 경제적 난관과 운동적 위기를 동시에 극복하려는 고민 끝에 나온 대안이 바로 이 '조합원 출자'와 '민주적 관리'라는 두 규정이다.

이상이 개정 전에는 없다가 새로이 삽입된 것이라면, 개정 전에도 있었지만 그 내용이 크게 변화한 것도 있다. 먼저 잉여금 배분에서 '내부 적립'을 강조한 점이다. 협동조합의 자본 형성에는 크게 세 가지 방식이 있다. 하나는 조합원에 의한 출자이고, 둘은 협동조합 사업에서 발생한 잉여의 내부 유보이며, 셋은 외부로부터의 투자다. 첫 번째 조합원 출자를 위해 '조합원 출자'와 '민주적 관리' 규정을 새로이 삽입했다. 두 번째 잉여의 내부 유보를 위해 개정 전의 "잉여금 혹은 저축금이 발생하면 이는 조합원에게 귀속되어야 한다"라는 문구를 삭제하고, 그 대신에 "최소한 자본의 일부는 대개 협동조합의 공동재산으로 한다"라는 문구를 새로이 삽입했다. 잉여금 배분의 우선순위에서 "'나눌 수 없는(indivisible)'[8] 준비금 적립"을 최우

---

8 '나눌 수 없는(indivisible) 준비금'이란 조합원 개인 소유를 떠난 협동조합의 공동소유로서 조합원 전체에 귀속되기 때문에 조합원 개인이 분할 청구할 수 없고, 지분의 양도 또한 불가능한 재산을 말한다. 이런 전통적인 협동조합과 다르게 최근에 제정된 협동조합기본법에서는 총회

선으로 새로이 추가한 것도 같은 취지다.

또 한 가지 내용상의 중요한 변화는 '출자배당의 유연성'을 확보했다는 점이다. 개정 전이나 후나 출자배당에 제한을 둔 점은 같지만, 개정 전에서는 "엄격히 제한된 이자율에 따라 지급되어야 한다"라는 식으로 '제한'에 중심이 가 있었다면, 개정 후에는 "제한된 배당금을 받는다"라는 식의 '지급' 쪽으로 그 중심이 옮겨갔다.

여기서 '출자금'이란 "조합원이 그 가입 조건으로 납부한 출자금" 즉 '가입 출자금'을 말한다. 또 '제한된 배당금'이란 "투기적인 이율이 아닌 경쟁적인 이율", "예컨대 정부 혹은 보통의 은행 이자율"(맥퍼슨) 정도로 배당금을 지급하는 것을 말한다. 로치데일공정선구자조합이 출자금에 대한 이자를 5%—당시의 은행 이자율은 몇십 %였다—로 매우 엄격하게 제한해온 이래로 조합원에 대한 출자배당이 은행 이자율에 한참 못 미쳐왔다는 점을 고려할 때 이는 실로 엄청난 변화라 하지 않을 수 없다.

그 밖에도 잉여금의 배분 방식 안에 "조합원 동의를 얻은 다른 활동을 지원하는 데"를 삽입함으로써 협동조합의 공동재산을 사회

의 의결을 거쳐 조합원의 지위와 지분을 양도할 수 있게 했다. 하지만 이는 다른 협동조합 법령과 비교했을 때 매우 예외적이고, 사유재산을 인정하면서도 공동재산을 늘려간다는 협동조합의 취지와도 맞지 않다. 이를 빌미로 주식처럼 지분을 사고파는 행위가 자행되어서는 곤란하다. 우리의 옛 계(契)에서도 계원의 지위와 지분이 양도 가능했지만, 이는 계원이 사망했을 때 자녀로 하여금 승계하게 하기 위함이었다는 점에서 그 취지가 다르다.

의 공동재산화할 수 있는 길을 연 것,[9] 잉여금의 조합원 환원 방식에서도 "조합원의 협동조합 거래 비율에 따라 조합원에게 편익을 제공하는 데"라고 수정함으로써 단순한 금전적 배당을 넘어 다양한 편익 제공의 가능성을 연 것 등도 이전과 비교했을 때 큰 변화다.

제3원칙은 7개 원칙 가운데 사업체로서의 협동조합에 관한 유일한 원칙이고, 따라서 협동조합을 사업체 위주로 바라보는 우리나라에서는 특히 중요하다. 같은 사업체라도 협동조합은 사람이 주인인 사업체다. "자본은 하녀일 뿐 주인이 되지 않게"(맥퍼슨) 하는 것이 일반기업과 다른 협동조합 사업체의 특징이다. 이를 위해 가능한 한 자본은 조합원에 의해 조성되어야 하고, 외부에서 유치한 자본을 포함해 모든 협동조합의 자본은 조합원의 이익과 자주성과 민주주의가 훼손되지 않게 조합원과의 민주적 협의 과정을 통해 관리되어야 한다. 또 사업의 성과로 발생한 잉여금은 조합원 환원보다는 전체의 공동자산으로, 나아가 사회의 공동자본으로 폭넓게 배분되어야 한다. 협동조합을 사업체로 볼 것 같으면 최소한 이 정도는 지켜야 21세기에 걸맞은 협동조합이라 할 수 있다.

---

[9] 우리나라 협동조합기본법에서 사회적 협동조합이 그 잉여금을 조합원에게 배당할 수 없게 한 것, 해산 시 그 잔여재산을 상급 기관이나 유사 목적의 다른 단체에 기부하게 한 것 등도 같은 취지에서다.

제4원칙: 대외 관계 지침

- 개정 전: 해당 원칙 없음.
- 개정 후: 자율과 독립(Autonomy and Independence)

  협동조합은 조합원에 의해 운영되는 자율적이고 자조적인 조직이다. 만약 협동조합이 정부를 포함해 다른 조직과 약정을 맺거나 외부자원으로부터 자본을 늘리고자 할 때는, 조합원에 의한 민주적 운영이 보장되고 협동조합의 자율성이 유지되는 조건에서 진행한다.

여기서도 내용 설명에 들어가기에 앞서 번역의 오류에 대해 잠깐 언급할 필요가 있겠다. 우리나라 일본에서는 'Autonomy'를 '자치'로 'Independence'를 '자립'으로 번역해, 이 원칙을 '자치와 자립'이라 이름 붙인다. 하지만 'Autonomy'는 〈정의〉에도 등장하는 'autonomous'의 명사형으로, 스스로 다스린다는 정치적인 '자치'보다 훨씬 넓은 의미를 지닌 '자율'에 해당한다. 마찬가지로 'Independence' 역시 외부의 도움 없이 스스로 선다는 '자립'의 의미보다, 외부와 관계하면서도 외부의 지배를 받지 않는다는 '독립'의 의미가 훨씬 강하다. 만약 이를 '자립'으로 번역해버리면, "정부를 포함해 다른 조직과 약정을 맺거나 외부자원으로부터 자본을 늘리는" 등의 행위는 처음부터 있어서는 안 된다. 'Independence'는 정부를 포함해 다른 조직과 약정을 맺거나 외부에서 자본을 조달하면서도 그 영향이나 통제에서 벗어나 독립적이어야 한다는 뜻이다.

제4원칙은 예전에는 없다가 2차 개정 때 새로이 추가된 것으로, 협동조합의 대외 관계에 관한 지침이라 할 수 있다. 앞에서도 언급했듯이, 협동조합의 자본은 기본적으로 조합원 출자를 통해 조성되는 것이 맞다. 하지만 지금은 조합원 출자만으로 필요한 모든 자본을 조성하기 어려운 것 또한 사실이다. 정부와의 관계에서도 마찬가지다. 정부의 각종 정책은 협동조합과 밀접히 관련돼 있고, 따라서 어떤 식으로든 정부와 관계할 수밖에 없다. 특히 지역사회가 붕괴하는 속에서 지자체와 협력적인 관계를 맺는 것은 향후 협동조합의 중요한 과제 가운데 하나다.

이런 때 조합원에 의한 민주적 운영이 보장되고 협동조합의 자율성이 유지되는 조건에서 그 관계를 맺어야 한다는 것이 이 원칙을 제정한 취지다. 그렇지 않으면 결국 조합원이 아닌 정부나 외부 자본이 협동조합의 주인이 되어버리기 때문이다. 자본주의 국가의 협동조합이 정부나 일반기업과 다양한 프로젝트를 공동으로 추진하고 다양한 방식으로 외부 자본을 유치하는 속에서, 또 개발도상국가의 정부가 협동조합을 장려하면서도 관리하고 사회주의 국가의 정부가 협동조합을 국가 정책의 도구로 지배하는 속에서, 협동조합이 그 정체성을 침해당하는 상황을 우려해 새로이 제정한 원칙이라 할 수 있다.

'자율과 독립'에서 '독립'이 외부와의 관계에서 협동조합이 지녀야 할 자세를 말한 것이라면, '자율'은 이를 가능하게 하는 협동조합의 내부적인 자세다. 즉, 외부와의 관계에서 '독립'할 수 있으려면 협동조합 내부에 '자율'이 필요하고, 협동조합 내부가 '자율적'이어야 외부와의 관계에서도 '독립적'일 수 있다. 협동조합이 조합원에 의해 운영되는 자율적이고 자조적인 조직이어야 정부를 포함한 다른 조직이나 외부 자본으로부터도 독립적일 수 있다는 이야기다.

  이런 점에서 볼 때 제4원칙의 제정에도 실은 중의적인 취지가 담겨 있다. 정부나 다른 조직과 협력적인 관계를 맺고 외부로부터도 자본을 유치하는 것에 대한 '용인'이나 '권장'의 취지와 함께, 그 과정에서 발생할지 모를 협동조합의 자율성과 독립성의 훼손을 막아야 한다는 '경계' 내지는 '주의'의 취지가 동시에 포함돼 있다. 즉, 그것이 가져올지 모를 잘못된 결과에 대한 충분한 대비 속에서 정부나 다른 조직과 협력적인 관계를 구축하고 다양한 방식으로 자본을 조성하자는 것이 제4원칙을 신설한 중의적인 취지다. 협동조합을 단지 협소하고 폐쇄적인 '자치적이고 자립적인 조직'으로 규정하지 않고 '자율적이고 자조적인 조직'으로 규정한 것도 아마 이런 이유에서가 아닐까 싶다.

  제4원칙은 우리나라처럼 정부의 입김이나 정권의 향배에 따라 협동조합이 자유롭지 못한 나라에서는 특히 중요하다. 비록 일부이기는 해도 협동조합을 국정감사하는 나라는 아마 세계적으로도 드물 것이다. 그만큼 정부로부터 많은 지원을 받고 있고, 동시에 많은 관리도 받고 있다는 이야기다. 하지만 정부는 "협동조합을 장려하고 때로는 재정적으로 지원할지라도, 결코 지배하고 지휘하거나 혹은 스스로 운영하려 해서는 안 된다."(맥퍼슨) 협동조합 역시 "정부와의 너무 긴밀한 관계가 협동조합을 죽음의 길로 인도하는 경우가 대부분"(레이들로)임을 명심해야 한다.

기존의 협동조합이 정부부터의 독립이 과제라면, 새로운 협동조합은 아마도 외부 자본으로부터의 독립이 과제로 떠오를 것이다. 지난 2020년에 협동조합기본법이 일부 개정되면서 '무의결 조건부 출자금'의 한 유형으로 '우선 출자 제도'가 새로이 도입되었다. 전통적인 협동조합이 조합원이어야 출자가 가능했던 데 비해, 기본법에 따라 설립되는 협동조합은 이제 조합원이 아니어도 출자할 수 있게 되었다. 물론 이런 '우선 출자자'에게는 의결권과 선임권이 부여되지 않는다. 대신에 잉여금 배당에서는 조합원보다 높은 이율과 우선순위를 갖는다. 소규모 신규 협동조합에게 다양한 자본 유치가 가능하도록 길을 열어주겠다는 취지는 공감하지만, 과연 그 실효성이 얼마나 있을지, 설령 투자가 이루어지더라도 외부 자본으로부터 조합원에 의한 민주적 운영과 협동조합의 자율성을 얼마나 보장받을 수 있을지, 걱정이 아닐 수 없다.

제5원칙: 발전 지침

- 개정 전: 협동조합 교육(Cooperative Education)
  모든 협동조합은 경제적이면서 동시에 민주적인 협동의 원리와 기술에 대해 조합원·임원·직원, 그리고 일반 대중을 대상으로 하는 교육을 위해 준비해야 한다.
- 개정 후: 교육과 훈련, 홍보(Education, Training and Information)
  협동조합은 협동조합 발전에 효율적으로 기여하도록 조합원, 선출된 대리인, 경영자, 직원에게 교육과 훈련을 제공한다. 협동조합은 일반 대중, 특히 젊은 세대와 여론 지도층에게 협동의 본질과 장점을 알린다.

제5원칙은 협동조합의 발전에 관한 지침이다. 협동조합은 그 구성원—조합원·선출된 대리인·경영자·직원—이 협동조합 발전에 효율적으로 기여하도록 교육과 훈련의 기회를 제공하고, 나아가 일반 대중 특히 청년과 여론 지도층—정치가·공무원·언론인·교육자 등—에게 협동의 본질과 장점을 적극적으로 홍보한다.

개정 전과 비교했을 때의 차이는 내부 구성원을 향한 교육이 '준비'에서 '실행'으로 바뀌면서 '훈련'이 추가되었고, 일반 대중을 향한 '홍보'가 새롭게 삽입되었다는 데 있다. 개정 전에도 교육을 강조했지만, 이는 잉여금의 일부를 교육준비금 등으로 적립할 것을 권고하는 수준이었다. 이에 비해 개정 후에는 '준비'를 삭제하는 대신에 "협동조합의 발전에 효율적으로 기여하도록" 한다는 목적이 새로이 추가되었다. 개정 전에는 없던 '훈련'이 추가된 것도 협동조합의 효율적 발전을 위해 훈련만큼 유용한 교육이 없기 때문이다. 일반 대중을 교육이 아닌 홍보의 대상으로 삼고, 그 중요성을 별도의 문구로 담아낸 것도 큰 변화다.

제5원칙을 해설할 때 종종 발생하는 오류가 있다. 일반 대중에게 무엇을 홍보할 것인가를 두고 원문(영문)에서는 "the nature and benefits of co-operation(협동의 본질과 장점)"이라 되어 있는 것을 보통은 "협동조합의 특징과 장점"이라고 번역한다. 개정 전의 원칙에서도 조합원·임원·직원·일반 대중을 대상으로 무엇을 교육할 것인가를 두고 원문(영어)에서는 "the principles and techniques of Co-operation(협동의 원리와 기술)"이라고 되어 있는 것을 "협동조합의 원칙과 기술"이라고 번역한다.

하지만 이는 중대한 오류다. 'co-operation'은 '협동'이지 '협동조합(co-operative)'이 아니다. 일반 대중을 향한 홍보는 그 내용이 '협동의 본질과 장점'이어야 맞지 '협동조합의 특징과 장점'이어서는 안 된다. 조합원·임원·직원을 대상으로 하는 교육은 그 내용이 '협동의 원리와 기술'이어야 맞지 '협동조합의 원칙과 기술'이어서는 안 된다.

'협동의 본질'을 알리는 것과 '협동조합의 특징'을 알리는 것,

'협동의 원리'를 교육하는 것과 '협동조합의 원칙'을 교육하는 것은 전혀 다르다. 협동조합의 특징을 홍보하는 것은 일반기업이 회사를 광고하는 것과 다를 바 없다. 협동조합의 원칙을 교육하는 것은 일반기업이 그 직원을 대상으로 사내 연수를 진행하는 것과 다를 바 없다. 그런 광고에 현혹당해 협동조합에 참여하고 협동조합을 이용할 대중이 아니다. 그런 사내 연수에 길들어 협동조합 발전에 노력할 구성원들이 아니다.

홍보와 광고, 교육과 사내 연수는 무엇의 어떤 부분을 왜 알리느냐에 따라 큰 차이가 있다. 협동조합이 해야 할 바는 자기를 알려서 그 충성도를 높이는 데 있는 것이 아니라, 협동이라는 인간의 본성을 깨닫고 길러주는 데 있다.

같은 문제의식에서 교육과 훈련의 목적에 대해서도 나는 동의하기 어렵다. 〈원칙〉에서는 교육과 훈련의 목적이 "협동조합 발전에 효율적으로 기여하도록" 한다는 데 있다고 말한다. 여기서 '교육'이란 "협동조합과 관련된 사람들이 협동조합의 이념과 활동을 충분히 습득하는 것"이고, '훈련'이란 "그들이 자기 책임을 다할 수 있도록 필요한 기능을 습득하는 것"[10]이다.

하지만 경영자나 직원은 그렇다 쳐도, 조합원이나 선출된 대리인에게까지 협동조합 발전에 효율적으로 기여하도록 협동조합의

---

[10] 富沢賢治, 171쪽.

이념과 활동을 가르치는 것이 과연 옳은 일일까? 아무리 생각해도 나로서는 본말이 전도된 것처럼 보인다. 조합원을 위해 협동조합이 있어야 맞는데, 협동조합 발전을 위해 조합원을 수단으로 이용하는 것 같다.

이런 점에서 볼 때, 제5원칙은 그 개정 방향이 많이 어긋나 있다. 이 부분에 대해서만큼은 개정 전의 원칙이 개정 후의 원칙보다 차라리 낫다. "경제적이면서 동시에 민주적인 협동의 원리와 기술에 대해" 교육한다는 개정 전의 원칙이, 더 거슬러 올라가면 최초의 ICA 원칙에 포함된 "협동조합은 조합원의 도덕적 인격적 성장을 위해 교육에 힘쓴다"라는 '⑦교육 촉진'이, "협동조합 발전에 효율적으로 기여하도록" 조합원을 교육한다는 지금의 원칙보다 훨씬 낫고, 이것이 결과적으로도 협동조합 발전에 더 효과적으로 기여하게 될 것이다.

제6원칙: 타 협동조합과의 관계 지침

- 개정 전: 협동조합 간의 협동(Co-operation among Co-operatives)
  모든 협동조합 조직은 그 조합원과 지역사회의 관심사에 가장 잘 부응하기 위해 지방적, 전국적, 국제적 차원에서 다양한 현실적인 방법을 통해 다른 협동조합과 적극적으로 협동해야 한다.

- 개정 후: 협동조합 간의 협동(Co-operation among Co-operatives)

  협동조합은 지방적, 전국적, 지역적[11], 국제적인 구조를 통해 함께 일함으로써 조합원에게 가장 효과적으로 봉사하고 협동조합운동을 강화한다.

여기서도 먼저 번역 문제에 대해 잠깐 언급하겠다. 우리나라와 일본에서는 개정 전 원칙에 나오는 (내가 '관심사'라고 번역한) 영어 'interests'를 '이익'으로 번역해 "모든 협동조합 조직은 그 조합원과 지역사회의 이익에 최선으로 봉사하기 위해… 협동해야 한다"라고 하고 있다. 영어 'interest'가 종종 '이익'의 의미로 쓰이는 것은 사실이지만, 그렇다고 해서 모든 경우를 '이익'으로 번역하는 것은 옳지 않다. 이는 인간과 그 조직의 모든 행위와 관계의 이유를 이익으로 환원해버리는 매우 잔인하고 위험한 발상이다. 'interest'는 〈정의〉에서 언급된 'needs(필요)'와 'aspirations(염원)' 모두를 포괄하는 넓은 의미의 '관심사'이지 단지 '이익'만을 의미하지 않는다. 조합원과 지역사회의 '필요와 염원에 가장 잘 부응하기 위해' 협동조합 간에 협동해야 하는 것이지, 조합원과 지역사회의 '이익에 최대한 부합하기 위해' 협동하는 것이 아니다.

---

11   여기서 '지역적(regional)'이란 유럽지역·아시아지역처럼 인접 국가 협동조합 간의 협동을 말한다.

제6원칙은 타 협동조합과의 관계에 관한 지침이다. 협동조합은 조합원에게 가장 효과적으로 봉사하고 협동조합운동을 강화하기 위해 지방적, 전국적, 지역적, 국제적인 차원에서 다른 협동조합과 협력한다. 여기서 중요한 것이, 협동조합 간 협동의 목적이 협동조합을 위해서가 아닌 조합원을 위해서라는 데 있다. 개정 전에도 "조합원과 지역사회의 관심사에 가장 잘 부응하기 위해"였고, 개정 후에도 "조합원에게 가장 효과적으로 봉사"하기 위해서다. 협동조합 간 협동을 강조하면서 그 실제 목적이 협동조합 발전에만 있는 상황을 이제는 넘어서야 한다. 또 한 가지 이때의 협력 상대가 같은 분야의 협동조합만이 아닌 다른 분야의 협동조합까지도 포함한다는 사실 또한 명심해야 한다. 유형이 같은 협동조합끼리는 비교적 잘 협동해왔어도, 유형이 다른 협동조합 간에는 담을 쌓아온 우리나라에서는 특히 이 부분이 중요하다.

개정 전후의 원칙을 비교했을 때 두 가지 큰 변화가 있음을 알 수 있다. 먼저 협동조합 간에 협동해야 하는 목적에서 개정 전에는 "조합원과 지역사회의 관심사에 가장 잘 부응하기 위해"였던 것이 개정 후에는 "조합원에게 가장 효과적으로 봉사하고"로 바뀌면서 '지역사회'가 빠졌다. 이는 얼핏 후퇴로 보일 수도 있지만 실은 정반대다. 조합원과 지역사회를 같은 차원에 놓고 병렬로 보던 데서 지역사회를 다음의 제7원칙으로 분리 독립시킴으로써 오히려 강조했다. 나아가 협동조합 간 협동의 목적에 '조합원을 향한 효과적인 봉사'에 그치지 않고 '협동조합운동의 강화'를 새로이 추가했다.

　내가 제6원칙의 개정에서 가장 중요하게 여기는 대목이 이 부분이다. 1966년 1차 개정 때 '협동조합 간 협동'이 새로운 원칙으로 도입된 이래로 그 목적은 일관되게 조합원을 향한 효과적인 봉사 즉 경제적 이유에 있었다. 정부를 상대로 협상에 임하고, 일반기업과의 경쟁에 대응하기 위해서는 지방적이고 전국적인 차원에서 힘을 모아야 했다. 세계 경제의 흐름이 조합원의 삶에 큰 영향을 미치는 속에서 국경을 초월한 지역적이고 국제적인 협력은 더욱 중요해지고 있다. 그렇다면 이런 경제적 이유 이외에 왜 '협동조합운동의 강화'가 협동조합 간 협동의 목적 가운데 하나로 새로이 추가되었을까? 협동조합 간에는 왜 운동을 강화하기 위해 협동해야 할까?

　'협동조합운동의 강화'가 뜻하는 바에 대해 보통은 조합원의 이익을 넘어 일반인의 이익에도 관심을 기울이는 것, 개별 협동조합의 이익을 넘어 협동조합 전체의 이익을 염두에 두는 것 등으로 해석한다. 하지만 이런 설명이 설령 ICA의 공식적인 견해일지라도 나는 이에 동의하기 어렵다. 조합원에서 일반인으로, 개별 협동조합에서 협동조합 전체로 그 범위를 넓혀 그들의 이익에 최대한 부합하겠다는 것은, 여전히 사업이지 운동이 아니다. 사업 범위의 확장이 곧 운동의 강화라고 착각해서는 곤란하다. 아니 오히려 사업 범위의 무분별한 확장은 각각의 협동조합이 해오던 그간의 운동을 쇠퇴시키는 경우가 많다. 특히 우리나라처럼 주로 협동조합 간 통폐합과 계열화 방식을 통해 협동조합 간 협동을 추진해온 경우에는 사업에는 도움이 될지언정 운동에는 별 보탬이 안 되거나, 그나마 있는 운동마저 쇠퇴시켜버리는 경우가 일쑤다.

왜 협동조합 간 협동의 목적 가운데 하나로 운동의 강화가 들어갔는지를 이해하려면 '성명' 전체에 흐르는 사상을 되돌아볼 필요가 있다. 〈정의〉에 따르면 협동조합의 본질은 결사체이고, 그 토대 위에 사업체가 있다. 조합원 결사를 기반으로 협동조합 사업이 진행된다는 것이야말로 협동조합만이 갖는 고유한 특징이면서 강점이다. 그리고 이런 구조는 하나의 협동조합에서만이 아니라 다른 협동조합과의 관계에서도 그대로 적용된다. 서로 다른 조합원 간에 자기들 결사를 넘어서는 더 큰 연대가 이루어져야 비로소 이를 기반으로, 혹은 이와 동시에 협동조합 간의 사업적 협력도 시작된다.

조합원 간 운동적 연대가 빠진 협동조합 간 사업적 협력은 사람이 빠진 기능의 결집일 뿐이다. 그리고 그 결과는 사업의 효율성은 증대할 수 있을지 몰라도 그 증대한 효율성이 진정으로 조합원을 위한 것이 아니게 된다. 조합원에게 가장 효과적으로 봉사한다는 본래의 목적을 잃은 채 협동조합만 발전시키는 결과를 초래하게 된다.

정리하자면, 협동조합 간 협동에는 크게 두 가지 목적이 있다. 하나는 "조합원에게 가장 효과적으로 봉사"하기 위해 협동조합 간에 사업을 협동하는 것이고, 또 하나는 "협동조합운동을 강화"하기 위해 조합원 간에 운동을 연대하는 것이다. 그리고 이 둘의 관계는, 조합원에게 가장 효과적으로 봉사하려면 협동조합 간에 사업을 협동해야 하는데 그 사업적 협동이 조합원 간의 운동적 연대에 기반해서 이루어져야 한다는 것이다. 그렇지 않으면 협동조합 간 협동은 결국은 협동조합만 키울 뿐 조합원으로부터는 더욱 멀어지게 된다. 이것이 협동조합 간 협동의 목적으로 '협동조합운동의 강화'가 새로이 추가된 진짜 취지이고, 내가 보기에 제6원칙의 개정 내용 가운데 가장 핵심적인 부분이다.

제7원칙: 지역사회와의 관계 지침

- 개정 전: 해당 원칙 없음.
- 개정 후: 지역사회에 대한 배려(Concern for Community)
  협동조합은 조합원이 지지하는 정책을 통해 지역사회의 지속 가능한 발전을 위해 노력한다.

마지막 제7원칙은 제4원칙과 마찬가지로 예전에는 없다가 새로이 제정된 것으로, 협동조합과 지역사회와의 관계에 관한 지침이라 할 수 있다. ICA 자신이 '성명' 채택의 가장 큰 성과로 〈정의〉의 정식화, 〈가치〉의 확정, '지역사회에 대한 배려'라는 신규 원칙의 제정을 들 정도로, 이 제7원칙은 원칙의 2차 개정에서 가장 핵심이 되는 내용이다.

협동조합은 기본적으로 조합원의 필요와 염원을 위해 존재하는 조직이다.[12] 하지만 동시에 이런 조합원은 지역사회 안에서 다른 주민들과 함께 살아가고, 따라서 지역 주민 전체가 행복하지 않고는 조합원도 진정으로 행복할 수 없는 것이 현실이다. 협동조합이 지역 주민이나 지역사회 문제에 관심을 두고, 그 사업과 활동을 지역사회의 발전과 연계시킬 수밖에 없는 이유가 여기에 있다.

협동조합이 지역사회에 관심을 가져온 것은 이미 그 초창기 때부터의 일이다. 로치데일의 선구자들은 처음에 협동조합을 시작할 때부터 "가능하면 빨리 생산·분배·교육 및 정치적 역량을 길러 공통의 필요를 스스로 충족하는 협동체를 건설"하겠다는 원대한 계획을 세웠었다. 이후 현실적이고 경제적인 과제에 쫓겨 한동안 잊어 오다가 1980년 레이들로 보고서에서 "협동조합이 상호 연대해 도시 속에 작은 협동조합 마을을 만들어간다"라는 21세기 전략으로 되살아났다. 여기서 '공통의 필요를 스스로 충족하는 협동체'나 '도시 속의 작은 마을' 등은 그 표현만 다를 뿐 모두 지역사회와 같은 말이

---

12 이런 협동조합의 일차적 목적 때문에 처음 '원칙개정위원회'에 제출된 초안은 "조합원의 필요와 염원에 초점을 맞추면서도… 지역사회의 지속 가능한 발전을 위해 노력한다"였다. 이것이 논의 과정에서 협동조합이 조합원의 필요와 염원에 초점을 맞추는 것은 너무나 자명한 일이기 때문에 삭제하는 것이 좋겠다 해서 지금의 문구로 수정 채택되었다.

다. 이런 오랜 열망이 21세기에 들어 되살아났다는 것은 그만큼 지역사회와 그 주민들의 삶이 위기에 빠져 있음을 방증한다.[13]

문구에 대한 설명으로 들어가서, 먼저 '조합원이 지지하는 정책'이란 말 그대로 조합원에 의한 민주적인 의사결정 과정을 가리킨다. 협동조합이 지역사회를 향하더라도 그 주권자는 여전히 조합원이라는 사실, 따라서 지역사회를 위한 모든 협동조합의 행위도 조합원에 의해 결정되어야 한다는 사실을 다시 한번 강조한 것이다.

물론 그렇다고 해서 이를 조합원은 정책만을 결정하고 그 집행은 협동조합에 맡긴다는 식으로 이해해서는 곤란하다. '협동조합 간 협동'에서 협동조합 간의 사업적 협력을 위해서는 조합원 간의 운동적 연대가 필요하다고 언급했듯이, 협동조합이 행하는 지역사회의 지속 가능한 발전을 위한 모든 행위는 결국 조합원과 지역 주민 간의 인간적 연대에 기초해 진행될 수밖에 없다.

이런 점에서 볼 때 '조합원이 지지하는 정책'은 조합원에 의한 민주적 의사결정만이 아니라 조합원의 직접적인 참여를 포함한다고 이해해야 옳다. 우리나라에서는 "조합원이 동의하는 정책을 통해"라고 번역하고, 일본에서는 "조합원이 승인하는 정책을 통해"라

---

[13] 실제로 우리나라의 경우, 2020년 현재 국토의 11.8%에 해당하는 수도권에 인구의 50.3%, 대기업의 70%가 집중돼 있다. 또 수도권 이외 대다수 지역에서는 가임 여성 인구가 고령자의 절반—소멸위험지수 0.5 이하—도 안 된다. 그만큼 경제와 인구 면에서 대다수 지역사회가 소멸 위기에 처해 있다는 이야기다.

고 번역하는 데 비해, 내가 주권자로서의 '동의'나 '승인' 대신 참여자로서의 '지지'로 표현한 이유도 여기에 있다.

다음으로, '지역사회'에 대해서다. '지역사회'란 한마디로 공간(지역)과 시간(사회)의 결합이다.[14] 이 가운데 협동조합은 특히 시간, 즉 공통의 테마·필요·관심사에 집중해왔다. 사람과 사람 사이의 관계를 공통의 관심사를 통해 어떻게 엮을 것인가가 협동조합의 주요 전략이었다. 공간도 중요하지만, 그 공간에 생명을 불어넣는 것은 역시 시간이다. 생명은 항상 시간 속에서 살고, 생명의 진화란 결국은 이런 시간의 집적이기 때문이다.

정부의 '사회통합'과 기업의 '사회공헌'이 협동조합에서는 '사회적 책임'과 '타인에 대한 배려'인 것도 이런 이유에서다. "사회를 어떻게 하나로 모을 것인가" "사회에 어떻게 공헌할 것인가"와는 다르게, "사람과 사람 사이의 관계를 어떻게 윤택하게 할 것인가"가 협동조합의 특징이고 과제였던 셈이다.

물론 그럼에도 불구하고 시간 중심의 접근에는 한계가 있었다. 생명이 살아가는 데는 항상 생명 활동의 시간적 장으로서의 '생활'과 공간적 장으로서의 '지역'이 같이 필요하다. 협동조합은 이 가운

---

[14] 졸저 『사회적 경제란 무엇인가』(410쪽)에서 나는 지역사회를 "같은 공간에 거주하면서 그 구성원이 생산, 소비, 노동, 교육, 복지, 놀이, 축제 등의 분야에서 일정한 관계를 형성해 어떤 귀속의식을 느끼는 집단"이라고 정의한 바 있다. 여기서 "같은 공간에 거주하면서"가 '공간'이라면, "그 구성원이 생산, 소비, 노동, 교육, 복지, 놀이, 축제 등의 분야에서 일정한 관계를 형성해"가 '시간'에 해당한다.

데서도 특히 시간과 생활에 중점을 두고 관계를 형성해왔지만, 관계에 집중하다 보면 자칫 폐쇄적이고 배타적으로 되기 쉽다. 잘 엮인 관계일수록 굳이 확장의 필요성을 못 느끼는 것이 인지상정이다. 실제로도 지난 세기 동안 협동조합은 현실적이고 경제적인 과제와 싸우느라 시간에만 집중해왔지, 공간을 형성할 생각을 별로 하지 못했었다.

이런 점에서 볼 때 제7원칙을 제정한 취지는 크게 두 가지로 요약할 수 있다. 하나는 지금까지 쌓아온 시간과 관계의 성과를 보다 넓혀 지역 주민의 시간 즉 테마·필요·관심사에도 관심을 기울이자는 것이고, 둘은 이런 협동조합과 협동조합이 중층적으로 결합해 하나의 공간 즉 기존의 지역사회 안에 새로운 지역사회를 창출하자는 것이다. 전자가 수평적인 시간의 확장이라면, 후자는 입체적인 공간의 형성이다. 수평적 시간의 확장을 향해가는 협동조합 간의 협동을 통한 입체적인 공간을 형성하자는 것, 기존의 지역사회 안에 또 하나의 새로운 지역사회를 창출하자는 것, 이것이 바로 협동조합의 가장 중요한 미래전략으로서 마지막 제7원칙을 신설하게 된 취지라 할 수 있다.

그렇다면 그 새로운 지역사회란 대체 어떤 사회일까? 여기서 등장하는 것이 바로 '지속 가능한 발전'이고, 이는 협동조합이 창출해갈 새로운 지역사회의 모습을 제시한 것이다.

'지속 가능한 발전'이라는 문구 안에는 실은 두 가지 의미가 내

포돼 있다. 하나는 지역사회를 경제적 사회적 문화적으로 '발전'시키겠다는 것이고, 또 하나는 환경적 생태적으로 '지속 가능'하게 만들겠다는 것이다. 전자는 이미 앞에서 언급했듯이 협동조합운동의 오랜 열망이었다. 이런 열망을 이어받아 그동안의 성과를 기반으로 지역 주민의 필요와 염원에 더욱 힘을 쏟겠다는 것이 지역사회의 '발전'이다.

이에 비해 후자, 즉 협동조합이 환경이나 생태 문제에 관심을 갖기 시작한 것은 그리 오래되지 않았다. 1992년에 브라질 리우데자네이루에서는 100여 개 나라의 정상들이 모여 '유엔환경개발회의(UNCED)'를 개최한 것에 자극받아, 같은 해 ICA 도쿄대회에서 '환경과 지속 가능한 개발'을 공식 의제로 다룬 것이 아마도 그 시작일 것이다.[15]

그런데 여기서 정작 중요한 것이 실은 '지속 가능'과 '발전'을 어떻게 연결하느냐이다. '지속 가능한 발전'이라고 쉽게 이야기하지만, 이 둘은 사실은 양립하기 어려운 관계에 있다. '발전'에 좀더 중

---

15 ICA 도쿄대회에서는 두 가지 의제, 즉 '협동조합의 기본적 가치'와 '환경과 지속 가능한 개발'이 동시에 다루어졌다. 그 결과로, 전자가 「변화하는 세계에서의 협동조합의 기본적 가치」라는 '보고서(Report)'가 채택되었지만, 후자는 「환경과 지속 가능한 개발에 관한 ICA 도쿄 선언」이라는 '선언(Declaration)'을 발표하는 데 그쳤다.
참고로, 도쿄대회에서의 의제를 설명하는 데 있어 'Development'를 '발전'이 아닌 '개발'로 표기한 것은, ICA가 줄곧 관심을 갖고 추진해온 개발도상국 협동조합에 대한 개발원조를 중점 의제로 다루면서 그 연장에서 환경 문제도 함께 다루었기 때문이다. '선언'으로 그칠 수밖에 없었던 이유이기도 하지만, 그나마 이 정도라도 당시로서는 큰 진전이었다.

심을 두면 '지속 가능'이 훼손될 수밖에 없고, '지속 가능'을 위해서는 '발전'을 어느 정도 포기해야만 한다. 환경도 고려하면서 지금과 같은 발전을 계속하겠다는 것은 머릿속에서는 가능할지 몰라도 현실 세계에서는 불가능하다.

협동조합 진영의 설명도 크게 도움이 되지는 않는다. ICA는 '지속 가능'과 '발전'을 동일선상에 놓고 "협동조합은 지역사회가 경제적 사회적 문화적으로 발전할 수 있도록 활동해야 할 특별한 책임이 있다. (동시에 조합원) 삶의 기반이 되는 환경을 보호하기 위해서도 활동해야 할 책임이 있다"[16]라는 식으로 말한다. 하지만 이런 빈약한 해설이 제7원칙을 새롭게 제정한 진짜 취지라면, 그 문구는 "협동조합은 지역사회의 지속 가능한 발전을 위해"가 아니라 "협동조합은 지역사회의 발전과 환경보호를 위해"라고 정했어야 옳다.

이런 ICA보다는 그나마 유엔의 해설이 조금은 나은 편이다. 유엔에 따르면 "지속 가능한 발전이란 미래 세대가 자신의 필요를 충족할 수 있는 능력을 손상시키지 않으면서 현재의 필요를 충족하는 발전으로 정의된다."[17] 하지만 이런 해설 역시 '발전'에 약간의 조건을 붙이는 정도일 뿐 결국에는 '발전'에 무게를 둔 것이다. 그동안 별로 고려하지 않았던 다음 세대의 필요를 조금은 배려하면서 지금

---

16 富沢賢治, 171쪽.
17 "Sustainable development has been defined as development that meets the needs of the present without compromising the ability of future generations to meet their own needs."

의 필요를 계속 충족해가겠다는 이야기로밖에는 들리지 않는다.

내가 이 문제에 이토록 집착하는 이유는 '지속 가능'과 '발전'의 관계를 제대로 정립하지 않고는 "지역사회의 지속 가능한 발전"이라는 21세기 협동조합의 전략을 구체화하기 어렵기 때문이다.

'지속 가능한 발전'의 진정한 의미는 '지속 가능'과 '발전'을 동일선상에 병렬로 놓는 것이 아니다. '지속 가능'이라는 조건을 조금 붙여 '발전'을 계속하자는 것은 더더욱 아니다. 오히려 반대로 '지속 가능'으로 무게 중심을 옮겨 지금까지의 '발전'을 바로잡자는 것이다. 시간적으로는 미래에 비추어 현재를 재검토하자는 것이고, 다음 세대의 생존을 위해 지금 세대의 필요를 양보하자는 것이다. 공간적으로는 밖에서 안을 되돌아보자는 것이고, 지역 주민의 한 사람으로서 조합원의 삶도 꾸려가자는 것이다. 이런 발상의 전환이 바탕이 되어야 조합원이 다음 세대와 이웃을 위해 나설 수 있고, 협동조합도 다가올 21세기에 합당한 자기모습을 찾을 수 있다.

남은 과제①: 일부 보완이 필요한 것들

ICA의 협동조합 원칙은 두 차례 개정에도 불구하고 아직 몇 가지 보완해야 할 점들이 남아 있다. 어디까지 보완하느냐에 따라 먼저 기본 내용을 유지하면서 일부 보완이 필요한 과제부터 살펴보면 다음과 같다.

제1원칙에 따르면 "협동조합은… 성적 사회적 인종적 정치적 종교적 차별 없이… 모든 사람에게 열려 있다." 개정 전과 비교했을 때 여성과 인종에 대한 차별 금지가 추가되기는 했지만, 지금은 여기에 더해 성 정체성이나 성적 지향, 심신 장애, 개개인 생각(사상)의 차이에 따른 차별 또한 만연하고 있다. 차별 금지 목록에 이런 것들을 모두 담아내기 어렵다면 하나하나의 목록을 삭제하는 대신 "그 어떤 차별도 없이"로 간단하면서도 포괄적으로 표현을 바꾸는 것도 하나의 방안일 것이다.

제1원칙에서는 또 "협동조합은… 협동조합의 서비스를 이용할 수 있고 조합원의 책임을 다하겠다는 의지를 지닌 모든 사람에게 열려 있다"고 말한다. 열린 조합원제를 강조한 당연한 말이지만, 실제 적용에서는 개방과 책임 사이에 고도의 긴장 관계가 존재한다. 누구나 쉽게 가입할 수 있게 하려면 책임 수위를 낮춰야 하고, 반대로 책임 수위를 높이면 누구나 쉽게 가입하기 어려워진다. 더욱이 이런 긴장 관계는 협동조합 유형에 따라서도 제각각이다. 소비자협동조합 같으면 개방 정도가 높은 대신 책임 수위가 낮고, 노동자협동조합 같으면 책임 수위가 높은 대신 개방 정도가 낮다. 각자의 사정상 일관적으로 표현하기는 어렵겠지만, 그럼에도 불구하고 협동조합이라면 당연히 갖추어야 할 적절한 개방과 책임 사이의 관계가 있을 것이고, 이를 좀더 구체적으로 제1원칙에 담아낼 필요가 있다.

제2원칙 '조합원에 의한 민주적 운영'에서는 조합원 참여와 선출된 대리인(=임원)의 역할을 상세히 언급하고 있다. 하지만 협동조합에는 조합원과 선출된 대리인만 있는 것이 아니라 협동조합에서 일하는 사람들도 있다. 더욱이 사회 전체적으로 노동의 분화가 가속화되는 속에서 조합원 참여와 직원 노동 사이에 조합원 활동과 같은 제3의 노동도 새롭게 등장하고 있다. 이런 이들의 도움 없이는 협동조합 사업은 물론이고 조합원의 민주적 운영도 불가능한 것이 지금의 현실이다. 하물며 일반기업에서도 노동자와 이해관계자들의 경영 참여를 확대해가는 속에서 협동조합도 그 원칙 안에 노동자와 활동 조합원의 참여를 적극적으로 반영할 필요가 있다.

제2원칙에서는 또 연합회의 운영에 관해 "다른 단계에서의 협동조합도 민주적 방식에 따라 조직된다"라고 말한다. 각자의 사정에 맞는 다양한 민주적 방식을 도입하도록 권고하고 있지만, 이런 설명만으로는 어떻게 운영해야 민주적인지 가늠하기가 쉽지 않다. 지방적, 전국적, 지역적, 국제적 차원에서 다양한 방식의 협동조합 간 협동이 중요해지고 있고, 반면에 이런 조직들이 조합원으로부터 점점 멀어져가고 있는 상황에서, 연합회의 민주적 운영에 관한 보다 정확한 지침이 그 어느 때보다 필요한 시기다.

제6원칙에서는 조합원에게 가장 효과적으로 봉사하고 협동조합운동을 강화하기 위해 협동조합 간 협동을 강조하고 있다. 매우 중요한 원칙이지만, 지금은 다원화 사회다. 협동조합끼리만 협동한다고 해서 조합원에게 가장 효과적으로 봉사하고 협동조합운동을 강화할 수 있는 시대가 아니다. 시민사회단체는 물론이고 필요에 따라서는 일반기업과도 협동해야 하고, 또 실제로도 지금 그렇게 진행되고 있다. 이런 점을 고려해 협동의 대상을 확장할 수 있을 근거를 제6원칙 안에 담아낼 필요가 있다.

제7원칙을 신설해 지역사회에 대한 배려를 강조한 것은 1995년 2차 원칙 개정의 가장 큰 성과다. 이런 지역사회가 지금 두 가지 측면에서 큰 위기를 맞고 있다. 하나는 경제적이고 사회적인 차원에서의 붕괴 위기고, 또 하나는 환경적이고 생태적인 차원에서의 지속가능성의 위기다. 지금까지는 전자에 집중하면서 후자를 덧붙여왔다면, 앞으로는 지속 가능성의 위기를 극복하는 과정에서 경제적이고 사회적인 위기도 해결해야 한다. 나아가 그 실천이 이제는 배려나 관심의 수준을 넘어 구체적 행위로 드러나야 할 때다. 21세기 협동조합의 사활이 제7원칙에 달려 있다고 볼 때, 협동조합의 활동 내용을 보다 구체적이고 강력하게 제시할 필요가 있다.

남은 과제②: 다른 협동조합도 공유할 수 있게

앞에서도 언급했듯이, 최초의 ICA의 원칙은 소비자협동조합의 점포 운영방식을 가능한 한 다른 유형의 협동조합에까지 적용하기 위해 고도로 추상화하는 과정에서 제정되었다. 덕분에 두 차례 개정에도 불구하고 여전히 소비자협동조합 특유의 것들이 많이 남아 있다.

예컨대 제1원칙에서 "협동조합은… (ㄱ) 서비스를 이용할 수 있는… 모든 사람에게 열려 있다" 했을 때, 이는 주로 소비자협동조합의 물품공급 서비스를 가리킨다. 노동자협동조합 같으면 "노동을 제공할 수 있는… 모든 사람에게 열려 있다"라고 해야 옳고, 신용협동조합 같으면 "자본을 예치하고 차입할 수 있는… 모든 사람에게 열려 있다"라고 해야 옳다. 마찬가지로 제3원칙에서 잉여금을 "조합원의… 거래(이용) 비율에 따라" 배분한다고 한 것도 노동자협동조합 같으면 "조합원의… 노동 기여도에 따라"라고 해야 옳고, 신용협동조합 같으면 "조합원의… 자금 거래 비율에 따라"라고 해야 옳다.

실제로 최초의 소비자협동조합인 로치데일공정선구자조합의 원칙에서는 "⑥잉여는 이용고에 따라 조합원에게 분배한다"고 한 데 비해, 같은 시기에 출현한 뷔셰[18]의 노동자협동조합 원칙에서는 "③순이익은… 노동에 따라 분배한다"라고 했다. 로치데일 원칙에서는 "⑧출자금에 대한 이자를 5%로 억제한다"고 한 데 비해, 같

---

[18] 필립 뷔셰(Philippe Joseph Benjamin Buchez, 1796~1865): 프랑스 노동자협동조합의 창설자. 자본주의의 가장 큰 결함이 노동과 자본의 분리에 있다고 생각해 1831년에 노동자가 생산수단을 소유한 목공노동자생산조합을 설립.

은 시기에 출현한 슐체 델리치[19]의 도시형 신용협동조합 원칙에서는 "②시장이자율에 상응하는 이자와 수수료를 지급한다"라고 했다.[20]

이런 차이는 비단 협동조합 초창기 때만의 일이 아니다. 스페인 바스크 지역에는 지금도 왕성하게 활약 중인 '몬드라곤 협동조합 복합체'[21]라고 있다. 다양한 노동자협동조합들이 중심이 되어 소비·금융·교육 등에까지 협동조합을 확대해 지역사회 전체를 협동조합 마을로 만들어가는 이곳에서는 ICA의 〈원칙〉을 참고로 하면서도 자기들 나름의 원칙을 견지하고 있다.

예컨대 몬드라곤 원칙에서의 '①열린 조합원제' '②민주적인 조직' '⑦상호협력(협동조합 간 협동)' '⑩교육'은, 각각 ICA의 '①자발적이고 열린 조합원제' '②조합원에 의한 민주적 운영' '⑥협동조합 간 협동' '⑤교육과 훈련, 홍보'의 원칙과 크게 다르지 않다. 몬드라곤의 '④자본의 도구적이고 부수적인 성격'은 ICA의 '③조합원의 경제적 참여'나 '④자율과 독립'의 정신과도 상통한다. 하지만 이런 공통점에도 불구하고 ICA의 〈원칙〉에는 없는 몬드라곤 특유의 것

---

[19] 슐체 델리치(Hermann Shulze-Delitzsch, 1808~1883): 독일 도시형 신용협동조합의 창설자. 국회의원으로서 수공업자들의 경제 상태를 조사하다가 빈곤의 주요 원인이 고리채에 있음을 알고 1850년에 원료의 구매자금을 빌려주는 세계 최초의 도시형 신용협동조합인 대부조합을 설립.

[20] 뷔셰의 노동자협동조합 원칙, 델리치의 도시형 신용협동조합 원칙, 몬드라곤 협동조합 복합체의 원칙에 관한 자세한 내용은 [부록]을 참조.

[21] 1956년 석유난로를 생산하는 노동자협동조합 '울고'를 설립한 이래로, 현재 약 8만 명의 노동자 조합원이 산업(47.3%)·금융(2.8%)·유통(48.2%)·교육(1.7%) 등의 분야에서 총 290여 개의 협동조합을 설립 운영 중이다.

들이 있다.

가령, 협동조합의 이익은 조합원이 그 이익을 달성하기 위해 기여한 노동에 따라 배분한다는 '③노동 주권', 협동조합 경영에 조합원이 책임 있게 참여한다는 '⑤경영 참여', 업무의 중요도와 능력에 따라 약간의 임금 차이를 두기는 해도 이것이 조합원 간의 사회적 연대를 훼손하는 범위를 넘어서는 안 된다는 '⑥임금 연대', 사업을 통해 축적된 부는 노동자 교육·사회보장·실업·건강보험 등으로 충당하고 지역 주민에게 새로운 일자리를 제공하기 위한 기금으로 재투자된다는 '⑧사회 변혁' 등은 ICA의 〈원칙〉에서는 볼 수 없는 몬드라곤 특유의 것들이고, 이는 노동을 인간과 사회와 자연을 변화시키는 가장 중요한 요소로 여기기 때문에 나올 수 있는 것들이다.

이런 점에서 볼 때, 두 차례에 걸친 개정에도 불구하고 ICA 〈원칙〉에는 아직 모든 전통적인 협동조합들이 공유하기 힘든 요소들이 많이 남아 있다. 한꺼번에 모두 바꿀 수는 없겠지만, 이종 협동조합 간의 협동을 촉진하기 위해서라도 모든 협동조합이 공유할 수 있게 지금의 〈원칙〉을 개정할 필요가 있다.

남은 과제③: 협동조합의 새로운 실천을 담아

지금 세계에는 소비자협동조합, 신용협동조합, 노동자협동조합, 농업협동조합 등과 같은 전통적인 협동조합들과는 다른 유형의 새로운 협동조합들이 속속 출현하고 있다. 그 대표적인 사례 가운데 하나가 바로 '사회적 협동조합(social co-operative)'이다. 세계 최초로 법제화[22]에 성공한 이탈리아에서는 이런 사회적 협동조합을 사업 목적에 따라 〈표 3〉과 같이 A형과 B형으로 나누는데, 각각의 특징을 주의 깊게 보면 몇 가지 점에서 기존의 협동조합과 큰 차이가 있음을 알 수 있다.

먼저, 사회적 협동조합은 전통적 협동조합과 비교해서 그 사업 목적이 다르다. 전통적 협동조합이 (ICA가 〈정의〉에서 언급하듯이) "조합원 공통의 필요와 염원을 충족"하기 위해 사업을 전개한다면, 사회적 협동조합은 사회적 도움이 필요한 사람들을 지원하고 사회적으로 불리한 위치에 있는 사람들에게 일자리를 마련해주기 위해 사업을 전개한다. 이를 두고 전통적 협동조합이 조합원 '공통의 관심사(Common Interest)'를 추구하는 데 비해, 사회적 협동조합은 '일반적 관심사(General Interest)'를 추구한다고 말한다.

다시 한번 강조하지만, 'interest'는 좁은 의미의 '이익'이 아니

---

[22] 1991년 이탈리아의 '사회적 협동조합'을 시작으로, 1996년 포르투갈의 '사회적 연대 협동조합(social solidarity cooperative)', 1997년 캐나다 퀘벡주의 '연대협동조합(solidarity co-operative)', 1998년 스페인의 '사회적 선도 협동조합(social initiative co-operative)', 1999년 그리스의 '사회적 협동조합', 2001년 프랑스의 '집합적 관심사 협동조합(collective interest co-operative society)', 2006년 폴란드와 헝가리의 '사회적 협동조합', 2012년 대한민국의 '사회적 협동조합', 2014년 영국의 '지역사회 편익 협동조합(community benefit co-operative)' 등이 법제화되었다.

〈표 3〉 이탈리아의 사회적 협동조합 A형과 B형 비교

	A형	B형
목적	개인이나 가족, 사회적 상태에 따라 사회적 도움이 필요한 사람들을 지원	사회적으로 불리한 위치에 있는 사람들⁽ᵍᵃ⁾을 대상으로 노동 통합
조합원⁽ᵘ⁾	• 노동을 제공하고 보수를 받는 종사자 조합원 • 볼런티어 조합원⁽ᵈᵃ⁾ • 이용자 조합원	• 종사자 조합원(사회적으로 불리한 위치에 있는 사람들과 그렇지 않은 사람들) • 볼런티어 조합원⁽ᵈᵃ⁾
사업 내용	사회복지 및 보건의료 서비스, 교육 서비스 제공 사례: • 고령자 돌봄 • 장애가 있는 이들을 위한 서비스 • 곤경에 처한 미성년자 보호 • 노숙자 야간 수용시설 운영 • 유치원이나 보육원 경영 • 마약의존 환자에 대한 서비스, 등	농업·공업·상업·서비스업 등의 분야에서 다양한 사업 전개 • 농산물 생산 및 가공 • 녹지의 정비 • 청소 • 식당이나 카페 운영 • 분리수거장 운영, 등
조건	오른쪽과 같은 의무 없음	종사자(조합원과 비조합원 포함해서)의 30% 이상을 사회적으로 불리한 위치에 있는 사람으로 구성해야
재정적 우대	오른쪽과 같은 정부 보조는 없지만, 전체 사업고의 약 70%는 공공기관 입찰로 수주	사회적으로 불리한 위치에 있는 사람들에 대해 사회보장 보험 등의 부담을 정부가 보조

※ 오카야스(岡安喜三郎)를 참고로 필자가 가필.

(가) '사회적으로 불리한 위치에 있는 사람들'이란 알코올 중독자, 현재 수형 중이거나 과거에 수형 경험이 있는 이들, 신체장애인, 정신 및 감각장애인, 청소년, 정신질환자, 약물 의존자, 기타 사회적 배제 상태에 있는 사람들 등을 가리킨다.

(나) 조합원 가운데는 표에 나와 있는 세 가지 유형 외에도 후원자 조합원—조합에 자금을 지원하는 개인이나 기관—이 있고, 그 밖에도 사회적 협동조합이 그 정관에 따라 또 다른 형태의 조합원을 모집할 수도 있다.

(다) '볼런티어 조합원'은 기본적으로는 사회적 협동조합이 필요로 하는 노동을 무상으로 제공하지만, 산업재해에 따른 피보험자 수혜를 받거나 활동 실비가 지급된다는 점에서 완전한 볼런티어와는 다르다.

라 넓은 의미의 '관심사'다. 전통적 협동조합이 추구해온 것은 '공익(共益)'이 아니라 '공통의 관심사'고, 사회적 협동조합이 추구하고 있는 것 역시 '공익(公益)'이 아니라 '일반적 관심사'다. 협동조합을 홍보한답시고 일반기업은 '사익(私益)'을 추구하고, 전통적 협동조합은 '공익(共益)'을 추구하고, 사회적 협동조합은 '공익(公益)'을 추구한다고 이야기하는 것은 오히려 협동조합을 이익집단으로 규정하고, 사회적 협동조합을 공익단체로 둔갑시키는 결과만 낳을 뿐이다. 사회적 협동조합은 조합원 공통의 관심사를 조합원 아닌 이들의 관심사로까지 넓혀 사회적으로—사람과의 관계에서— 배제된 이들의 필요와 염원을 함께 충족하자는 데 그 목적이 있지,[23] 공익(公益) 즉 '불특정 다수의 이익'을 추구하는 데 그 목적이 있지 않다. '공익(Public Interests)'의 추구는 협동조합이 아닌 정부와 공기업이 담당해야 할 당연한 자기 몫이다.

둘째로, 전통적인 협동조합과 비교해서 사회적 협동조합은 그 조합원이 다르다. 전통적 협동조합에서 조합원은 협동조합에 출자

---

[23] 굳이 '이익'의 언어로 사회적 협동조합을 설명하려 할 것 같으면 '공익(公益)'이 아닌 '홍익(弘益)'을 써야 옳다. '홍익'은 조선이 처음으로 사회를 열 때 그 이념으로 삼은 것으로, 사람[人]과 사람 사이[間](의 관계)를 널리 이롭게 한다는, 요즘 말로 치면 '사회적'의 의미다. 물론 여기서 '사람'은 지금의 개인과는 다르게 당시에는 사람의 무리 즉 씨족이었다. 사회를 형성하고 유지하려면 씨족 내 동질적인 사람들만이 아니라 씨족 간 이질적인 사람들과의 관계도 널리 이롭게 해야 했기에 홍익이 사회이념으로 자리 잡은 것이다. 반만년 전에 이 땅에서 처음 사회를 열었을 때의 뜻이 지금 세계 곳곳에서 사회적 협동조합과 사회적 경제를 통해 되살아나고 있는 셈이다.

하고 이용하고 운영하는 '동질적인 사람들'이다. 이에 비해 사회적 협동조합에서의 조합원은 '이질적인 사람들'이다. 협동조합의 사업을 이용하는—수혜를 받는— 사람들은 물론이고, 실제로 그 사업을 진행하는 사람들, 사업 진행에 필요한 노동의 일부를 자발적으로 제공하는 사람들, 그 취지에 공감해 다양한 방식으로 후원하는 개인·기업·지자체 등이 각각 이용자(user) 조합원, 종사자(worker) 조합원, 볼런티어(volunteer) 조합원, 후원자(funding) 조합원이 되어 함께 참여한다.

마지막으로, 이익(잉여)에 대한 생각과 그 배분 방식이 다르다. 전통적 협동조합이 이익을 추구하기는 해도 '이익을 목적으로 하지 않는(non-for-profit)' 데 비해, 사회적 협동조합은 '이익 자체를 추구하지 않는(non-profit)'다. 덕분에 만약 이익이 발생하더라도 전통적 협동조합에서는 조합원에게 배분하거나 협동조합 발전을 위해 내부 유보하는 데 비해, 사회적 협동조합에서는 사회 서비스의 확충이나 사회적으로 배제된 이들을 위한 고용 창출 등의 목적으로 지역사회에 환원한다.

이상의 몇 가지 특징만 봐도 사회적 협동조합은 ICA의 〈원칙〉의 범위를 크게 넘어서 있다. 사회적 협동조합에서는 "협동조합의 서비스를 이용할 수 있는"(제1원칙) 사람만이 아니라 일하고 봉사하고 후원하는 사람들 모두가 조합원이다. "협동조합 조합원은 동등한 투표권(1인 1표)을 갖는다"(제2원칙)라는 차원을 넘어 사회적 도움이 필요하거나 사회적으로 불리한 위치에 있는 사람들이 오히려 더 많은 의사 결정권을 갖는다. '출자나 이용고에 따른 배당'(제3원칙)은 아예 염두에도 없고, 이익이 발생하면 모두 사회에 환원한다. 정부나 다른 조직과의 관계에서도 '자율과 독립'(제4원칙)보다 연대와 협력을 중시한다. "조합원에게 가장 효과적으로 봉사"(제6원칙)하기 위해 다른 협동조합과 협동하는 것이 아니라, 사회적으로 배제된 이들의 사회적 포섭을 위해 공공기관은 물론이고 일반기업과도 협업한다. '지역사회에 대한 배려'(제7원칙)는 배려 수준을 넘어 누구라도 자기답게 살아갈 지역사회를 만드는 것 자체가 애초의 설립 목적이다.

사회적 협동조합이 그 규모나 영향력 면에서 아직은 전통적 협동조합에 한참 못 미칠 수 있다. 하지만 시대의 흐름이나 사회의 요구 면에서 볼 때, 앞으로 세계 협동조합운동의 주력은 이런 사회적 협동조합이 될 것임이 틀림없다. ICA는 이런 새로운 협동조합들도 공유할 수 있게 그들의 실천을 반영해 원칙을 개정할 필요가 있다. 동질적인 사람들을 중심으로 하는 협동조합에 머물러서는 다양화 개인화해가는 시대의 흐름에 제대로 대응할 수 없다.

정리

1937년에 최초의 원칙을 제정한 이래로 ICA는 1966년과 1995년

두 차례에 걸쳐 이를 개정해왔다. 시대의 변화와 협동조합의 대응을 담아 대략 30년마다 한 번씩 원칙을 개정해온 셈인데, 2차 개정 이후 다시 30년이라는 시간이 또 흘렀다.

그동안 세계는 누구도 예상하지 못한 큰 변화를 겪었다. IT 기술의 눈부신 발전, 젠더 의식의 고양, 고용 형태의 다양화와 소득 분배의 양극화, 정치에의 불신과 포퓰리즘의 확산, 환경 악화와 기후 위기, 선진국에서의 고령화와 인구 감소, 코로나 팬데믹에 따른 세계 경제의 혼란 등등이 그 대표적인 사례다.

이런 변화에 대응해 협동조합은 어떻게 나아가야 할까? 지난 2021년의 서울대회는 바로 이를 모색하기 위한 자리였다. 1995년에 채택된 '협동조합 정체성에 관한 ICA 성명'을 재검토하고, "협동조합 정체성에 깊이를 더한다"라는 취지에서 개최된 자리였다. 그리고 이를 바탕으로 몇 년 후에는 다시 시대의 변화를 반영하고 협동조합의 전략을 담은 새로운 원칙을 정하자는 것이 실은 지난 서울대회의 숨은 의도였다.

실제로 지난 서울대회 직전(2021년 11월 16일)에 ICA는 「협동조합의 정체성을 생각한다—제33차 ICA 서울대회 토론 자료」라는 문건을 작성해 배포한 적이 있다. 그 안에서 ICA는 1995년에 채택된 '성명'을 재검토하고, 〈정의〉〈가치〉〈원칙〉을 수정하기 위한 주요 논점들을 〈표 4〉와 같은 질문형식으로 정리해냈다.

하지만 안타깝게도 이런 ICA의 제안은 지난 서울대회에서 충분히 논의되지 못했다. 이런 문건이 있다는 사실조차 아는 이들이 별로 없다. 서울대회가 이렇다 할 성과 없이 소문난 잔치로 끝난 것도 어쩌면 당연한 결말이다.

그럼에도 불구하고 협동조합 역사에서 그나마 서울대회가 의미 있는 대회로 기억되려면, 아니 서울대회에 얽매일 필요 없이 변화한 시대에 맞는 새로운 협동조합 전략을 찾으려면, 지금부터라도 논의를 시작해야 한다. 협동조합이 무엇인지(=정의), 어떤 뜻을 품고 나아가야 하는지(=가치), 이를 구체적으로 협동조합 운영에 어떻게 반영해야 하는지(=원칙) 다시 돌아봐야 한다. 그리고 이런 과정을 통해 몇 년 후에는 다시 전통적인 협동조합과 새로운 협동조합들 모두가 공유할 만한 새로운 원칙을 개정할 수 있어야 한다.

참고로 한 가지만 덧붙이자면, 모든 논의에는 반드시 핵심 키워드가 있기 마련이다. 1980년 모스크바대회에서 레이들로는 그 핵심 키워드로 '이념적 위기'를 제시했고, 이를 단서로 10여 년 동안의 논의를 거쳐 '성명'을 채택할 수 있었다. 같은 차원에서 나는 이번 서울대회 이후로 시작하게 될 또 한 번의 긴 정체성 논의의 핵심 키워드로 '사회적 관계'를 제안한다.

물론 레이들로의 '이념적 위기'와 나의 '사회적 관계'는 그 주어가 다르다. 전자의 주어가 '협동조합'이라면, 후자의 주어는 '한 사람'이다. 이념적 위기가 협동조합의 이념과 가치를 되찾자는 데 그 취지가 있었다면, 내가 말하는 사회적 관계는 한 사람 한 사람이 자

<표 4> '성명'의 재검토를 위한 주요 논점들

'성명'의 내용		주요 논점들
정의		협동조합의 정의는 완전한가? 시대에 뒤떨어지거나 불필요한 점은 없나?
가치		협동조합의 가치는 완전한가? 빠졌거나 빼야 할 것은 없나? 각각의 가치가 지니는 의미는 명확한가? 협동조합의 운영에서 이런 가치들은 어떤 의미를 갖나?
원칙	① 자발적이고 열린 조합원제	1. 협동조합은 이 원칙을 얼마나 존중해왔나? 2. 협동조합을 정말로 자발적이고 열린 조직이라 할 수 있나? 3. 열린 조합원제에 따르는 제한(책임)은 타당한가? 4. 소수자 등에 대한 배려와 포섭에서 협동조합은 오히려 민간이나 공공기관, 자선단체보다 뒤져 있지는 않나? 여성 조합원에 대한 완전한 평등도 뒤져 있지는 않나?
	② 조합원에 의한 민주적 운영	1. 조합원이 얼마나 이 원칙을 당연하다고 생각할까? 2. 대규모 협동조합은 조합원의 민주적 참여를 충분히 추진하고 있나? 3. 여성 등의 참여가 오히려 다른 조직과 비교해 뒤져 있지는 않나?
	③ 조합원의 경제적 참여	1. 협동조합의 각 발전 단계(즉 설립·성장·발전·성숙 단계)별로 조합원의 경제적 참여가 잘 설명되고 있나? 2. '나눌 수 없는 준비금'은 주식회사화해가는 것에 대한 대응이기는 해도 이를 얼마나 강조해야 하나?
	④ 자율과 독립	1. 법률적 규제, 공적 기관에 의한 침해 등에 대해 이 원칙은 얼마나 충분히 반영하고 있나? 2. 시장의 압력이 협동조합의 자치와 자유를 위협하는 상황에서 이 원칙은 얼마나 유용한가?
	⑤ 교육과 훈련, 홍보	1. 범위가 너무 넓거나 혹은 좁지는 않나?
	⑥ 협동조합 간의 협동	1. 협동조합 간 협동에는 협동조합 간 거래도 포함되나? 2. 조달사업에서 협동조합은 다른 협동조합을 우선해야 하나? 3. 국내외적인 새로운 협동조합의 개발을 위해 보조금, 대여금, 보증, 기부, 전문 지식의 제공 등을 지원하고 있는데 이런 실천들도 협동조합 간 협동 안에 포함되나?
	⑦ 지역사회에 대한 배려	1. '배려'의 범위가 어디까지인지 충분히 전달되고 있나? 2. 사회적 불평등에 대한 대응이나 지속 가능한 개발을 위해 선진국의 협동조합은 다른 기업보다 오히려 뒤져 있지는 않나? 3. 원칙에는 협동조합 노동자의 지위와 처우에 대한 언급이 없는데 이것이 과연 옳은가?

※ ICA 자료와 다케다(武田俊裕)의 논문을 참고로 필자가 의역해서 정리.

기답게 살기 위해 어떻게 타자와 관계할 것인가에 그 취지가 있다. '협동조합'에서 '한 사람'으로, 협동조합의 '이념적 위기'에서 한 사람 한 사람의 '사회적 관계'로, 지금의 시대 변화를 집중해서 봐야 협동조합이 나아갈 방향 또한 찾아진다. 앞으로의 협동조합은 무리로서의 인간을 넘어 한 사람 한 사람이 자기답게 살아갈 수 있게 그 필요에 응답하고 그 염원을 공유해야 비로소 존재하는 의미가 있다.

부록

1. ICA 원칙의 개정 전후 영문 비교

개정 전(1966~1995년)	개정 후(1995년~현재)
1. Voluntary Association and Open Membership Membership of a co-operative society should be voluntary and available without artificial restriction or any social, political or religious discriminations, to all persons who can make use of its services and are willing to accept the responsibilities of membership.	**1. Voluntary and Open Membership** Cooperatives are voluntary organizations, open to all persons able to use their services and willing to accept the responsibilities of membership, without gender, social, racial, political or religious discrimination
2. Democratic Control Co-operative societies are democratic organizations. Their affairs should be administered by persons elected or appointed in a manner agreed by the members and accountable to them. Members of primary societies should enjoy equal rights of voting (one member, one vote) and participation in decisions affecting their societies. In other than primary societies the administration should be conducted on a democratic basis in a suitable form.	**2. Democratic Member Control** Cooperatives are democratic organizations controlled by their members, who actively participate in setting their policies and making decisions. Men and women serving as elected representatives are accountable to the membership. In primary cooperatives members have equal voting rights (one member, one vote) and cooperatives at other levels are also organized in a democratic manner.
3. Limited Interest on Capital Share capital should only receive a strictly limited rate of interest, if any.	**3. Member Economic Participation** Members contribute equitably to, and democratically control, the capital of their cooperative. At least part of that capital is usually the common property of the cooperative. Members usually receive limited compensation, if any, on capital subscribed as a condition of membership. Members allocate surpluses for any or all of the following purposes: developing their cooperative, possibly by setting up reserves, part of which at least would be indivisible; benefiting members in proportion to their transactions with the cooperative; and supporting other activities approved by the membership.
4. Equitable Division of Surplus Surplus or savings, if any, arising out of the operations of a society belong to the members of that society and should be distributed in such manner as would avoid one member gaining at the expense of others. This may be done by decision of the members as follows: (a) By provision for development of the business of the Co-operative. (b) By provision of common services; or (c) By distribution among the members in proportion to their transactions with the society.	

| | 4. Autonomy and Independence
Cooperatives are autonomous, self-help organizations controlled by their members. If they enter into agreements with other organizations, including governments, or raise capital from external sources, they do so on terms that ensure democratic control by their members and maintain their cooperative autonomy. |
|---|---|
| 해당 원칙 없음 | |
| 5. Cooperative Education
All co-operative societies should make provision for the education of their members, officers, and employees and of the general public, in the principles and techniques of Co-operation, both economic and democratic. | 5. Education, Training, and Information
Cooperatives provide education and training for their members, elected representatives, managers, and employees so they can contribute effectively to the development of their co-operatives. They inform the general public - particularly young people and opinion leaders - about the nature and benefits of co-operation. |
| 6. Cooperation among Cooperatives
All co-operative organizations, in order to best serve the interests of their members and their communities should actively co-operate in every practical way with other co-operatives at local, national and international levels. | 6. Cooperation among Cooperatives
Cooperatives serve their members most effectively and strengthen the cooperative movement by working together through local, national, regional and international structures. |
| 해당 원칙 없음 | 7. Concern for Community
Cooperatives work for the sustainable development of their communities through policies approved by their members. |

2. 뷔셰의 노동자협동조합 원칙(1831년)

① 조합원은 스스로 도급업자가 되고, 공무를 수행하는 대표자를 호선한다.
② 조합원은 노동일, 생산고, 숙련도에 따라 보수를 받는다.
③ 순이익의 20%는 사회적 자본으로, 나머지는 (조합 내) 상호부조 기금과 노동에 따라 (조합원에게) 분배한다.
④ 사회적 자본은 양도하거나 분할하지 않으며, 새로운 조합원을 계속 가입시켜간다.
⑤ 조합원 아닌 노동자를 1년 이상 고용하지 않고 그 후에는 가입시킨다.

3. 슐체 델리치의 도시형 신용협동조합 원칙(1855년)

① 조합원은 신용의 수신자이면서 여신자이고, 또 조합의 경영자다. 사업의 손실과 이익은 모

든 조합원에게 귀속된다.
② 조합의 자금거래는 은행과의 거래에 준하고 시장이자율에 상응하는 이자를 지급한다. 임원이나 직원에게는 그 노력에 따라 보수를 지급한다.
③ 준비금은 순이익 안에서 적립하고 손실보전과 조합재산의 증가를 위해 충당한다.
④ 조합원은 출자하고 출자액에 따라 배당을 받는다. 배당금은 출자금에 더해 조합의 자금을 증대시킨다.
⑤ 기타 필요한 자금은 조합원의 공동신용을 통해 상호적으로 조성한다.
⑥ 조합은 모든 사람에게 열려 있으며, 모든 직종의 직업이 필요로 하는 자금 수요에 대응한다.
⑦ 조합은 인적 단체이며, 신용사업을 통해서만 도움을 준다.
⑧ 조합원에게 대여하는 신용은 단기 대여를 원칙으로 한다.
⑨ 조합을 발전시켜 조합원의 모든 자금 수요에 대응한다.

4. 몬드라곤 협동조합 복합체 원칙(1987년)

① 열린 조합원제: 몬드라곤은 우리 원칙에 동의하는 모든 사람에게 열려 있다.
② 민주적인 조직: 협동조합의 운영 기관을 선출하고 주요 안건을 결정하는 데 있어 1인 1표제.
③ 노동 주권: 이익은 조합원이 그 이익을 달성하기 위해 기여한 노동에 따라 배분한다.
④ 자본의 도구적이고 부수적인 성격: 자본은 필요한 자원이지만 투표권을 갖지 않으며, 이익에 대한 지분이 제한되고 노동에 종속된다.
⑤ 경영 참여: 사업경영에서 조합원의 책임 있는 참여.
⑥ 임금 연대: 협동조합의 실제 가능성에 맞게, 또 대내적이고 대외적인 수준과 몬드라곤을 위해 공평하게.
⑦ 상호협력(협동조합 간 협동): 협동조합 간의 연대와 사업적 효율화를 위한 메커니즘으로서.
⑧ 사회 변혁: 지역에 도움이 되고 지속 가능한 발전을 위한 헌신.
⑨ 보편성(국제성): 사회적 경제 차원에서 다른 경제민주주의의 추진자들과 연대해 국제적인 협력 운동을 적극 전개.
⑩ 교육: 인간과 협동의 문화 촉진, 구성원과 일반 청년들의 협동적이고 전문적인 교육 등에 인적 재정적 자원 배분.

제5장 개인화 시대, 협동조합의 길

협동조합은 계속 살아남을 수 있을까?

 이상에서 나는 ICA의 〈정의〉〈가치〉〈원칙〉을 통해 협동조합의 정체성에 대해 살펴보았다. 협동조합을 제대로 알기 위해서는 먼저 그에 관한 말을 과학 할 필요가 있다고 생각했기 때문이다.
 그런데 사실 이런 내 작업은 처음부터 한계가 있었다. 협동조합에 관한 말들 대부분은 지금까지 협동조합을 해온 이들의 생각과 실천을 담은 것이기는 해도, 앞으로 협동조합을 해나갈 이들의 그것까지는 담아내지 못하고 있다. 과거를 제대로 알기에는 도움이 될지언정, 미래를 전망하기에는 역시 불충분하다. 더구나 ICA가 1995년에 '성명'을 내놓은 지도 벌써 30여 년 가까운 세월이 흘렀다. 그동안 세상은 엄청나게 변했고, 앞으로는 더 빠르게 변해갈 것이다. 이런 때 기존의 틀을 넘어서는 새로운 방향을 제시하지 못하면, 제아무리 훌륭한 협동조합 정체성이라 해도 무용지물이 될 수 있다.

가령, 좀더 거시적인 관점에서 협동조합을 보자. 협동조합은 근대의 발명품이다. 그것도 근대의 정신을 오롯이 새기고, 어떤 면에서는 근대보다 앞서 근대를 이끌어온 뛰어난 근대의 발명품이다. 근대 이전에도 비슷한 것이 있었지만, 소위 '협동조합'이라 불리는 것은 모두 근대 이후에 태동했다. 근대의 정신이 협동조합을 정형화했고, 협동조합을 통해 근대가 구체화되었다.

그런데 지금은 너나없이 모두가 '포스트 모던(post-modern)'을 이야기한다. 본래는 '근대 이후'라고 해서 단지 근대를 앞뒤로 나누는 정도의 의미지만, 무슨 이유에선지 사람들은 그 안에 가치와 의지를 담아 '근대를 넘어'[탈근대(脫近代)]라는 취지로 자주 사용한다. 이유야 어떻든 근대에 의해 발명되고 근대와 함께 성장해온 협동조합으로서는 서운한 이야기가 아닐 수 없다.

사람에 따라서는 지금을 '재귀적(reflexive)[1] 근대화'라고 부르기

---

[1] '재귀적(reflexive)' 혹은 '재귀성(reflexivity)'은 'reflex(거울 등에 반사시키다)'에서 파생된 단어로, 자신이 행한 행위가 하나의 대상이 되어 자신에게 되돌아오는 것을 말한다. 예를 들어, 인도유럽어족에는 '재귀대명사'라고 있다. "다시 만납시다"를 독일어로 "Wir sehen uns wieder"(We see us again), 즉 "우리가 우리를 다시 만나게 한다"라고 한다. 이 경우 'uns'(us)가 재귀대명사인데, 만약 그 결과로 우리가 다시 만나게 되면 이는 'uns'(us)가 'Wir'(We)를 다시 만나게 한 것이 된다. 우리 언어에서는 잘 사용하지 않아 생소할지 모르지만, 사고로서는 '자업자득(自業

도 한다. 그동안의 근대화 과정이 반환점을 돌아 그 결과물이 우리 자신에게로 돌아오고 있다는 의미다. 지난 근대화 과정에서 우리는 봉건시대의 도시와 농촌 공동체, 가족 공동체, 신분제, 봉건국가, 자연으로부터의 위협 등을 대신해 시민사회, 핵가족, 계급운동, 국민국가, 자연의 개발 등을 추진해왔다. 그런데 이런 근대화의 결과가 이번에는 시민사회의 붕괴, 핵가족의 해체, 계급운동의 종언, 세계화, 생태계의 위기 등으로 우리 자신을 위협하고 있다. 예전의 것을 대상화해서 만들어온 결과가 그 주체를 위협하고 있고, 다시 대체해야 할 대상이 되고 있다. 협동조합에 비유하자면, 조합원이 만들어온 협동조합이 지금은 조합원으로부터 지양의 대상이 되고 있다는 이야기다.

'포스트 모던'과 함께 지금을 표현하는 또 하나의 유행어로 '포스트 트루스(post-truth)'가 있다. 이 또한 본래는 '진실 이후'라고 해서 단지 여론 형성의 변화, 즉 모두가 공유하는 객관적인 사실보다 감정적인 호소나 개인의 의견이 여론 형성에 큰 영향력을 미치고 있는 상황에 대한 우려의 목소리인데, 무슨 이유에선지 사람들은 그 안에 가치와 의지를 담아 '진실에서 벗어나'[탈진실(脫眞實)] 즉 진실 자체가 의미를 상실했거나 무엇이 진실인지 모르게 되었다는 취지로 자주 사용한다. 협동조합에 비유하자면, 조합원이 믿고 따르던

自得)'이나 '인과응보(因果應報)'처럼 우리 일상에 널리 침투해 있는 것이 '재귀'라는 개념이다.

공통의 신념이 더 이상 필요 없어졌거나 적어도 그 영향력을 앞으로는 더욱 잃어가게 될 거라는 이야기다.

만약 이런 이야기들이 모두 사실이라면 협동조합은 앞으로 어떻게 될까? 근대에 의해 발명되고 어떤 면에서는 근대를 선도해온 협동조합은 이런 '포스트 모던'과 '포스트 트루스'의 시대에도 계속 살아남을 수 있을까? 협동조합의 성장 기반이 되어왔던 시민사회와 가족이 무너지고, 성장의 원동력이 되어왔던 공통의 신념과 가치가 그 영향력을 상실해가는 속에서 협동조합은 앞으로도 계속 성장을 이어갈 수 있을까?

그 해답은 아마도 협동조합이 이런 시대의 변화에 얼마나 잘 대응하느냐에 달려 있을 것이다. 그리고 그 대응은 아마도 지금까지의 근대와 앞으로의 근대가 어떻게 다른지를 정확히 파악하는 데서 찾을 수 있을 것이다. 그 차이를 잘 파악해서 시대의 변화보다 앞서 시대를 이끌어갈 수 있다면 계속 성장을 이어가겠지만, 그렇지 못하면 아마도 지난 근대와 더불어 그 수명을 다하게 될 것이다. 협동조합에 여전히 큰 기대를 걸고 있는 나로서는 안타까운 일이 아닐 수 없다. 이런 안타까움이 기우로 그치기를 바라는 마음에서, 또 앞으로 다가올 새로운 시대에도 협동조합이 그 역할을 더욱 힘차게 발휘하기를 기대하면서, 이번 장에서는 시대의 변화가 갖는 의미와 이를 선도하는 협동조합의 방향에 대한 내 나름의 생각을 소개하고자 한다.

시대의 변화 ① : 말의 재귀

모든 시대에는 항상 그 시대를 견인해온 말이 있다. 말이 중요한 이유는, 어느 시대든 그 시대를 견인하는 것이 결국은 사람인데, 그 사람을 견인하는 것이 바로 말이기 때문이다. 근대의 경우, 그 말은 아마도 '자유'와 '평등'일 것이다. 국가나 종교 등 그 어떤 초월적인 것에 의한 구속에서 벗어나려는 자유. 신분이나 지위 등 그 어떤 위계적인 것에 의한 차별에서 벗어나려는 평등. 이 두 가지야말로 근대를 열고 근대의 오랜 기간을 지배해온 가장 중요한 말이다.

근대 이전까지 자유는 신(종교)이나 국왕(국가), 이에 봉사하는 성직자나 귀족들만의 전유물이었다. 그들만이 자유를 점유했고, 보통 사람들은 자유가 무엇인지도 모른 채 그들의 지배 아래서 살아야만 했다. 이런 자유의 점유를 허물고 모든 사람에게 다 타고난 자유가 있음을 알려준 것이 바로 근대의 자유다. '자유'라는 말을 손에 넣은 덕에 보통 사람들도 자유를 얻고자 소망할 수 있게 되었고, 이를 용인하지 않는 구체제에 맞서 저항할 수 있게 되었다.

그런데 지금은 어떤가. 근대화 과정을 거쳐온 지금은 실제로야 어떻든 외양만 봐서는 모두에게 이미 자유가 보장돼 있다. 덕분에 과거와 같은 '구속에서 벗어나려는 자유' '획득하는 자유'가 지금은 그 힘을 잃어가고 있다. 예전 같으면 우리를 지배하는 구속에서 어떻게 하면 벗어날지, 우리에게는 없는 자유를 어떻게 하면 획득할지가 주된 관심사였는데, 지금은 이미 보장된 자유를 어떻게 하면 내가 만끽하며 살아갈지, 내 삶을 내 자유의사에 따라 어떻게 꾸려갈지가 주된 관심사로 바뀌고 있다.

최근에 나는 "시민운동의 시대가 이제 끝난 거 아닐까"라고 자주 이야기하고 다니는 바람에 주변으로부터 적잖은 빈축을 사고 있다. 지난 수십 년 동안 우리 사회는 분명 시민운동이 큰 대세였다. 보통 사람들이 자신을 시민이라 여기며 우리에게도 자유를 달라고 외쳐왔다. 자유를 향한 의지가 시민의식을 더욱 고양시켰고, 시민의식을 가진 이들의 단결이 정치적 민주화에도 크게 기여했다. 그런데 지금은 자기를 시민이라 여기는 사람이 별로 없고, 상대를 시민이라 부르지도 않는다.[2] 시민으로서의 동질성이 약화해가는 속에서 자기다움을 향한 열망만큼은 그 어느 때보다 강렬하다. 예전 같으면 같은 옷을 입고 시위에 나섰던 이들이 지금은 시위는커녕 같은 옷 입는 것 자체를 별로 달가워하지 않는다.

평등도 마찬가지다. 근대 이전에도 평등은 있었지만, 이는 범주 내 평등이었다. 신분이나 지위가 다르면 비교의 대상도 되지 않았다. 자기들과는 다른 신분의 사람들이, 자기들에게는 없는 권리를 가지고, 자기들을 그들과 다르게 취급하는 것에 대해 아무런 의문도

---

[2] '시민(citizen)'이란 본래 우리의 '님'처럼 이름 뒤에 붙이는 일종의 호칭이었다. 프랑스혁명 당시 신분상의 차이를 없애고 평등한 관계를 표현하기 위해 가장 널리 사용된 간단한 방법이 호칭에서 직함이나 존칭을 없애고 모두에게 동일한 호칭을 붙이는 것이었다.

갖지 않았다. 이런 범주 내 평등을 허물고 모든 사람이 다 동등하다는 사실을 일깨워준 것이 바로 근대의 평등이다. '평등'이란 말을 손에 넣은 덕에 보통 사람들도 범주가 다른 이들과도 자신을 비교할 수 있게 되었고, 그들에게는 있는데 우리에게는 없는 것을 요구할 수 있게 되었다.

그런데 지금은 어떤가. 근대화의 과정을 거쳐온 지금은 평등사회까지는 아니어도 최소한 평등화되어가는 사회인 것만은 분명하다. 사람 위에 더는 사람 없고, 사람 아래에도 더는 사람 없다. 그렇다고 해서 불평등 의식이 완전히 사라졌냐 하면 그렇지 않다. 예전 같으면 범주가 다른 이들을 향해서만 느꼈던 불평등 의식이 지금은 개인을 향한 개인의 감각으로 더욱 첨예하다. 누구도 내게 없는 특권을 가질 수 없고, 내가 누구보다 불평등한 대우를 받아서는 안 된다. 한 발 더 나아가 지금은 평등에 대한 기대치가 나날이 높아지고 있고, 그 대상 또한 더욱 확대되고 있다. 다른 이와 동등하게 대우받는 것을 넘어 나만의 특별한 존재로서 대접받기를 바라고 있고, 인간을 넘어 다른 생명도 평등하게 대해야 한다고 생각하고 있다.

예전부터 나는 "아직도 계급운동이냐"는 이의를 제기해온 탓에 모르는 이들로부터도 종종 비판받았었다. 지난 수십 년 동안 우리 사회는 분명 계급운동이 전성기였다. 보통 사람들이 자신을 노동자나 농민 등으로 부르면서 우리도 당신들처럼 대우해달라고 외쳐왔다. 평등을 향한 의지가 계급의식을 더욱 고양시켰고, 계급의식을 가진 이들의 단결이 자본주의 문제를 해소하는 데도 크게 기여했다. 그런데 지금은 자기가 어떤 계급에 속하는지 별로 관심이 없고, 어떤 계급에 속한다고 아무도 생각지 않는다. 계급으로서의 동등성이 약해진 속에서 타자에 대한 불평등 의식만큼은 그 어느 때보다 더욱 치열하다. 한때는 머리띠를 두르고 대기업 타도를 외치던 노동자들이 지금은 그 주식을 사면서 주가가 오른 같은 노동자를 배 아파한다.

시대의 변화 ②: 사람의 재귀

자유와 평등은 근대의 '인권(人權)' 개념을 지탱해온 두 기둥이다. 그런데 그 '사람의 권리'가 '우리의 인간다울 권리'에서 지금은 '나의 나다울 권리'로 변화하고 있다. 근대를 견인해온 가장 중요한 두 말이 근대화의 결과로 반환점을 돌아 새로운 의미로 그 주역들에게 다가오고 있는 셈인데, 이런 변화를 나는 '개인화(personalization)'라고 부른다.

최근 들어 경영학에서도 '개인화 마케팅(personalized marketing)'이 자주 거론되고 있다. 고객 개개인의 필요에 맞는 제품이나 서비스를 제공함으로써 고객에게는 만족을, 기업에는 부가가치를 높이려는 새로운 마케팅 전략의 하나다. 시대의 변화에 발 빠르게 대응하는 기업의 변신에 그저 놀라울 따름이지만, 내가 말하는 '개인화'는 그런 취지와는 조금 차이가 있다. 개인을 중시한다는 점에서는 같지만, 고객 맞춤형 서비스 제공과는 다르게 개개인이 자기 개성과 동시에 관계성을 중시하면서, 자기가 자기답게 살기를 추구하고 타자가 타자답게 살 수 있게 서로 도와가는 그런 사회의 모습을 말한다.

'개인화' 하면 보통은 개성만을 떠올리는데 왜 관계성인지 잠깐 언급할 필요가 있겠다. 우리는 종종 '권리'의 상대 개념으로 '책임'을 거론한다. 그리고 이때의 책임은 그 대상이 주로 '사회'가 된다. 즉, 사회가 사람들에게 인간으로서의 권리를 보장해줬으니 그 대가로 사람들은 사회에 대한 책임이 따른다는 논리다. 하지만 이는 근대화 과정에서나 통했을 법한 인간과 사회 간의 대차 관계다. 인간으로서의 보편적 권리를 획득해 사회 안에 실체화해갈 때는 당연히 사회에 대해 부채 의식을 가졌을 것이다.

하지만 지금은 상황이 다르다. 인간으로서의 권리가 이미 상당 수준으로 보장된 속에서 사회의 역할은 권리의 획득과 실체화보다 권리의 침해를 단속하는 데 있다. 인간의 보편적 권리를 넘어서는 자기다울 권리는 오히려 사회 안의 작은 사회라 할 수 있을 타자와의 구체적인 관계 속에서 확보된다. 인간으로서의 보편적 권리를 보장받는 데 따르는 책임이 사회로 향한다면, 개인으로서의 나다움이 존중되는 데 따르는 책임은 구체적인 타자에게로 향한다. 나의 나다움도 타자와의 관계 속에서 실현되고, 그 대가로 나에게는 그의 그다움을 실현해줘야 할 책임이 있다. 개인화는 관계의 단절이 아니라 오히려 관계를 통해서만 실체화된다.

어떻든 이런 개인을 불교에서는 "하늘 위 하늘 아래에서 가장 존엄한 존재",[3] 기독교에서는 "신의 모습대로 지어낸 사람",[4] 동학에서는 "각자 자기 나름으로 그 안에 천(天) 즉 한울을 모신 님"[5]이라 부른다. 구태의연한 종교 이야기 같지만, 내 존엄성을 되찾는 것과 강요된 지고성의 형식을 거부하는 것과는 전혀 다른 이야기다. 지난 근대화 과정을 통해 우리가 극복하고자 했던 것은 강요된 지고성의 형식이다. 이를 주술로 보고, 여기서 벗어나야 비로소 자기 존엄성을 되찾을 수 있다고 외쳐온 것이 "주술로부터의 해방"이었다. 그런

---

[3] 석가모니가 세상에 태어난 직후 사방으로 일곱 걸음씩을 걸은 다음, 오른손과 왼손으로 각각 하늘과 땅을 가리키며 "천상천하 유아독존(天上天下 唯我獨尊)"이라 했다고 한다. "하늘 위와 하늘 아래에서 오직 내가 홀로 존귀하다"라는 뜻인데, 여기서 '나'는 석가모니 개인이 아니라 온 세상 모든 개개의 존재를 말한다.

[4] 창세기(1:26.27)에 나오는 "하느님께서는 '우리 모습을 닮은 사람을 만들자! 그래서 바다의 고기와 공중의 새, 또 집짐승과 모든 들짐승과 땅 위를 기어 다니는 모든 길짐승을 다스리게 하자!' 하시고, 당신의 모습대로 사람을 지어내셨다."라는 대목의 일부다. 여기서 '다스린다'를 인간에 의한 다른 생명의 지배로 이해해서는 곤란하다. 이런 잘못된 이해가 인간중심주의의 근거가 되고, 생명 파괴의 원인이 된다.

참고로, '다스린다'의 한자 '치(治)'는 '물 수(氵)'에 '먹일 태(台)'를 더한 글자다. 강이나 하천의 물을 잘 다스려—이를 우리는 '치수(治水)'라 부른다— 사람들을 먹여 살린다는 데서 생겨난 글자다. 물 흐르듯 흘러가는 자연의 이치와 생명의 각기 다른 자기 본성을 잘 살펴 모든 생명을 굶기지 말고 잘 먹여 살리라는 것, 그것이 하느님이 당신 모습대로 사람을 지어낸 참뜻이 아니었을까 싶다.

[5] 동학의 창시자 최제우의 '시천주(侍天主)'를 내 나름으로 풀이한 것이다.

데 안타깝게도 우리는 '해방'에 너무 몰두한 나머지 정작 중요한 자기 존엄성마저 주술로 만들어버렸다. 자기 존엄성을 되찾기는커녕 종교를 대신하는 자본이라는 더 큰 주술로 인해 저주받게 되었다. 근대화가 낳은 또 하나의 재귀인 셈이다.

우리나라에는 사회주의 시각에서 협동조합을 이해하려는 분들이 적지 않다. 그다지 권하고 싶지는 않지만, 굳이 이런 시각에서 협동조합을 이해하려 할 것 같으면 먼저 사회주의라는 단어 자체를 바로잡아야 한다. '사회주의(socialism)'는 '사회(society)+주의(ism)'가 아니라 '사회적(social)+주의'다. '사회'가 아니라 '사회적'을 최우선의 가치로 삼는 생각과 실천이다. 한편에서는 개개인의 자기다움을 무참히 짓밟는 '전체주의(totalitarianism)'에 저항해서, 다른 한편에서는 모든 책임을 개개인에게 떠넘기는 잘못된 '개인주의(individualism)'에 맞서서, 개인과 개인의 자유롭고 평등한 관계를 통해 각자의 자기다움을 실현하려 했던 생각과 실천이 바로 '사회(적)주의'다.

이런 점에서 보면, 지금이야말로 '사회(적)주의'가 다시 발흥하는 때다. 과거에는 시민이나 계급과 같은 무리가 사람이었는데, 지금은 개개인이 곧 사람이다. 과거에는 보통 사람들이 같은 인간으로서의 자유와 평등을 추구했는데, 지금은 나의 나다울 자유와 평등이 가장 중요하다. 협동조합도 과거에는 생산자나 소비자, 노동자나 농민을 조합원으로 보고 그들 공통의 필요와 염원을 충족하는 데 그 목적이 있었다면, 지금은 각자가 나로서 조합원이 되어 자기 다움을 실현하기 위해 협동조합에 참여한다. ICA가 〈정의〉에서 "협동조합은… 자발적으로 결합한 사람들의 자율적인 결사체"라고 했을 때, 그 '사람들(persons)'이 지금은 '다수의 사람(s)'에서 '개개의 사람(person)'으로 바뀌고 있다. "우리에게도 자유를"이 "나를 나대로"로, "우리도 너희들처럼"이 "나를 나로서"로 바뀌고 있다. 근대화를 이끌어온 주체가 그 분기점을 돌아 새로운 주체의 등장을 예고하고 있다.

고독하고 불안해하는 사람들

물론 이런 개인화 시대를 살아가는 사람들에게도 어려움은 있다.

세상에 하나뿐인 나는 수많은 하나뿐인 나들의 하나일 뿐이다. 모두가 특별하다는 것은 누구도 특별하지 않다는 것과 같다. 더구나 지금은 이런 하나일 뿐인 특별한 내가 세상과 홀로 마주해야 한다. 근대 이전에는 가족(혈연)이나 마을(지연) 같은 공동체를 매개로, 근대 이후에는 협동조합 같은 결사체를 매개로 세상과 관계했다면, 지금처럼 공동체가 무너지고 결사체가 취약해진 상황에서는 나 혼자 세상과 마주해야 한다.

인터넷을 비롯한 정보통신기술의 발달은 이런 경향을 더욱 가속화시킨다. IT 시대를 살아가는 사람들은 그 어느 때보다 세상과 폭넓게 연결돼 있지만, 그 어느 때보다 세상에 혼자 노출돼 있다. 나를 지켜줄 중간 집단이 그 응집력을 잃어가고 타자와의 유대 또한 더욱 취약해진 속에서, 하나뿐인 소중한 내 삶을 고독과 불안 속에서 살아야만 한다.

참고로, 공동체와 결사체의 다른 표현으로 '게마인샤프트'와 '게젤샤프트'가 있다. 어원 면에서 볼 때, '게마인샤프트(Gemeinschaft)'는 혈연이나 지연으로 맺어진 '공동의(Gemein) 관계(schaft)'를 말하고, '게젤샤프트(Gesellschaft)'는 중세 유럽의 장인들 사이에서 맺어진 '장인(Gesell)의 관계'를 말한다. 보통은 근대사회를 게젤샤프트로 규정하면서 이를 '이익사회'라 번역하지만, 둘 다 전혀 근거 없는 이야기다.

아무리 장인들 사이의 관계라도 그 목적이 단지 이익에만 있지 않았다. 장인들 사이의 상호부조 관계 속에서 협동조합도 태동했음을 잊어서는 안 된다. 또 근대사회를 게젤샤프트로만 규정하는 것도 사실에서 벗어나 있다. 근대사회는 비록 그 규모가 축소되기는 했어도 가족 등과 같은 다양한 유형의 미분화된 게마인샤프트 위에 이들과의 상호관계로서 게젤샤프트가 있는 구조다.

아무튼 오늘날 세계 곳곳에서 민주주의가 위기에 빠지고 배타주의가 횡행하는 것도 이런 공동체와 결사체의 쇠퇴와 무관하지 않다. 자기를 지켜줄 중간 집단이 그 응집력을 잃어가는 속에서 고독한 개인은 다수의 목소리에 쉽게 위축된다. 자기다움에 누구보다 민감한 개인일수록 역설적으로 다수의 총체인 사회의 목소리에 무력감을 느낀다. 민주주의의 다수결이 위험한 이유는 다수의 주장을 소수에게 강요해서가 아니라—그럴 수 있는 시대는 이미 지났다— 다수의 주장에 대해 소수가 스스로 판단하지 못하게 하고, 결국에는 사람들을 '선량한 다수'와 '고독한 소수'로 나누어 대립을 부추긴다는 데 있다. 최근 우리 사회에서 '팬덤 정치'가 유행하는 것도 어떤 면에서는 이런 고독한 소수가 자기들 나름의 탈출구를 찾으려 한 데 그 원인이 있다.

배타주의는 이런 민주주의의 내부적 취약성이 밖으로 굴절되면서 자행되는 행태다. 고독하고 불안한 개인은 어떤 집단과 자신을 쉽게 동일시하고, 불안의 요인이 실은 다른 데 있음에도 특정 집단에 그 원인을 돌려 자기들 불안을 해소하려 든다. 인터넷을 떠도는 각종 악성 댓글들, 성 정체성·성적 지향·장애·생각(사상)의 차이에 대한 차별적이고 혐오적인 발언들, 도쿄 한복판에서 자행되는 한국인·조선인을 향한 헤이트 스피치와 걸핏하면 들고나오는 한국 사회에서의 반일 선동, 트럼프 시대 미국의 국경 장벽 설치와 유럽 일부 국가들의 이민 규제 강화 등은 모두 그 이면에 고독한 개개인의 불안이 있고, 이런 불안이 왜곡돼 드러난 집단적 배설이다.

시대의 변화 ③ : 마음의 재귀

그렇다면 개인화 시대에 사람들은 왜 불안을 느낄까? 단순히 인간관계가 단절되고 세상에 혼자 노출되었기 때문에 불안감에 휩싸이는 걸까? 반은 맞고 반은 틀리다. 관계의 단절만으로 지금 시대의 불안을 설명하기에는 충분하지 않다.

불안이 오늘날 일반화된 것은 분명한 사실이다. 하지만 그렇다고 해서 불안이 지금 시대에 시작된 것은 아니고, 더구나 고독해서 불안하다는 식으로 하나로 묶어서도 안 된다. 근대 이전에도 고독한 사람들은 있었다. 특히 자유를 향한 강렬한 의지를 가진 성직자나 귀족들 가운데는 자유를 누리는 대신에 고독을 기꺼이 감수하는 이들이 많았다. 이런 그들에게 불안은 별로 따라붙지 않았고, 불안을 느끼는 이들은 오히려 무리 지어 살아가는 보통 사람들이었다.

지금의 우리가 고독과 불안에 힘들어한다면, 근대 이전의 보통 사람들에게도 그 마음을 괴롭히는 감정이 있었다. 다름 아닌 두려움과 우러러봄이 함께 어우러진 '경외(敬畏)'의 감정이다. 이런 경외의 감정은 대체로 미지의 외부 세계에서 비롯된다. 보이지 않고 알 수 없고 예측할 수 없는 어떤 것, 지금의 우리가 초월적이라 부르는 그것이 자기들 삶에 위협이 된다고 느낄 때, 보통 사람들이라면 당연히 두려움으로서 반응할 수밖에 없었다. 설령 그 두려움의 실체가 자연재해든 외국으로부터의 침략이든 이는 별로 중요하지 않다. 중요한 것은 외부의 알 수 없는 것에 대해 두려움을 느꼈고, 그 두려움이 결국에는 그 대상을 우러러보게 했다는 사실이다.

근대의 가장 큰 성과는 이런 두려움과 우러러봄을 인간의 마음 밖으로 끄집어냈다는 것, 그래서 경외의 감정으로부터 인간을 해방시켜주었다는 데 있다. 물론 이는 두려움의 실체를 인간이 밝혀냈기 때문이 아니다. 그보다는 오히려 두려움의 대상을 개개인의 마음에서 과학의 영역으로 옮겨놓은 덕에 사람들로 하여금 그 영향에서 벗어날 수 있게 해준 것이다. 아니 좀더 엄밀하게 말하면, 과학 역시 실은 마음의 영역에 속하기 때문에 두려움의 대상을 마음속 어느 가상의 공간에 가둬놓은 덕에 보통 사람들에게는 그것이 마치 사라진 듯한 착각을 불러일으킨 것에 불과하다. 근대의 화려한 과학적 발견은 이렇게 먼저 마음의 해방으로부터 시작되었다.

어쨌든 개개인의 마음을 지배하던 두려움과 우러러봄의 대상을 마음 밖으로 끄집어내고 나면, 이제 남는 것은 자기 마음뿐이다. 과거에는 나를 괴롭히는 감정의 대부분이 미지의 외부에서 왔다면, 지금은 내 마음에서 비롯된 내 감정이 나를 괴롭힌다. 이는 개인화 시대를 살아가는 이들의 불안을 이해하는 데 있어 가장 중요한 관점이다. 똑같은 불안일지라도 과거의 두려움이 미지의 외부 세계에 대한 우리들 마음의 반응이었다면, 그 어느 때보다 세상을 잘 알게 된 지금의 두려움은 나 자신에 대한 내 마음의 반응이다. 이런 차이를 명확히 구분하지 못하면 지금의 불안을 제대로 이해할 수도, 진정으로 해결할 수도 없다.

만약 관계의 단절 때문에 정말로 불안을 느낀다면, 이는 관계 회복을 통해 어떻게든 해소가 가능할 것이다. 하지만 지금은 어느 누구도 그렇게 하지 않는다. 관계를 가볍게 봐서가 아니라 관계 회복을 통해 불안이 해소될 거라 여기지 않기 때문이다. 고독과 불안에 휩싸인 이들에게 정신과 의사들이 왜 SNS를 중단하라고 권유하는지 그 이유를 되새길 필요가 있다. 이 시대의 불안은 세상과 혼자 마주하게 되었기 때문에 느낄 수밖에 없게 된 피동적인 감정이라기보다, 혼자인 것을 즐기며 살아갈 힘이 부족하다고 스스로 느끼기 때문에 생겨나는 자기 내면의 감정이다. 다른 이와 비교해서 내가 실제로 못나서라기보다, 한 인간으로서 자기 가치를 충분히 발견하지 못하고 있다고 느끼기 때문에 생겨난 내 안에서의 감정이다.

가령, 요즘 유행하는 SNS를 예로 들어보자. 미학적으로 볼 때 SNS는 근대 이전의 창작활동과는 크게 다르다. 우선 미(美) 즉 아름다움의 대상이 근대 이전에는 현실과는 동떨어진 화려한 별천지였는데, SNS에서는 어디에나 있을 법한 평범한 일상으로 바뀌었다. 아름다움의 표현방식 또한 근대 이전에는 화려함과 추함, 선과 악, 정의와 불의의 과도한 대비로써 그려졌는데, 지금의 SNS에서는 소소한 자기 일상의 담담한 반복으로 바뀌었다. 나아가 근대 이전까지는 귀족이나 성직자, 그들에게 봉사하는 전문 예술가에게만 국한되어 있던 아름다움의 표현 주체가 SNS에서는 보통의 일상을 살아가는 평범한 사람들로 바뀌었다. 한마디로 무상으로 제공되는 각종 웹사이트를 화선지 삼아 모두가 "소소한 일상의 담담한 변주곡"을 그려낼 수 있게 된 것이 지금의 SNS다.

이는 분명 지난 근대화가 안겨준 커다란 선물이다. 하지만 공교롭게도 이런 선물이 정작 그 수혜자들에게는 고통을 안겨주기도 한다. 신분제가 무너지고 누구나 자기표현이 가능하게 된 것은 분명 좋은 징조다. IT 기술의 발달로 다른 이의 자기표현을 자유롭게 공유할 수 있게 된 것이나 손쉽게 자기표현이 가능하게 된 것도 분명 행복한 소식이다. 하지만 현실에서는 그다지 재밌지도 않은 내 소소한 일상을 들어주는 이가 그리 많지 않다. 내 작품을 누군가는 봐줘야 작품을 내놓은 내 마음이 충만해질 텐데, 현실이 꼭 그렇지만은 않다. 누구나 평등하게 자신을 드러낼 수 있게 되었지만, 돌아오는 것은 냉담한 무관심과 그에 따른 짜증뿐이다.

무관심에 따른 짜증은 어떤 면에서는 마음의 해방에 따른 불안과도 상통한다. 모두가 "소소한 일상의 담담한 변주곡"을 그려낼 수 있게 되었지만, 그 대가로 우리는 짜증을 얻었다. 모두가 미지의 외부 세계에 대한 두려움과 우러러봄에서 벗어날 수 있게 되었지만, 그 대가로 우리는 불안을 얻었다.

만약 우리가 "소소한 일상의 담담한 변주곡"을 그려내더라도 타인의 시선을 신경쓰지 않고 자신을 드러내는 자체에 더 큰 즐거움을 두었다면, 아마도 짜증 따위는 처음부터 생겨나지 않거나 생겨나도 충분히 극복할 수 있었을 것이다. 만약 우리가 두려움과 우러러봄에서 해방되었더라도 이를 불러온 내 마음의 조감도를 좀더 세심히 살폈더라면, 아마도 지금의 불안 따위는 처음부터 생겨나지 않았거나 생겨나도 충분히 극복할 수 있었을 것이다.

하지만 우리는 그렇게 하지 않았다. 그렇게 하지 않았기 때문에 두려움과 우러러봄이 지금 그 모습을 바꿔 불안으로 되돌아오고 있고, 무관심으로 인한 짜증이 전문 예술가를 넘어 지금 우리 모두에게까지 미치고 있다.

협동조합의 위기

그렇다면 이런 불안에 빠진 사람들에게 협동조합은 과연 어떤 도움이 되고 있을까?

모든 사회가 그렇듯이 협동조합이 하나의 사회이기 위해서는 두 가지 조건이 필요하다. 하나는 '자유'와 '평등'이고, 다른 하나는 '의미의 창출'과 '희망의 분배'다. 자유와 평등이 한 사회의 존립 요건이라면, 의미의 창출과 희망의 분배는 그 사회의 존재 이유다. 사람들에게 있어 협동조합 같은 사회가 중요한 이유는 그것이 사람들의 자유롭고 평등한 결사로 만들어지기 때문이고, 만들 때나 만들어지고 나서는 사람들에게 존재의 의미와 살아갈 희망을 나눠주기 때문이다. 자기 존재의 의미를 찾지 못하는 사람만큼 고독한 사람은 없고, 내일의 희망을 나눠 갖지 못하는 삶만큼 불안한 삶은 없다. 과거에는 종교나 국가 같은 초월적인 것에서 이를 찾았지만, 모든 초월적인 것이 죽은 근대 이후에는 협동조합 같은 사회가 그 역할을 담당한다.

실제로 협동조합은 지난 근대화 과정에서 이런 역할을 충분히 담당해왔다. 사회 전체에 자유와 평등을 구현해가는 과정에서 사람들은 자유와 평등이 실재하는 협동조합을 만들어왔다. 또 바깥세상이 아무리 나를 하찮게 보고 힘들게 해도 협동조합 안에서만큼은 내 존재의 의미와 삶의 희망이 보였다. 덕분에 협동조합에 참여하는 것은 힘들지만 행복한 일이었다. 사람대접 못 받아온 이들에게 처음으로 사람대접받는 가슴 떨리는 일이었다. 근대와 함께 태동한 협동조합이 근대보다 앞서 근대를 오히려 이끌 수 있었던 동력도 여기에 있다.

그런데 지금은 어떤가. 사람마다 평가는 다를 수 있지만 내가 볼 때 지금의 협동조합에는 실재에서 제도로 추락한 자유와 평등만 남아 있다. 의미의 창출과 희망의 분배는 더는 협동조합 몫이 아니다. 가입과 탈퇴의 자유, 1인 1표의 형식적 민주주의만 남아 있고, 존재의 의미와 살아갈 희망을 찾는 것은 조합원 각자가 알아서 할 일이다. 제도로나마 존립 요건이 남아 있으니 협동조합은 계속될지 모른다. 하지만 존재 이유가 사라진 협동조합이 왜 계속되어야 하는지

솔직히 나는 그 이유를 잘 모르겠다.

이런 상황을 만회하려고 협동조합에서는 종종 '조합원 참여'와 '교육'을 강조한다. 특히 운동성과 정체성을 중시하는 협동조합일수록 이런 경향이 짙다. ICA가 '성명'을 채택하면서 〈가치〉를 명문화하고 〈원칙〉을 대폭 수정한 것도 이런 이유에서였다. 하지만 일부 조합원을 협동조합 운영에 참여시키고 그 사업에서 조합원 참여를 강조한다고 해서, 또 조합원을 대상으로 협동조합을 교육하고 숙련된 기능을 훈련시킨다고 해서, 한번 떠나간 조합원이 다시 돌아오게 될까? 고독과 불안에 휩싸인 지금의 사람들에게 자기 존재의 의미와 내일의 희망을 안겨줄 수 있을까?

예컨대 ICA는 〈가치〉에서 "협동조합은 자조, 자기 책임, 민주주의, 평등, 공정 그리고 연대의 가치를 기초로 한다. 각 설립자들의 전통을 이어받아 협동조합의 조합원은 정직, 공개, 사회적 책임 그리고 타인에 대한 배려라는 윤리적 가치를 신조로 한다"라고 말한다. 또 〈원칙〉에서는 "협동조합은 협동조합의 발전에 효율적으로 기여하도록 조합원, 선출된 대리인, 경영자, 직원들에게 교육과 훈련을 제공한다"(제5원칙)라고 말한다.

자조, 자기 책임, 민주주의, 평등, 공정, 연대라는 '협동조합의 가치'에 대해서는 전혀 이의가 없다. 조합원이 만들고 그 마음에 충실해야 할 협동조합에게 이런 가치들은 협동조합임을 증명하는 최소한의 요건이다. 경영자나 직원을 상대로 협동조합 발전에 기여하도록 교육과 훈련을 제공한다는 데도 동의한다. 이들 역시 최종적으로는 맡은 바 직무에서 벗어나 한 인간으로 회귀해야 하지만, 일단은 조합원으로부터 협동조합의 발전을 위해 노력하라는 역할을 부여받은 사람들이다.

문제는 정직, 공개, 사회적 책임, 타인에 대한 배려라는 '조합원의 가치'다. 이런 가치들은 대부분 협동조합을 일으켰던 초창기 설립자들의 정신을 이은 것으로, 선구자들에게는 확고한 신념이었을지 몰라도 받아들이는 조합원에게는 단지 도덕일 수 있다. 마찬가지로 조합원과 선출된 대리인(=임원)을 상대로 협동조합 발전에 효율적으로 기여하도록 교육하고 훈련한다는 대목도 납득이 안 간다. 조합원을 위해 협동조합이 있는 것이지, 협동조합 발전을 위해 조합원이 있는 것이 아니다. 협동조합 발전을 위해 조합원을 교육하고 훈련한다는 것은 국가의 부국강병을 위해 국민을 유능한 애국자로 길러낸다는 것과 별반 다르지 않다.

자신의 의도와는 상관없이 조합원을 향해 〈가치〉를 강요하고 〈원칙〉을 교육하는 것은 필연적으로 '말에 의한 지배'를 낳을 것이다. 협동조합에서 가치란 본래 조합원이 왜 내가 협동조합 하는지를 표현한 조합원의 말이다. 원칙도 본래는 조합원의 자유와 권리를 옹호하고 조합원 간 관계를 활성화하기 위해 만든 조합원이 말이다. 이런 조합원의 말이 그 주인에게서 떨어져 나가 협동조합을 위한 협동조합의 말이 되어버리면 그 결과는 뻔하다. 마치 지난 근대화의 결과로 국민의 자유와 권리를 옹호하기 위해 만든 법이 오히려 국민을 통제하는 수단이 되어버렸듯이,[6] 말에 의해 조합원이 지배당하는 상황이 펼쳐질 것이다.

소외의 시작

어떤 이가 주체가 되어 만들어온 것이 점점 그에게서 떨어져 나가 급기야는 그를 지배하게 되는 것, 이를 가리켜 우리는 보통 '소외'라 부른다.

소외는 단지 '신과 인간 사이'(포이에르바흐) '상품과 노동자 사이'(마르크스)에서만 있는 것이 아니라 마음을 가진 모든 생명체의 주체와 대상 사이에서, 주어와 목적어의 전도된 모습으로서 항상 발생한다. 다른 생명체와 비교해서 인간이 특히 소외에 민감한 이유는,

---

[6] 국가의 법에 해당하는 것이 협동조합에서는 정관이다. 그리고 이 둘은 모두 '관계를 위한 약속의 말'이다. 여기서 '관계'란 그 대상이 국가와 국민, 협동조합과 조합원이 아니라 국민과 국민, 조합원과 조합원이다. 또 '약속'은 약속 안에서의 관계를 위해서가 아니라 관계를 위한 약속으로서 존재한다. 더욱이 이런 약속의 '말'은 국가나 협동조합이 아니라 국민과 조합원이 정한 것이다. 즉, 국민과 국민, 조합원과 조합원이 개개인의 자유와 권리를 옹호하고 그 관계를 활성화하기 위해 정한 말이 법이고 정관이다. 그런데 어찌된 영문인지 지금은 이런 법과 정관이 국가와 협동조합의 말로 바뀌어 오히려 국민과 조합원 위에 군림하고 있다. 걸핏하면 법에 따라 처리하자거나 정관을 들이대는 것은 국가나 협동조합이 얼마나 국민이나 조합원으로부터 소외되어 있는지를 드러내는 증표다.

단지 자타를 식별하는 의식 능력이 탁월하게 발달한 만큼 자기가 만들어온 대상에 대한 소유욕도 다른 생명체보다 월등하기 때문이다. 일본의 사상가 요시모토(吉本隆明) 역시 모든 생명체의 공통적 특징으로 소외를 들었다.

> 생명체는 그것이 고등이든 원시적이든 단지 생명체라는 존재 자체로 인해 무기적 자연에 대해 하나의 낯섦을 형성한다. 이 낯섦을 가령 원시적 소외라 부른다면, 생명체는 아메바에서 인간에 이르기까지 단지 생명체라는 이유로 원시적 소외라는 영역을 갖고 있고, 따라서 이런 소외를 부정하는 속에서 존재한다.[7]

요시모토에 따르면 소외는 낯섦이다. 실제로 독일어 '소외(Entfremdung)'도 본래는 이런 뜻이다. 그 낯섦이 일차적인 감각기관을 통한 것이든 이차적인 의식작용에 따른 것이든 이는 별로 중요하지 않다. 자기를 감지하고, 따라서 자기와는 다른 대상에게서 어떤 낯섦을 감지할 능력을 지녔다는 것 자체가 생명을 생명이게 하는 가장 큰 위대함이다. 감지의 대상인 자연을 무기적이라고 단정한 것, 이런 낯섦을 생명이 부정할 거라고 단언한 것 빼고는 생명의 본질을 꿰뚫은 탁월한 통찰이라 하지 않을 수 없다.

---

7 吉本隆明, 『心的現象論序說』, 23~24쪽.

그렇다면 이런 생물적 인류와 대비되는 역사적 인간의 경우는 어떨까? 우리는 보통 자본주의의 핵심 문제로 소외가 자주 거론되기 때문에 소외가 마치 근대에 들어 시작된 것처럼 생각하곤 한다. 하지만 자본에 의한 인간의 소외는 이미 원시시대로부터 그 단초가 시작되었다. 인간의 무리가 공동노동을 통해 산출한 결과의 일부를 신에게 양도하기 위해 축적하면서부터 자본과 그로 인한 소외는 이미 시작되었다. 자본주의 사회를 자본·국가·네이션의 결합체로 볼 때도 마찬가지다. 국가는 이미 원시 공동체에서, 네이션도 이미 원시의 씨족이나 부족에서 그 모습을 드러내기 시작했다. 즉, 역사적 인간만 놓고 보더라도 소외의 시작은 인간이 출현하면서부터다. 인간이 숲에서 나와 무리를 이루고, 그 무리가 역사를 만드는 데 필요한 '공동의 자의식'과 '믿음의 집단성'을 갖기 시작하면서부터, 소외의 단초는 이미 제공되었다.

예를 들어 히브리 민족의 창세신화인 아담과 하와(이브) 이야기는 역사적 인간의 소외가 어떻게 시작되었는지를 좀더 자세히 들려준다.

하느님께서 당신의 모습대로 진흙으로 사람을 지어내셨다. 에덴동산 한가운데는 생명나무와 선과 악을 알게 하는 나무도 돋아나게 하셨다. 하느님께서 아담에게 이르셨다. "이 동산에 있는 나무 열매는 무엇이든지 마음대로 따 먹어라. 그러나 선과 악을 알게 하는 나무 열매만은 따 먹지 마라. 그것을 따 먹는 날, 너는 반드시 죽는다."
뱀이 여자를 꾀었다. "절대로 죽지 않는다. 그 나무 열매를 따 먹기만 하면 너희의 눈이 밝아져서 하느님처럼 선과 악을 알게 될 줄을 하느님이 아시고 그렇게 말씀하신 것이다." 여자가 그 열매를 따 먹고 같이 사는 남편에게도 따 주었다. 그러자 두 사람은 눈이 밝아져 자기들이 알몸인 것을 알고 무화과나무 잎을 엮어 앞을 가렸다.
하느님께서 아담에게 말씀하셨다. "너는 아내의 말에 넘어가 따 먹지 말라고 내가 일찍이 일러둔 나무 열매를 따 먹었으니, 땅 또한 너 때문에 저주를 받으리라. 너는 죽도록 고생해야 먹고살리라. 너는 흙에서 난 몸이니 흙으로 돌아가기까지 이마에 땀을 흘려야 낟알을 얻어먹으리라. 너는 먼지이니 먼지로 돌아가리라." 하느님께서는 이들을 에덴동산에서 내쫓으셨다. 그리고 땅에서 나왔으므로 땅을 갈아 농사를 짓게 하셨다.
아담이 아내 하와와 한자리에 들었더니 아내가 임신하여 카인을 낳았다. 하와는 또 카인의 아우 아벨을 낳았다. 아벨은 양을 치는 목자가 되었고 카인은 밭을 가는 농부가 되었다.[8]

아담과 하와가 에덴동산에서 알몸으로 살았다는 것은, 인류의 먼 조상이 숲속에서 특별한 자의식 없이 혹은 반사신경 정도의 초

---

[8] 「창세기」(1장27절~4장2절)에서 발췌.

보적인 인지 능력만을 가지고 자연과 하나되어 살았다는 것을 말해준다. 이런 인류가 선악과를 따 먹고 눈을 떠서 자신이 알몸임을 알게 되었다는 것은, 어떤 계기로 인해 자의식을 갖게 되어 자연을 대상화하고 자연에 비친 자기모습도 볼 수 있게 되었다는 것을 말해준다. 우리말에서나 영어에서나 '보다(see)'는 '알다(know)'와 같은 말이고, 이는 자의식을 갖고 자타를 식별할 수 있게 되었다는 것을 의미한다. 생물적 인류가 역사적 인간으로 차원 변화할 조건이 마련된 셈이고, 사람(아담)이 생명(하와)을 대상화해 이름 붙여준 것도 이때부터다.

　　이렇게 선악과를 따 먹은 덕에 인간이 에덴동산에서 쫓겨났다는 것은, 자연(신)의 관점에서는 인간을 쫓아낸 것이지만 인간의 관점에서는 자연으로부터 떨어져 나온 것이다. 또 에덴동산에서 쫓겨난 인간이 자식을 낳고 땅을 갈아 낟알을 얻게 되었다는 것은, 자연으로부터 떨어져 나와 자연을 대상화한 인간이 최초의 공동체라 할 수 있는 남녀 간의 관계를 맺고, 이를 기반으로 농경과 목축을 시작하면서 드디어 역사의 서막을 열게 되었다는 것을 말해준다. 「창세기」에서 "아담과 아내 하와가 한자리에 들었다"라는 것은 역사와 문명을 열어가는 데 필수적인 두 가지 요소, 즉 생물적으로는 자녀의 출산을 예고하고 사회적으로는 원시 공동체의 형성을 은유한다.

　　생명이 생명인 이유가 (무기적) 자연에 대한 원시적 소외의 영역을 갖고 있기 때문이라면, 역사적 인간이 인간인 이유는 자연으로부터 떨어져 나가 자연을 대상화하며 원시적 공동체를 가졌기 때문이다. 소외는 이때부터 시작된 것이지 자본주의 사회에 들어 생겨난 문제가 아니다. 소외를 '소외'라 부를 수 있게 되었다 해서 소외가 마치 이때부터 시작되었다고 생각해서는 소외의 실체를 파악할 수도, 소외를 넘어설 수도 없다.

신화에서 유추하는 소외의 구조

아담과 하와 이야기는 소외의 시작만이 아니라 그 구조를 이해하는 데도 시사하는 바가 크다.

먼저, 역사적 인간의 소외는 대체 어디에서 유래한 걸까? 봉건사회에서의 신, 자본주의 사회에서의 자본·국가·네이션 등은 그 근원을 거슬러 올라가면 다 어디에서 나온 것일까? 결론부터 말하자면, 생명이 어떤 대상에 대해 낯설다고 느끼는 것이 개개 생명의 자의식 때문이라면, 역사적 인간의 모든 소외는 공동의 자의식에서 유래한다.

에덴동산에 선악과라는 특이한 나무가 있음을 알게 하는 것은 아담과 하와의 자의식이다. 그들 개개의 자의식이 눈(형태)·귀(소리)·코(냄새)·혀(맛)·몸(촉감) 등과 같은 인식의 소의(所依)가 되는 감각기관을 통해 그 나무가 다른 나무와 다르다는 것을 알게 해준다.

이에 비해 선악과라는 특이한 나무의 열매만큼은 따 먹지 말아야 한다는 것은 공동의 자의식이다. 「창세기」에는 하느님이 명령한 것으로 되어 있지만, 신화 속 신의 명령이 실은 공동체의 금기임을 고려할 때, 이는 그들이 속한 공동체의 공동의 자의식이다. 나아가 따 먹지 말아야 할 선악과를 따 먹은 덕에 부끄러움과 두려움을 느꼈다는 것은, 이런 공동의 자의식이 개개의 자의식을 지배하고 있었음을 의미한다. 자기가 알몸이라는 것은 그의 자의식이 알려주지만, 그 알몸을 부끄럽고 두렵게 느끼게 하는 것은 공동의 자의식이 개개의 자의식에 미친 영향이다.

중요한 것은, 이런 공동의 자의식이 인간의 무리로 하여금 에덴동산에서 나와 땅을 갈고 농사지으며 역사와 문명을 만들게 했다는 사실이다. 만약 인간에게 공동의 자의식이 생겨나지 않았다면, 인류는 아마도 에덴동산에서 나오지 않고 계속 숲속에 머물렀을 것이다. 에덴동산에서 나와 땅을 갈고 농사짓지 않았다면, 아마도 자연을 낯설게 느끼기는 했어도 지금과 같은 소외를 낳지는 않았을 것이다. 신이나 자본·국가·네이션 등은 모두 공동의 자의식이 만들어낸 것이다. 이들에 의한 인간의 소외 또한 공동의 자의식이 개개의 자의식을 지배하는 것 이상이 아니다.

다음으로, 그렇다면 인간은 무슨 이유로 소외를 시작했을까? 숲에서 나오지 않아도 될 것을 왜 굳이 그 힘든 소외의 길로 들어섰을까? 결론부터 말하자면, 생명이 어떤 대상에 대해 낯설다고 느끼는 것이 생존을 위한 본능 때문이라면, 역사적 인간의 모든 소외는 인간 자신의 창조 욕구에서 비롯된 것이다.

뱀이 여자를 향해 "그 나무 열매를 따 먹기만 하면… 하느님처럼 선과 악을 알게 된다"라고 유혹한 것은, 뱀의 입을 빌렸을 뿐 실은 하느님이 되고자 한 하와의 욕구다. 그리고 그 씨앗은 이미 하느님이 당신의 모습대로 지어냈을 때부터 인간에게 심겨 있었다. 세상을 창조한 신의 모습이 인간에게 그대로 심어졌기에 인간도 창조자가 되기를 원했던 것이다. 그리고 그 결과로 신이 노동을 통해 자기 안의 것을 자기 밖으로 드러내며 자연을 창조했듯이, 인간도 노동을 통해 자기들 안의 것을 밖으로 드러내며 역사와 문명을 창조하게 되었다.

자기 안의 것을 자기 밖으로 드러내는 것을 '외화(外化, Entäußerung)'라 부른다. 외화와 소외를 동일시한 헤겔에 따르면, 자연과 역사는 자기 안의 정신과 이념이 밖으로 드러나 바깥에 존재하게 된 것이다. 신과 인간이 자기 안의 것을 밖으로 양도하고 처분한 결과로 신에 의해서는 자연이, 인간에 의해서는 역사와 문명이 정립된 것이다. 둘 사이에 굳이 차이가 있다면, 신은 혼자서 이루고 인간은 공동으로 이루었다는 것, 신이 먼저 이루고 인간은 이를 모방해 이루었다는 것이 다를 뿐이다. 인간이 소외의 길로 들어선 것은 신을 모방해 신처럼 역사와 문명을 창조하고자 했기 때문이다.

마지막으로, 그렇다면 이런 소외는 어떻게 해야 넘어설 수 있을까? 소외는 과연 언제까지 계속되어야 할까? 결론부터 말하자면, 소외는 소외한 것을 다시 자기 안에 끌어들임으로써, 즉 '내화(內化, Erinnerung)'함으로써 비로소 지양된다. 그리고 이런 외화와 내화의 반복, 즉 내 안의 것을 밖으로 드러내고 그 드러낸 것을 다시 내 안에 끌어들이는 행위는 죽을 때까지 계속 이어진다.

「창세기」에 따르면 사람은 흙에서 났다. 흙에서 난 몸이 선악과를 따 먹은 덕에 평생 땅을 갈며 살게 되었다. 그리고 이런 사람의 행위 때문에 땅은 저주받게 되었다. 저주하고 저주받는 사람과 땅 사이의 이런 관계는 사람이 흙으로 돌아가야 비로소 끝이 난다. 비록 신화 특유의 표현이지만, 소외의 지양을 이보다 더 간단 절묘하게 표현한 것을 나는 별로 본 적이 없다.

역사나 문명은 결국은 자연을 대상으로 하는 인간의 작용이다. 신의 창조물에 인간이 인위적인 작용을 가하는 것이다. 여기서 중요한 것이, 대상인 자연을 인간이 어떻게 바라보고 또 어떻게 관계해왔느냐이다. 최소한 히브리 민족은 그들 공동의 자의식 속에서 자연을 자기들이 나고 돌아갈 곳으로 보았다. 자기들 행위 때문에 자연이 저주받게 되었지만, 이런 저주를 기꺼이 받아준 덕에 자기들이 살아갈 수 있다고 여겼다. 자연을 대상화하면서도 자기들 안에 항상 자연을 끌어들인 것인데, 이런 공동의 자의식을 갖고 한 인간으로서는 죽을 때까지, 한 공동체로서는 그 공동체가 존속할 때까지 역사와 문명을 만들어왔기에 그 후손과 공동체가 자연의 역습으로 멸망

하지 않고 계속 이어져 올 수 있었던 것이다.

하나만 더 덧붙이자. 히브리 민족의 신화가 세계의 기독교로 나아가는 과정에서 하나의 큰 비약이 있었다. 어느 민족에나 있을 법한 '불길함'과 그 '씻김'이라는 두 가지 자의식을 기독교는 모든 인간에게 적용하기 위해 '원죄'와 '대속'으로 추상화했다. 기독교에 따르면 모든 인간에게는 하느님의 말씀을 거역하고 선악과를 따 먹은 '원죄'가 있고, 그 죄는 예수의 십자가 죽음을 통해서야 비로소 속죄되었다. 어느 한 민족의 자의식을 세계 모든 이들의 마음속에 새기기 위해 한편에서는 그 민족의 씨족 계보를 모든 인간의 조상으로, 다른 한편에서는 그 민족에 의해 죽임을 당한 젊은 (종교적) 지도자의 죽음을 모든 인간의 구원으로 둔갑시킨 셈이다.

하지만 진정으로 모든 인간의 마음속에 원죄와 대속의 취지를 새기려 한다면 이제는 그 해석이 바뀌어야 한다. 인간의 원죄는 하느님의 말씀을 거역한 덕에 에덴동산에서 쫓겨난 데 있는 것이 아니라, 공동의 자의식을 갖고 자연으로부터 떨어져 나온 데 있다. 자연에 묻혀 자연과 하나되어 살아오던 우리가 어떤 계기로 공동의 자의식을 갖게 되고, 그 자의식 때문에 희로애락이라는 번뇌를 느끼며 소외의 길로 들어설 수밖에 없게 된 것, 그것이 바로 우리의 의사와는 관계없이 나면서부터 주어진 우리 모두의 원죄다.

마찬가지로, 예수의 구원은 예수가 우리의 죗값을 대신 치른 데 있는 것이 아니라, 이런 우리로 하여금 공동의 자의식에서 벗어나 개개의 자의식을 믿고 소외를 내화하며 살도록 북돋아준 데 있다. 모든 인간을 죄의식에 빠트려 자기 자신을 비하하도록 강요하는 도덕적이고 율법적인 말의 지배에서 벗어나, 내 마음속 말을 믿고 신(생명)의 창조 활동에 주체적으로 동참하도록 용기를 불어넣어준 것, 그것이 바로 예수가 모든 나에게 행한 구원의 참 내용이다.

소외는 자본주의가 낳은 괴물이 아니다. 자연에 묻혀 자연과 하나되어 살아오던 인류가 자연으로부터 떨어져 나와 자연을 대상으로 역사와 문명을 만들면서부터 소외는 이미 시작되었다. 그리고 이 소외는 실은 인간에 의한 자기 소외에 다름 아니다. 자연으로부터 떨어져 나온 인간은 자연과 하나였던 자기 자신으로부터 떨어져 나온 것이다. 그렇다면 당연히 소외의 지양도 여기서부터 시작되어야 옳다. 자연과 하나였던 나로 돌아가 지금의 나와 다시 대면하는 것이 지양의 시작이다. 안타깝지만 이런 소외(외화)한 것의 내화, 밖으로 드러낸 나를 다시 내 안에 끌어들이는 행위의 끊임없는 반복이, 이 세상에 태어난 이상 최선을 다해 살아가는 한 사람 한 사람의 아름다운 모습이 아닐까 싶다.

협동조합은 말이고 관계다

앞서 나는 소외란 어떤 이가 주체가 되어 만들어온 것이 점차 그에게서 떨어져 나가 급기야는 그의 위에 군림하고 그를 지배하게 되는 것이라고 설명했다. 협동조합에 비유하자면, 조합원이 만들어온 협동조합이 점차 조합원에게서 떨어져 나가 급기야는 조합원 위에 군림하고 조합원을 지배하게 된 것이 협동조합에서의 소외라는 이야기다.

하지만 이런 내 설명은 단지 소외를 알기 쉽게 이야기하기 위한 것일 뿐 충분하다고 할 수는 없다. 협동조합에서의 소외를 그렇게 쉽게 정리해버리면 정작 소외로 인해 발생한 문제를 하나도 해결할 수 없다. 조합원과 협동조합을 동시에 살리고 싶다면, 나아가 개인화 시대이기에 오히려 더욱 그 역할을 발휘하는 협동조합이 되게 하려면, 먼저 협동조합에 대한 우리의 생각을 바로잡고, 이를 통해 협동조합에서의 소외가 무엇인지를 제대로 규명할 필요가 있다.

우리는 보통 협동조합을 실체가 있는 것으로 생각한다. 그래서 협동조합에서의 소외를 실체가 있는 협동조합이 그 성장에 따라 조합원에게서 떨어져 나가 급기야는 조합원 위에 군림하게 된 것으로 생각한다. 하지만 안타깝게도 협동조합은 실체가 없다. 아무도 협동조합을 보거나 만져본 적이 없다. 그러니 당연히 실체가 없는 협동조합이 그 성장에 따라 조합원들에게서 떨어져 나가 조합원 위에 군림할 일도 없다. 실체가 없는 것을 실체가 있는 것처럼 여기며 문제 해결에 나서는 한, 그 문제는 영원히 해결되지 않는다.

동시에 협동조합은 실재한다. 환영(幻影)처럼 만져지지 않지만 보이는 상념으로, 허공처럼 보이지 않지만 느껴지는 상태로, 협동조합은 분명 실재한다. 만약 협동조합이 실체가 없는 것에 불과하다면, 그것과 관계하고 그 관계에서 우리가 기쁨이나 슬픔을 느낄 리 없다. 우리가 협동조합과 관계하고 그 관계에서 무언가 반응하는 것은, 그것이 실체가 없는 상념이나 상태로서 실재하기 때문이다.

대승불교의 정수를 설한 『반야심경』에는 "색은 공과 다르지 않고[색불이공(色不異空)], 공은 색과 다르지 않다[공불이색(空不異色)]. 색이 곧 공이고[색즉시공(色即是空)], 공이 곧 색이다[공즉시색(空即是色)]"라는 유명한 이야기가 있다. 내가 보기에 여기서 말하는 '색'과 '공'은 "이 세상에서 실체가 있는 것"과 "이 세상을 초월한 개념"이 아니라, 이 세상이 모두 "실재하는 동시에 실체가 없는 것"이라는 의미다.

그렇다면 협동조합에서 실재하는 것은 대체 무엇일까? 우리는 왜 협동조합과의 관계에서 기쁨이나 슬픔을 느끼고, 심지어는 소외감마저 느끼는 걸까?

먼저, 협동조합은 말이다. 말은 마음의 움직임이 마음 밖으로 드러난 것으로, 넓게는 정신·의지·이념·감정 등과 함께 마음의 영역에 포함된다. 협동조합은 한마디로 이런 말에 의해 만들어진 것이다. 「요한의 복음」에 "모든 것은 말씀을 통하여 생겨났다"라는 말이 있다. 헤겔 역시 사회와 역사를 절대정신이 자기를 실현해가는 과정이라고 했다. 마찬가지로 협동조합도 사람들의 말이 지어낸 것이다. 협동조합에서 실재하는 것은 오직 사람들의 말이다. 먼저 말이 있고, 그 말을 믿고 따르는 행위가 쌓여 협동조합이 된다.

또, 협동조합은 관계이다. 관계란 협동조합 용어로는 결사에 해당한다. 아담과 하와가 관계해 생물적으로는 카인과 아벨을 낳았고, 사회적으로는 역사와 문명을 만들어냈다. 마찬가지로 협동조합도 사람과 사람의 관계가 만들어낸 것이다. 협동조합에 실재하는 것은 오직 사람 사이의 관계다. 그 관계가 밖으로 드러나면서 협동조합이 된 것이다.

다시 한번 강조하지만, 협동조합에서 실재하는 것은 사람들의 말이고 관계다. 먼저 말이 있고, 그 말을 믿고 따르는 사람과 사람의 관계가 쌓여 협동조합이 된다. 우리는 보통 협동조합의 건물이나 설비 등을 협동조합으로 착각하지만, 이는 협동조합 '의' 것이지 협동조합이 아니다. 사람들 말의 소유물을 협동조합으로 착각해서는 안 된다. 또 우리는 보통 상품을 생산하고 판매하는 등의 사업을 협동조합으로 착각하지만, 이 또한 협동조합에 '의한' 것이지 협동조합이 아니다. 사람 사이의 관계가 밖으로 드러난 것은 협동조합의 일부이기는 해도 그 자체를 협동조합으로 착각해서는 안 된다.

협동조합에서 소외란

협동조합에 대한 이런 이해를 바탕으로 협동조합에서 소외가 무엇인지를 간단히 정리하면 다음과 같다.

먼저, 협동조합은 말이다. 사람들의 말이 협동조합을 만들었다. 처음 협동조합을 만들 때 나에게는 말이 있었다. 그 말에 동료들이 귀기울이며 공감해줬고, 그 말이 곧 협동조합이 되었다. 덕분에 나와 협동조합은 마치 하나인 것 같았다.

그런데 언제부턴가 이런 모습에 큰 변화가 일어났다. 내 말은 점점 사라지고, 그 대신에 (사람 아닌 것의) 가짜 말이 온통 협동조합을 뒤덮었다. 예전에는 나와 동료들의 말이 거의 전부였는데, 지금은 협동조합의 말밖에 들리지 않는다. 그 말도 당연히 사람의 입에서 나온 것이겠지만, 그 사람이 누군지 나는 더는 모른다. 설령 내가 아는 사람이어도 그는 이미 내가 아는 그 사람이 아닌 협동조합의 무엇으로서 이야기한다. 한 사람으로서 자기 말을 하는 것이 아니라 협동조합에서의 역할이나 지위로서 협동조합 말만 한다. 말에서 사람이 빠지면 이는 더는 말이 아니다. 그런 말로 세상이 창조되고 사회가 실현될 거라고는 더는 기대하기 어렵다.

마찬가지로, 협동조합은 관계다. 사람과 사람의 관계가 하나둘 쌓여 협동조합이 된다. 처음 협동조합을 만들 때 나에게는 관계가 있었다. 같은 이야기를 나누고, 같은 꿈을 꾸면서, 같은 일을 해나가는 속에서 즐거움과 어려움을 함께 나누는 동료와의 관계가 있었다. 그 안에서 나는 내가 존재한다는 걸 느꼈고, 내 존재의 가치도 인정받았다. 덕분에 나와 협동조합이 마치 한몸인 것 같았다.

그런데 언제부턴가 이런 모습에 큰 변화가 일어났다. 예전에는 나와 동료와의 관계가 거의 전부였는데, 지금은 협동조합의 관계만 있다. 어떤 사안을 결정할 때 예전에는 나와 동료들이 상의해서 결정했는데, 지금은 협동조합이 각종 회의를 통해 결정한다. 물론 그 회의도 당연히 사람들로 구성되겠지만, 그 사람들이 누군지 나는 더는 모른다. 설령 내가 아는 사람이어도 그는 이미 내가 아는 그 사람이 아닌 협동조합의 어떤 역할이나 지위로서 그 결정에 참여한다.

결정된 사항을 실행할 때도 예전에는 나와 동료들이 힘을 합쳐 진행했는데, 지금은 협동조합이 업무로서 집행한다. 그 업무의 집행자도 분명 사람인 건 틀림없겠지만, 협동조합은 그에게 더는 사람이 아닌 하나의 기능일 것을 요구한다. 이렇게 관계에서 사람이 사라지고 역할과 기능만 남으면 이는 이미 관계가 아니다. 그런 관계를 통해 새로운 생명이 태어나고 역사가 쓰여질 거라고는 더는 기대하기 힘들다.

이런 협동조합을 보면서 내가 느끼는 첫 번째 반응은 '낯섦'이다. 내가 기억하는 협동조합과 다른 모습의 협동조합이 내 안에 들어오면서 어떤 낯선 느낌이 내 안에서 든다. 내 말과 관계가 곧 협동조합이었던 기억이 아직도 선명한데, 가짜 말과 관계로 꾸며진 협동조합이 내 안에 들어와 서로 충돌하게 된다. 이런 충돌 속에서 가짜 말과 관계에 대해 느끼는 내 안에서의 어떤 낯선 느낌, 좀처럼 풀리지 않는 어떤 어색함, 그것이 실은 협동조합에서의 소외다.

협동조합에서 소외란 조합원이 낳고 기른 협동조합이 괴물이 되어 조합원을 지배하는 것이 아니라, 내 말과 관계가 점점 사라지고 대신에 가짜 말과 관계가 협동조합이 되어 있는 모습에 대한, 자기 말과 관계를 기억하는 이들의 마음속에서 일어나는 일종의 위화감이다.

예컨대 일반 슈퍼마켓에 대해 우리는 소외를 느끼지 않는다. 왜냐하면 우리는 처음부터 단지 소비자로서만 슈퍼마켓과 관계해왔기 때문이다. 또 이미 성장한 협동조합에 대해서도 새로이 가입한 조합원은 소외를 느끼지 않는다. 왜냐하면 그 조합원은 지금의 성장한 협동조합과 충돌할 과거의 기억을 자기 안에 갖고 있지 않기 때문이다. 일반 슈퍼마켓을 향해 소비자들이 주장하는 것은 소외의 극복이 아니라 소비자로서의 권리다. 이미 성장한 협동조합을 향해 새로이 가입한 조합원들이 주장하는 것도 소외의 극복이 아니라 조합원으로서의 권리다.

이런 조합원으로서의 권리를 협동조합에서는 보통 '조합원 참여'라 부른다. 하지만 아무리 좋게 봐도 조합원 참여를 통해 협동조합에서의 소외 문제가 극복될 것 같지는 않다. 국가가 아무리 국민에게 정치 참여를 강조해도 해마다 투표율이 낮아지는 것은, 참여를 통해 문제가 진정으로 해결되지 않음을 국민도 이미 알고 있기 때문이다.

침묵(내화)과 자기표현(다시 외화)

자, 그렇다면 이런 상황에서 이제 어떻게 하면 좋을까?

내 말과 관계가 곧 협동조합이었던 기억 속에 가짜 말과 관계가 들어와 내 안에서 서로 충돌한다. 이런 상황에서 가짜 말과 관계를 무작정 따르자니 나는 더는 존재하지 않게 되고, 반대로 내 말과 관계를 고집하자니 다 자란 협동조합을 내가 마치 사유화하는 것 같다. 이런 갈림길에서 어떻게 해야 나와 협동조합을 모두 살릴 수 있을까?

여기서 나는 먼저 '침묵'을 제안한다. 침묵은 아무 말도 하지 않는 것이 아니다. 밖으로 소리 내지 않을 뿐, 내 안에서는 더 치열하게 말을 주고받는 것이다. 이런 침묵을 통해 우리는 내 안에 들어온 가짜 말과 관계를 조용히 응시하게 되고, 내 말과 관계가 어떻게 해서 가짜 말과 관계가 되어 돌아오게 되었는지를 곰곰이 되돌아보게 되며, 이 둘 사이를 앞으로 어떻게 관계해야 좋을지를 깊이 생각하게 된다.

이런 점에서 볼 때 침묵은 실체가 없는 가짜 말과 관계에 대한 무언의 저항이면서, 내 말과 관계를 되돌아보는 성찰의 시간이고, 나아가 둘 사이를 새롭게 관계 맺게 할 지양의 시작이다. 소리 없는 자기와의 대화이면서, 소리로 다시 드러내기 전의 내 말 찾기이기도 하다. 불교에서는 부처님을 '석가모니불(釋迦牟尼佛)'이라 부른다. '석가'란 샤키야족 출신임을 가리키고, '모니'는 침묵의 수행자라는 뜻이며, '불'은 깨달음을 얻은 이를 말한다. 깨달음까지는 아니더라도 나를 되돌아보는 데는 침묵만 한 것이 없다.

달리 표현하자면 침묵은 소외(외화)한 나를 다시 내 안에 들이는 내화이고, 떨어져 나간 나의 귀환이기도 하다. 내가 낳고 기른 또 다른 나, 지금은 바깥에 떨어져 있어 낯설게만 느끼지는 나, 그런 나를 '타자적 존재'로 내 안에 다시 끌어들이는 것이고 귀환시키는 것이다. 여기서 '타자적 존재'란 일단은 지금의 나와 구분해서 하나의 존재로 인정하는 것이고, 이런 타자와 나 사이의 새로운 관계를 모색하는 것이다. 부모가 자식을 향해 일단은 하나의 존재로 인정하고 앞으로 어떻게 관계 맺을지를 주체적으로 고민하지 않는 한, 다 자란 자식과 부모 사이의 소원한 관계가 해결되지 않는 것과 같다.

침묵 다음으로 제안하는 것이 '자기표현'이다. 귀환한 나와 지금의 내가 만나 내 안에서 이전과는 다른 새로운 내가 태동한다. 이런 새로운 나를 말로써, 또 타자와의 관계를 통해 다시 밖으로 드러내는 것이 자기표현이다.

침묵하는 것만으로는 아무것도 이룰 수 없다. 침묵을 통해 태동한 새로운 나를 말로 표현하고 관계 속에서 드러내야 나도 살고 협동조합도 되살아난다. 나아가 이렇게 새로이 태동한 내가 정말로 나인지를 확인하고, 또 한 번의 자기표현이 독선에 빠지지 않게 하기 위해서라도, 우리는 타자와의 관계 속에서 다시 한번 자신을 드러낼 필요가 있다.

　달리 표현하자면 또 한 번의 자기표현은 '다시 외화'다. 협동조합에서 소외란 내가 외화한 내 말과 관계가 가짜 말과 관계로 전도되어 나에게로 다시 돌아오는 것이다. 이에 비해 또 한 번의 자기표현은 이렇게 전도된 가짜 말과 관계를 내 안으로 내화해, 그것과의 대화를 통해 새로운 나를 태동시키고, 이렇게 태동한 새로운 나를 말과 관계로써 다시 외화하는 것이다.

　협동조합에서 소외는 결국 이런 또 한 번의 다시 외화, 조합원이 기존과는 다른 새로운 자기 말과 관계를 다시 드러낼 때, 비로소 그 극복의 길이 열린다. 협동조합을 구조적으로 아무리 개선하려 한들 실체가 없는 협동조합이 바뀔 리 없다. 협동조합이 바뀌는 것은 협동조합에서 실재하는 말과 관계가 바뀔 때다.

　여기서 한 가지 확실히 짚고 넘어가야 할 것이 있다. 소외는 본래 〈외화→(소외)→내화→대화(갈등)→지양→다시 외화〉라는 역동적이고 자기 관계적인 과정의 일부다. 즉, 흔히 말하는 '소외 문제'는 실은 소외 자체의 문제가 아니라 역동적이고 자기 관계적인 과정에서 벗어나 있는 소외로 인해 발생하는 문제다. 내가 낳고 기른 협동조합이 나에게서 떨어져 나가 대상화되고 외재(外在)하게 된 게 문제가 아니라, 그 협동조합을 다시 내 안에 들여 비대상화하고 내화하지 않는 게 진짜 문제다.

　물론 대다수 좌파 진영 지식인들은 이와는 다르게 소외를 설명한다. 그들에 따르면 소외는 외재화(外在化)하게 된 것이 아니라 외체화(外體化)한 것이다. 나에게서 떨어져 나가 외부에 실재하게 된 것이 아니라, 내 밖에서 실체가 있는 것으로 둔갑한 것이다. 덕분에 나 역시 오랫동안 이런 식으로 세상을 잘못 이해해왔다. 하지만 이런 식의 이해로는 소외의 지양은커녕 폭력적인 투쟁만 부추긴다는 사실을 뒤늦게나마 비로소 깨닫게 되었다.

다시 한번 강조하지만, 소외는 역동적이고 자기 관계적인 과정의 일부로서 외재한다. 소외의 지양은 내화 그 자체를 의미하고, 내화한 것을 다시 외화함으로써 소외는 진정으로 지양된다.

이런 점에서 볼 때, 우리에게는 아직 자기표현의 한 방도로써 협동조합이 필요하다. 여러 문제를 안고 있음에도 불구하고, 아니 여러 문제를 안고 있음이 그나마 내 눈에 보이기 때문에, 우리에게는 아직 협동조합이 중요하다. 단지 "공통의 필요와 염원을 충족시키기 위해서"만이 아니라, 나 자신을 찾고 내 말과 관계를 다시 드러내기 위해 우리에게는 아직 내가 직접 느낄 수 있는 타자와의 관계가 필요하다.

특히 나 이외의 다른 곳에서 내 존재의 의미나 삶의 희망을 찾을 수 없게 된 지금은 더욱 그렇다. 가치의 원천을 나 아닌 다른 곳에서 찾는 것은 더 이상 가능하지 않고 바람직하지도 않다. 결국은 각자가 자기 나름으로 찾아갈 수밖에 없는데, 그 모색이 독선과 타자 배제에 빠지지 않도록 하기 위해서라도 우리에게는 더욱 협동조합과 같은 타자와의 관계가 필요하다.

다만 여러 차례 말하지만, 여기에는 절대 양보할 수 없는 중요한 조건이 붙는다. 협동조합은 한 사람 한 사람을 위해 있지, 더는 무리로서의 사람들이나 협동조합 자체를 위해 있지 않다. 근대화의 과정이 그 반환점을 돌아 모두에게 고독과 불안을 안기고 있는 상황에서는, 개개인의 자기다움을 어떻게 지켜줄 것이냐가 협동조합이 존재하는 가장 큰 이유가 된다.

기우뚱 돌아가는 생명으로의 귀환

협동조합에서의 소외를 이렇게 정리했을 때 두어 가지 주의해야 할 점이 있다.

먼저, 가짜 말과 관계가 내 안에 들어와 내 말과 관계와 대화하게 될 때, 이를 '적대적 대립'이나 '모순'으로 보아서는 안 된다는 점이다. 마찬가지로 이런 과정을 통해 태동한 새로운 나를 대립과 모순이 해소된 '(지양적) 통일'로 보아서도 안 된다는 점이다. 이런 시각은 변증법의 본래 취지와도 거리가 멀 뿐만 아니라, 인간 집단 간의 폭력적인 갈등만을 부추기게 된다.

마음의 영역에서는 이 둘이 분명 대립하는 것처럼 보일 수도 있다. 우리가 어떤 하나의 개념을 사고할 때, 그 개념은 보통 상반된

두 계기에 의해 성립된다.

예를 들어 '동일(同一)'이라는 개념은 '이질(異質)'이라는 계기에 대한 '동질(同質)'이라는 계기의 작동에서 생겨난 것이고, '차별' 역시 '평등'이라는 우리의 이상에 대해 '불평등'이라는 우리의 현실이 충돌하면서 생겨난 개념이다. 하나의 개념에 대한 우리의 생각은 이렇게 두 대립적으로 보이는 계기가 서로 얽혀 만들어지고, 한 계기는 다른 계기 없이는 존재할 수 없는 관계로 맺어져 있다.

우리가 가장 고귀하게 여기는 '사랑'을 불교에서는 '애증(愛憎)' 즉 '사랑과 미움'의 한 측면으로 보는 것도 이런 이유에서다. 때문에 불교에서는 미움과 함께 사랑마저도 동시에 끊어내야만 비로소 절대 평등의 사랑 즉 부처의 자비에 이른다고 말한다.

아무튼 마음속에서는 이렇게 서로 대립하는 것처럼 보일지 몰라도, 동시에 우리에게는 '마음'[심(心)]만 있는 것이 아니라 '몸'[신(身)]이 있고, 마음과 몸만 있는 것이 아니라 '기운'[기(氣)]도 있다. 이 세 가지 요소가 결합해서 비로소 우리의 '삶'[생(生)]이 된다.[9]

이런 삶에서 서로 다른 두 계기는 대립만 하는 것이 아니라 대립하면서 공존한다. 마음속에서는 사랑과 미움이 서로 대립해 더 큰 사랑이나 미움이라는 '(지양적) 통일'을 이룰지 몰라도, 실제 삶에서

---

[9] 우리의 전통사상에 따르면, 외부 세계에는 '조화(造化)의 신' '교화(敎化)의 신' '치화(治化)의 신'이 있고, 각각의 신이 '성(性)' '명(命)' '정(精)'을 통해 모든 생명과 관계하며, 이에 따라 개개 생명은 '심(心)' '기(氣)' '신(身)'의 세 요소로 구성된다.

는 사랑과 미움이 '기우뚱한 균형'을 이루면서 우리는 산다. 사랑하기 때문에 미워하고, 미워하면서도 사랑할 수밖에 없는 것이 우리의 삶이다.

　더구나 '(지양적) 통일'은 우리의 삶에서 찰나에 불과할 뿐, '기우뚱한 균형'이 상시(常時)다. 이미 떨쳐버린 줄 알았던 사랑이나 미움이 다시 밀려오고, 하나의 업이 지나가면 그것이 원인이 되어 또 다른 업을 만나게 된다. 그렇다면 당연히 이런 상시적인 모습에서 인간과 사회의 본질을 찾아야지, 찰나적인 한순간의 상태로 인간과 사회를 몰아가서야 되겠는가.

　'모순(矛盾)'에 대해서도 마찬가지다. '모'[창]와 '순'[방패]은 각각이 실체가 있는 대상으로서 관계하면 둘은 서로 모순되지만, 실재하는 상태로서 관계하면 대립하면서 공존한다. 무엇이든 뚫을 수 있는 '창'과 무엇으로도 뚫을 수 없는 '방패'는 각각 떨어져 상품으로 팔리면 당연히 서로 부딪혀 어느 것 하나가 이길 수밖에 없게 되지만, 이 둘을 함께 갖고 살아가는 사람 안에서는 서로 부딪힐 일 없이 그야말로 최강의 무기가 된다.

　또 한 가지 주의해야 할 것은, 이런 대화의 과정에서 태동한 새로운 나, 그 나를 또 한 번 자기표현하고 다시 외화하는 내화와 외화의 끊임없는 반복을, '진화'니 '진보'니 하는 눈으로 보아서는 안 된다는 점이다. 이런 시각이야말로 생명의 차이에 인간을 정점으로 하는 차별을 낳고, 마찬가지로 인간 집단 간의 폭력적인 갈등만을 부추기게 된다.

가령, 아담과 하와 이야기로 돌아가보자. 사람은 흙에서 났다. 그런데 이런 사람이 선악과를 먹은 탓에 에덴동산에서 쫓겨나 평생 땅을 갈며 살게 되었다. 사람의 노동 때문에 땅이 저주받게 되었고, 이런 사람과 땅 사이의 저주하고 저주받은 관계는 사람의 죽음에 이르러서야 비로소 그 끝이 난다. 자, 그렇다면 이런 사람의 죽음을 과연 '진보'니 '진화'니 할 수 있을까?

나는 아니라고 본다. 내가 보기에 이는 사람으로 치면 소외와 내화의 끊임없는 반복에서 벗어나 한 생명으로 비로소 '귀명(歸命)'하는 것이고, 사회로 치면 소외를 향해 걸어온 길을 거슬러 올라가 생명의 세계로 마침내 '귀향(歸鄕)'하는 것이다.[10]

인간이 그 삶과 사회의 원형을 어디에 두느냐는 어떻게 살고 어떤 사회를 만들어갈 거냐를 모색하는 데 있어 결정적인 영향을 미친다. 아담과 하와 이야기에서 보듯 히브리 민족은 그 원형을 과거에서 찾았다. 히브리 민족만이 아니라 지금까지 살아남은 모든 민족이 마찬가지였다. 우리의 민족종교가 하나같이 '원시반본(原始反本)'을 강조했던 것도 이런 이유에서다. 원시반본은 과거의 굴레로 현재를 구속하려는 게 아니라, 우리의 삶과 사회의 원형을 그 시원

---

10 단군을 기리는 대종교에서 온갖 선을 돕고 온갖 악을 없애 그 본성을 통하고 그 소임을 다한 이의 죽음을 '조천(朝天)' 즉 하늘을 배알한다, '귀신향(歸神鄕)' 즉 신의 세계로 돌아간다고 한 것도 같은 맥락이다.

에서 찾아 생명의 새로운 세상을 열어가자는 것이다.

그런데 이런 대다수 공동의 자의식과는 다르게, 히브리 민족의 신화를 계승하면서도 기독교의 '천년왕국'은 그 원형을 미래에 두고 있다. 기독교에 영향을 받은 대부분의 서구 사상 또한 지금의 인간이 항상 과거보다 낫고, 사회는 항상 더 나은 미래로 향한다고 이야기한다. 미래의 어떤 정해진 상에 따라 현재의 사람들을 구속하고 과거의 사람들을 비하한다. 하지만 안타깝게도 이런 진화나 진보의 역사는 미래의 또 다른 현재에 의해 다시 부정될 것이 뻔하다. 이런 끝없는 부정의 부정을 통해 인간이 성장하고 사회가 나아지리라고 나는 도저히 믿기지 않는다.

우리 인간이 나아가는 방향은 환경에 적응해 그 유전자를 바꾸어가는 '진화'에 있는 것이 아니라, 생명의 본래 모습으로 돌아가는 '귀명'에 있다. 우리 사회가 나아가는 방향은 미래의 어떤 정해진 모습을 향해 질주하는 '진보'에 있는 것이 아니라, 현재를 살아가는 개개 사람과 생명을 향해 끊임없이 손을 내어주는 '확장'에 있다. 아니, 환경에 적응한다는 것 자체가 실은 생명의 본성을 깨달아 그에 맞게 살아간다는 것이고, 지금보다 내일이 더 나아진다는 것 자체가 실은 경계 없는 자연을 닮아 사회적 관계를 넓혀간다는 것이다.

일본의 그린코프생협이 주문처럼 되뇌는 것처럼 "조합원에서 한 사람의 인간, 하나의 생명으로" 돌아가야 한다. 한국의 장일순이 일찍이 설파했듯이 "무릇 생명이란 앞으로 나아감으로써 진보하는 것이 아니라 옆으로 퍼져나가면서 지속하고 확장한다."

개인주의 협동조합을 향해

지금까지의 협동조합을 한마디로 정리하면, 혼자 힘으로는 해결할 수 없는 문제를 여럿이 모여 '우리'를 형성해 '우리'의 의지와 노력으로 '우리' 문제를 함께 해결하는 데 그 특징이 있었다 할 수 있다. 그리고 이런 특징은 우리 사회에 민주주의를 구현하는 데도 크게 기여했다. 모든 권력이 한 사람에게 독점된 독재정치에 맞서서, 돈이 곧 권력이 되어 모든 결정을 좌지우지하는 금권정치에 맞서서, 사람의 사람에 의한 사람을 위한 민주주의를 구현하는 데 있어 협동조합은 큰 역할을 담당해왔다.

그런데 정작 민주화의 성과가 드러나고 협동조합이 성장한 지금, 사람들은 오히려 기운을 잃어가고 있다. 한 사람에게서 권력을 되찾고 1달러 1표에 맞서 1인 1표를 실현했음에도 불구하고, 정작 자기 자신은 수많은 표 가운데 그저 한 표일 뿐이라는 사실에 마음이 무겁다. 열과 성의를 다해 협동조합에 참여하고 그 성장에 기여했음에도, 정작 중요한 나는 공통의 필요를 가진 하나의 필요일 뿐이라는 사실에 가슴이 아프다. 이런 나에게 국가와 협동조합이 아무리 참여를 강조한들, 이는 단지 국가나 협동조합을 위하는 소리로만 들릴 뿐, 내게는 큰 위안이 되지 않는다.

돌이켜보면, 이런 결과는 지난 우리의 근대화 과정 안에 이미 예정돼 있었는지 모른다. 우리가 추구해온 민주주의는 처음부터 모두가 평등한 한 표를 갖기 위함이었다. 우리가 추진해온 협동조합은 처음부터 공통의 필요를 충족하기 위함이었다. 민주주의가 한 인간을 수많은 표 가운데 한 표로 보고, 협동조합이 나를 공통의 필요를 가진 하나의 필요일 뿐이라 여기게 된 것은, 어떤 면에서는 이런 민주주의와 협동조합을 만들어온 우리 탓이 크다. 덕분에 우리는 지금 모두가 고만고만하게 살 수 있게 되었지만, 그 대가로 살아가는 재미를 잃었다. 우리 모두의 문제는 상당수 해결되었지만, 정작 중요한 내 문제는 갈 곳이 없다.

자, 그렇다면 이제 어떻게 해야 이런 나에게 살아가는 재미를 선사하고, 내 문제를 터놓고 이야기할 수 있게 될까? 여기서 등장하는 것이 다시 사회다. 나에게서 기운을 잃게 만든 것도 사회지만, 그런 내게 다시 활력을 불어넣을 수 있는 것도 사회다. 그리고 이때의 사회는 다름 아닌 타자와의 관계를 말한다. 또 그 타자는 가까운 타자만이 아니라 먼 타자까지를 포함한다. 내가 존재한다는 사실을 느끼는 데는 가까운 타자와의 관계만으로도 충분할지 모른다. 하지만 인간은 존재한다는 사실만이 아니라 존재하는 의미를 느낄 수 있어야 진정으로 존재할 힘이 생긴다. 모든 나에게 '확인'과 함께 '승인'이 필요한 이유가 여기에 있고, 그 승인은 가까운 타자를 넘어선 먼 타자와의 관계 안에서라야 비로소 확보된다.

　물론 지금까지 사회는 나를 별로 승인해주지 않았다. 기껏해야 선거할 때나 사업할 때 한 표나 한 필요로밖에는 나를 대접하지 않았다. 덕분에 지금은 더는 아무도 사회에 기대를 걸지 않게 되었다. 하지만 이런 악순환의 고리를 어디선가는 끊어내야 한다. 무관심과 무기력에서 벗어나 누군가는 서로 승인을 향한 새로운 사회를 시작해야 한다. 근대의 여명기에 '우리'의 승인을 위해 협동조합을 만들었듯이, 근대가 전환기로 접어든 지금은 '나'의 서로 승인을 위해 다시 협동조합을 시작해야 한다. 한 사람 한 사람의 서로 승인을 향한 사회의 재창조야말로 협동조합을 통해 이루어야 할 지금 우리의 가장 큰 과제다.

　물론 이를 위해서는 먼저 협동조합에 대한 우리의 생각이 바뀌어야 한다. 지금까지의 협동조합이 혼자 힘으로 해결할 수 없는 문제를 여럿이 모여 '우리'를 형성해 '우리'의 의지와 노력으로 '우리' 문제를 함께 해결해온 데 그 특징이 있었다면, 앞으로의 협동조합은 한 사람 한 사람이 '나' 의식을 가지고 나다움을 모색하는 속에서 그런 '나'들이 모여 '나와 나'의 관계를 만들어가는 데 그 특징이 있다.

　정치적으로 말하자면, 지금까지의 협동조합이 독재정치와 금권정치에 맞서 민주주의를 추구해왔다면, 앞으로의 협동조합은 그 성과를 끌어안으면서도 민주주의의 본질에 훨씬 다가가는 '개인주의(Personocracy)'로의 전환이 요구된다. 여기서 말하는 개인주의란 모든 책임을 개개인에게 떠넘기는 흔히 말하는 '개인주의(individualism)'와는 다른 것으로, 정치적으로는 "다수(demo)에 의한 통치(cracy)"를 넘어 "주권을 가진 개인(person)이 스스로 통치하는 것"을 말하고,[11] 실천적으로는 "다수의 인간다울 권리를 획득하는 것"을 넘어 "존엄한 개개의 존재가 자기답게 살아갈 수 있게 서로 돌보는 것"을 말한다.

근대와 함께 태동하고 성장해온 협동조합이 '민주주의'를 추구해왔다면, 근대가 반환점을 돈 앞으로의 협동조합은 '개인주의'를 추구한다. 지금까지의 협동조합이 '조합원 참여'를 강조해왔다면, 앞으로의 협동조합은 '한 사람으로서의 자기 주권'을 강조한다. 지금의 협동조합이 우리와 이질적인 것들을 배제하면서 자기 완결적인 '우리'를 형성하는 데 주력한다면, 앞으로의 협동조합은 나와 이질적인 이들 앞에 나 자신을 드러내면서 그에 따른 위험과 동시에 가능성을 함께 나눌 것을 요구한다.

일본의 사회학자 미타(見田宗介)의 말을 빌리자면, 이런 협동조합은 타자의 타자성을 녹여 하나로 만드는 '용융집단'에서 타자의 타자성을 서로 향유하는 '호응공간'으로 변화하는 것이고, 한마디로 표현하자면 "교향하는 코뮌의 자유로운 결사체(Liberal Association of

---

[11] 'Wiktionary'(영문판)에서는 'personocracy'를 "(politics) A more participatory form of democracy, intended to care for every person and not just the majority."(2023.1.12.) 즉 "(정치) 민주주의의 더욱 참여적인 형태로, 단지 다수만이 아니라 모든 개개인을 돌본다(소중히 여긴다)는 뜻을 포함한다"라고 설명하고 있다.

Symphonic Communes)"[12]라 할 수 있다. '코뮨'의 역사를 계승하지만 그 앞에 개개의 조화·화음·호응의 의미를 담은 '교향'이라는 전제가 붙고, '결사체'의 성과를 포함하지만 개개인의 자기다움이 더욱 강조되는 '자유'가 붙는, 그런 결사체가 앞으로의 협동조합이다. 자기의 자기다움을 자유롭게 실현하고, 타자의 타자다움을 함께 즐길 수 있는, 그런 공간이 앞으로의 협동조합이다.

같은 맥락에서 협동조합을 '민주주의의 학교'라 부를 때도 앞으로는 그 의미가 달라진다. 근대화 과정에서 협동조합은 지방자치와 더불어 민주주의를 훈련하는 매우 중요한 배움터였다. 협동조합을 통해 사람들은 자기들 문제를, 자기들 힘으로, 스스로 결정하고 해결하는 과정에서 민주주의의 기본을 배울 수 있었다. 하지만 앞으로는 같은 '민주주의의 학교'라도 그 의미가 달라진다. 내부적인 동질성을 강화하기 위한 학교에서 각자의 이질성을 유지 함양하는 학교로, 보통 사람들이 그 사회의 주인공임을 훈련하는 장에서 서로 다른 타자와 만나 함께 살아가기를 즐기는 장으로, 그 의미가 달라진다. 여기에 더해 함께 살아가는 타자의 범위를 보통 사람 축에도 못 끼는 사회적 약자로까지 확장한다면, 그들의 목소리에 귀기울이고 그들과도 함께 살아가기를 즐기는 장으로 거듭난다면, 이런 자유의 호혜성이 아마도 개인화 시대이기에 더욱 살아남을 협동조합이 되

---

12   見田宗介, 181쪽.

게 할 것이다.

몇 가지 반론에 대한 답변

물론 이런 내 생각에 대해 적지 않은 반론이 제기될 수도 있다.

먼저, 개인주의가 결국은 '에고이즘(egoism)' 아니냐는 반론이 있을 수 있다. 있을 수 있는 당연한 반론이지만, 내가 말하는 개인주의는 에고이즘과는 비슷한 듯 다르다. 에고이즘은 자기에게 이익이 되는 것만을 행위의 기준으로 삼고, 타자나 타자와의 관계에 대해서는 전혀 고려하지 않는 자기중심적인 사고이고 행위다. 이에 비해 내가 말하는 개인주의는 개개인의 자기다움과 함께 타자와의 관계성도 중시하기 때문에 자기답게 살 권리가 중요한 만큼 다른 이의 자기답게 살아갈 권리도 중요하게 여기는 사고이고 행위다.

"세상에 하나뿐인 나"와 "세상에 나밖에 모르는 나"는 전혀 다른 것이다. 도를 넘는 자기 사랑은 오히려 타자의 자기 사랑을 위협하고, 이런 사고나 행위야말로 진정한 개인주의자들이 가장 혐오하는 바다. 내가 소중한 만큼 다른 이도 소중히 대해야 하고, 모두가 자기답게 살아갈 수 있도록 서로 돌볼 때 비로소 나도 나답게 살아갈 수 있게 된다.

다음으로, 자기를 소중히 여기는 것만으로 어떻게 역사가 발전하겠느냐는 반론이 있을 수 있다. 우려하는 바대로 개인화 시대를 살아가는 사람들은 대체로 역사에서 어떤 의미나 목적을 찾으려 하지 않는다. 역사를 일관된 시각으로 바라보고, 그 연장에서 미래를 전망하는 것 자체를 별로 달갑게 생각하지 않는다.

하지만 내가 보기에 이런 감각이야말로 오히려 역사를 더 나은 방향으로 이끄는 동력이 된다. "타자가 가진 권리를 나에게도 당연히 인정해달라"라는 요구가 지금의 수많은 불평등을 하나씩 해소해갈 것이다. "내가 가진 권리는 다른 이에게도 당연히 인정되어야 한다"라는 의식이 그 해소의 범위를 미처 깨닫지 못했던 사회나 자연계 구석구석에까지 미치게 할 것이다.

역사는 방향을 정해놓고 그 방향으로 사람들을 몰아간다고 나아지는 것이 아니다. 이보다는 오히려 자기 감각에서 자기 목소리를 내고, 그 감각을 자연스럽게 모든 타자에게로 넓혀가는 것이 역사를 더 나은 방향으로 이끈다.

마지막으로, 이런 개인주의가 협동조합에 만연할 때 서로 다른 관점·입장·이해관계 때문에 협동조합 안에 마찰과 긴장이 끊이지 않을 것이라는 우려도 있을 수 있다. 자기다움을 소중히 여기는 이들 간의 관계에서는 당연히 있을 수 있는 일이다.

하지만 이런 마찰과 긴장이 진정으로 자기 자신과 마주한 자기 목소리의 결과 때문에 생긴 것이라면, 나는 오히려 그것이 협동조합을 더욱 활기차게 할 거라고 확신한다. 진정한 내 말이라면 다른 이의 내 말을 비하하거나 배제하지 않을 것이고, 그 과정에서 생겨나는 마찰과 긴장은 오히려 나와 너를 되돌아볼 좋은 기회가 될 것이기 때문이다.

이런 마찰이나 긴장보다는 오히려 자기 성찰의 유연한 구조를 협동조합 안에 어떻게 구축할 것이냐가 정말로 고민해야 할 과제다. 개인화 시대의 특징은 절대적인 정답이 없다는 데 있다. 바깥에서 어떤 절대적인 정답이 찾아지는 것이 아니라 내 안에서 그때그때 답을 내놓을 수밖에 없는 게 지금의 현실이다.

이런 속에서 어떤 사안을 결정하는 것은, 정답이 없는 가운데 자기 나름으로 답을 내놓는, 절대 쉽지 않은 일이다. 만약 그 답에 따라 추진된 결과에 대해 공동으로 성찰하고 언제든 수정할 유연한 구조를 갖추지 못하면, 사람들은 더 이상 누구도 답을 내려 들지 않을 것이다. 그래서 결국에는 누구도 아닌 것에 의해 모두가 지배받는, 그런 관료제 협동조합이 될 것이 뻔하다. 이런 상황을 미리 방지하기 위해서라도 자기 성찰의 유연한 구조를 협동조합 안에 구축할 필요가 있다. 민주화 시대에서 '사랑'이 협동조합의 가장 중요한 가치였다면, 개인화 시대에서는 그 위에 '유연성'이 더해진다.

결론을 대신해

자, 이제 긴 이야기를 마치고 결론을 언급할 때가 되었다.

이 책의 주제는 '협동조합의 정체성'이다. '정체성(identity)'이란 "나는 누구냐?"를 깨닫는 것이고, 자기 존재의 본질을 통찰하는 것이다. 그런데 정체성의 이런 사전적 의미에서 볼 때, 한 가지 의문이 들지 않을 수 없다. 협동조합이 과연 나는 누구라고 깨달을 수 있을까? 협동조합이 정말로 자기 존재의 본질을 통찰할 수 있을까?

안타깝지만 그럴 수 없다. 협동조합이 무엇인지를 깨닫고 그 본질을 통찰할 수 있는 것은, 협동조합이 아니라 실은 사람이다. 협동조합의 정체성은 실은 협동조합의 정체성이 아니라 우리가 생각하는 협동조합에 관한 정체성이다. '성 정체성(gender identity)'은 내가 남자냐 여자냐, 혹은 그 이외의 다른 어떤 성이냐에 관한 자기동일성이지, 성이 자기가 누구인지를 깨닫는 것이 아니다.

다른 예를 들어보자. 지난 2021년에 제33차 ICA 세계대회가 서울에서 열렸다. 이 자리에서는 "협동조합 정체성에 깊이를 더하다(Deepening our Cooperative Identity)"라는 주제가 주요 의제로 다루어졌다. 그런데 여기서도 나는 마찬가지 의문이 든다. 과연 "협동조합 정체성에 깊이를 더하다"라는 말이 말이 될까? 다른 건 몰라도 영어 'our(우리의)'는 대체 어디로 갔단 말인가.

지난 서울대회 때의 의제는 "협동조합 정체성에 깊이를 더하다"가 아니라 실은 "우리의(our) 협동조합 정체성에 깊이를 더하다"
이다. 이 둘은 비슷해 보여도 전혀 다른 말이다. '협동조합 정체성'[13]
이 협동조합만의 고유한 특징과 본질을 말한다면, '우리의 협동조합
정체성'은 협동조합에 관한 우리의 집합적인 통찰을 말한다. 이런
우리의 통찰에 깊이를 더하자는 것이지, 협동조합의 특징과 본질을
더 심화시키자는 이야기가 아니다.

이런 커다란 오류는 우리 사회에 만연해 있는 협동조합에 관한
잘못된 인식과도 무관하지 않다. 우리는 보통 협동조합을 실체가 있
는 것으로 보고, 이를 규명하고 심화시키기 위해 정체성을 이야기
한다. 하지만 협동조합은 실체가 없고, 협동조합에서 실재하는 것은
오직 사람들의 말과 관계뿐이다. 협동조합의 정체성은 실은 협동조
합에 관한 우리의 말이고 우리가 만들어가는 다른 이와의 관계이지,
협동조합 자체의 어떤 특징이나 본질이 아니다.

하다못해 협동조합을 사업체 위주로 바라보는 유럽인들조차
그 정체성만큼은 사람의 몫이라고 이야기한다. 그런데, 우리나라
일본에서는 사람을 빼고 실체도 없는 협동조합에게 자기 본질의 통
찰을 요구하고 있다. 소외의 극복을 이야기하면서도, 실은 소외된

---

[13] 비슷한 말로 '기업 정체성(Corporate Identity, 약칭 CI)'이 있다. 어느 기업이 자신을 소비자에게
각인시키는 마케팅 전략의 일환으로, 그 기업의 철학·특징·비전 등을 이미지·디자인·메시지
등으로 발신하는 것을 말한다. 앞뒤 다 자르고 그냥 '협동조합 정체성' 하면 이런 기업 정체성
과 다를 바 없어진다.

의식의 늪에서 한치도 벗어나지 못한 언어를 구사하고 있다. 내가 이번 제5장을 통해 근대의 재귀성과 소외의 내화에 대해 그렇게 많은 분량을 할애한 것도, 또 협동조합에서 실재하는 것이 오직 사람들의 말과 관계뿐이라는 사실을 강조한 것도, 모두 이런 잘못된 의식의 늪에서 벗어나기를 간절히 바라는 마음에서다.

다시 한번 강조하지만, '협동조합의 정체성'은 실은 '협동조합에 관한 우리의 정체성'이다. 만들어진 대상에 정체성이 있는 것이 아니라, 만들어가는 주체에 정체성이 있다. 목적어를 주어로 여기는 전도된 사고야말로 소외된 의식이고, 이런 의식을 통해서는 소외를 극복할 주체도 소외를 극복할 대안도 찾아지지 않는다.

한 발 더 나아가 이런 '우리의 정체성'은 결국은 '나의 정체성'에서 나온다. 조합원 한 사람 한 사람이 자기 말을 찾고 다른 조합원과 관계를 맺어가는 과정에서 내가 나임을 자각하는 것, 내 존재의 가치를 타자와의 관계 속에서 인정받는 것, 이로 인해 내가 살아가는 의미와 힘을 갖게 되는 것, 이런 하나하나의 내 정체성이 모여 우리의 정체성을 형성해갈 때, 비로소 협동조합도 자기만의 고유한 특징과 본질을 드러낼 수 있게 된다.

같은 차원에서 '협동조합의 이념적 위기'를 논할 때도 마찬가지다. 1980년 레이들로 보고서에서 이 용어가 처음 제기된 이래로 벌써 수십 년의 세월이 흘렀다. 그런데도 아직까지 나는 그 위기가 극복되었다는 소리를 들어보지 못했다. 왜일까? 위기 극복을 위한 노력이 부족해서일까?

　아니다. 내가 보기에 그 이유는 애초에 위기의 설정 자체를 잘못했기 때문이다. 실체가 없는 협동조합에게 '이념'이 웬 말인가. 이념의 소유주는 '협동조합'이 아니라 '사람'이다. 소위 협동조합의 이념이라 이야기되는 모든 것이 실은 다 사람의 마음에서 나온 사람들의 말이고 신념이다. 만들어진 협동조합에 이념이 있는 것이 아니라 만들어가는 사람들에게 신념이 있고, 따라서 '협동조합의 이념적 위기'는 실은 '협동조합에 관한 우리들 생각의 위기'라 해야 옳다.

　즉, 협동조합이 초창기 자기 이념을 잃어버렸기 때문에 위기가 초래된 것이 아니라, 조합원이 자기 말과 관계를 잃어버리고 따라서 더는 그 안에서 존재의 의미도 삶의 희망도 찾을 수 없게 된 것이 위기의 본질이다. 초창기 협동조합으로 돌아간다고 위기가 극복될 일이 아니라, 조합원이 자기 말과 관계를 다시 찾아 드러낼 때 비로소 그 해결의 가능성이 열린다는 이야기다.

　이런 점에서 볼 때 이 책의 결론은 다음과 같다. 협동조합의 이념적 위기를 진정으로 극복하려면, 먼저 조합원이 자기 말을 되찾고 다른 조합원과 다시 관계 맺도록 돕는 것부터 시작해야 한다. 협동조합의 정체성에 진정으로 깊이를 더하려면, 먼저 조합원 한 사람 한 사람의 자기 정체성부터 그 깊이를 더하도록 돕는 게 우선이다.

　조합원에서 협동조합으로 그 주어가 전도된 우리의 의식을 협동조합에서 다시 조합원으로 바로 잡아야 한다. 나아가 이런 조합원이 조합원에서 한 사람의 인간으로 돌아가 다른 한 사람 한 사람과 꾸밈없이 관계할 수 있어야 협동조합의 위기도 협동조합에 대한 우리의 낯섦도 진정으로 넘어설 수 있다.

진리를 무시하고 이념을 비하하면서 기업의 말로써 조합원을 현혹하는 협동조합은 이미 협동조합에서 한참 벗어나 있다. 이에 비하면 진리를 추구하고 이념을 강조하면서 협동의 말로써 조합원들에게 다가가는 협동조합이 훨씬 협동조합답다.

하지만 개인화 시대에 협동조합이 그 역할을 더욱 힘차게 발휘하려면 여기서 멈춰서는 안 된다. 진리는 밖이 있는 것이 아니라, 조합원 한 사람 한 사람의 자기 안에 있다. 이념은 협동조합 선구자들의 말에서 찾을 게 아니라, 조합원 한 사람 한 사람이 자기 안의 목소리에 귀기울이는 속에서 찾을 일이다. 말은 협동조합이 얼마나 그럴듯하고 멋지게 협동을 외치느냐보다, 조합원 한 사람 한 사람이 소소한 자기 생각과 일상을 담담하게 드러내는 자체에 의미가 있다.

한 사람 한 사람이 한 인간으로서 자기다움을 찾고 자기 목소리에 귀기울이며 소소한 자기 생각과 일상을 드러낼 수 있게 우리 함께 노력해나가자. 그런 협동조합의 등장을 기대하며, 아니 그런 협동조합을 만들어갈 이들의 말과 관계의 등장과 분발을 고대하며, 이 책을 마무리한다.

주요 참고문헌

1. 책자

『공동번역 성서』, 『東經大全』, 『海月神師法說』, 『論語』, 『般若心經』

Alexis de Tocqueville, "De la démocratie en Amérique". 이용재 역, 『아메리카의 민주주의』1.2, 아카넷. 松本礼二訳, 『アメリカのデモクラシー』, 岩波文庫

Laidlaw, "Co-operatives in the Year 2000". 조동희 옮김, 『레이들로 보고서 서기 2000년의 협동조합』, 사단법인 한국협동조합연구소출판부

Lars Marcus, "Co-operatives and Basic Values: A report to the ICA Congress". 農林中金研究センター編, 『協同組合の基本的価値』, 家の光協会

Sven Åke Böök, "Co-operative Values in a Changing World". 정해일 외 옮김, 『변화하는 세계에서의 협동조합의 가치』(상, 하), 신용협동조합중앙회. 『変化する世界 協同組合の基本的価値』, 第30回ICA東京大会組織委員会

農林中金研究所編, 『協同組合の国際化と地域化』, 筑波書房

農林中金研究センター編, 『新原則時代の協同組合』, 家の光協会

日本協同組合連絡協議会編, 『環境保全と協同組合』, 家の光協会

金子大栄校注, 『歎異抄』, 岩波文庫

吉本隆明, 『親鸞の言葉』, 中央公論社. 『心的現象論序説』, 角川文庫

釈徹宗, 『100分de名著 歎異抄』, NHK出版

武田桂二郎, 『共生ー武田桂二郎遺稿集』, グリーンコープ生協

見田宗介, 『社会学入門ー人間と社会の未来』, 岩波新書

김기섭, 『깨어나라! 협동조합』, 『사회적 경제란 무엇인가』, 들녘

서울시·서울특별시사회적경제지원센터, 『서울 사회적경제 아카데미 2016 - 사회적경제론 교안』

ICA, 『ICA 협동조합 원칙 안내서』, 한국협동조합협의회

전진한, 『自由協同主義』, 國會타임스社刊

함석헌, 『뜻으로 본 한국역사』, 한길사

2. 논문 등

Ann Hoyt, "Report on the 33rd World Cooperative Congress outcomes of the International Cooperative Alliance"(2022), ICA

Ian MacPherson, "The new italian What differences does a century make? Considering some crises in the international cooperative movement, 1900 and 2000", Euricse Working Papers, No 017 | 11(2010).

Ian MacPherson, "Cooperative's concern for the community: from members towards local communities' interest", Euricse Working Paper n. 46 | 13 (2012)

ICA, "World Cooperative Monitor", 2020.

GF Ortmann & RP King, "Agricultural Cooperatives I: History, Theory and Problems, Agrekon", Vol 46, No 1 (March 2007)

ICA, 「協同組合のアイデンティティを考える-第33回 ICA大会に向けた討議資料」, 2021.

行岡良治, 「2021年9月7日 専務理事プロジェクト講演録」, グリーンコープ共同体

白井厚, 「協同組合の基本的価値と原則改訂問題―レイドロー報告とマルコス報告をめぐってー」『三田学会雑誌』(1992), 慶応義塾経済学会

堀越芳昭, 「レイドロー報告が生まれたICA大会の歴史的位置」『協同の発見』(2000), 協同総合研究所.

堀越芳昭, 「第3段階のICA(国際協同組合同盟)原則：その系譜と定義・価値・原則の検討」『社会科学研究』(1996), 山梨学院大学

岡安喜三郎, 「イタリアの社会的協同組合の歴史と概要」(2011), 第43次欧州労働者福祉視察 事前研修会

Jonston Birchall, 菅野正純 訳, 「協同組合原則 この10年とこれから」『協同の発見』(2005), 協同総合研究所

富沢賢治, 「ICAの新協同組合原則」 『経済研究』(Vol.47, No.2, Apr. 1996), 一橋大学経済研究所
武田俊裕, 「協同組合のアイデンティティに関するICA声明の再検討に向けて」 『共済総合研究』(第84号, 2022), 共済総合研究所
国際協同組合同盟(ICA), 「協同組合のアイデンティティを考える 第33回ICA大会に向けた討議資料」, 2021.11.16.
기획재정부, 「제4차 협동조합 실태조사 결과」, 2020.3.31.
기획재정부, 「보도자료 : 사회적 가치 실현을 위한 공공부문의 추진전략」, 2020.1.15.
국회기획재정위원회, 「사회적경제기본법안 공청회」, 2021.6.15
임송자, 「牛村 錢鎭漢의 협동조합 및 우익노조 활동」 『한국민족운동사연구』(제36집, 2003), 한국민족운동사학사

3. 인터넷

ICA '성명' : https://www.ica.coop/en/cooperatives/cooperative-identity
협동조합기본법 : https://www.law.go.kr/LSW/lsInfoP.do?efYd=20210105&lsiSeq=228069#0000
노동자협동조합법 : https://elaws.e-gov.go.jp/document?lawid=502AC0000000078_20221210_000000000000000
한국사회적기업진흥원 '협동조합이란?' : https://www.coop.go.kr/home/contentsInfo.do?menu_no=2007
미국 농무부 'What is a Co-op?' : https://www.usda.gov/topics/rural/co-ops-key-part-fabric-rural-america
위키낱말사전 영문판 'personacracy' : https://en.wiktionary.org/wiki/personocracy
유엔 'What is sustainable development?' : https://www.un.org/sustainabledevelopment/development-agenda/